새로운
끝으로

새로운 끝으로

2판 1쇄 인쇄 | 2025년 10월 25일
2판 1쇄 발행 | 2025년 11월 05일
지은이 | 최원영
펴낸이 | 최몽순
펴낸곳 | 조윤커뮤니케이션
디자인 | 윤영화
교정 | 윤금희
출판등록 | 제 2022-000161호
등록일자 | 2001년 4월 13일
주소 | 서울 종구로 삼봉로 81 두산위브 파빌리온 703호
전화 | 02-730-8841 팩스 | 02-730-8814
이메일 | joyoon10@naver.com
ISBN 979-11-91779-20-2 03190

값 19,800원
도서 구입문의 | 02-583-2296
※잘못 만들어진 책은 구입하신 서점에서 교환해 드립니다.

새로운 끝으로

To a New End

최원영 이야기

JOYOON Communications

서문

삶을 되돌아보면, 저는 여러 직업이 있었습니다.

동아그룹의 재벌 2세로 태어나 30대 중반까지는 사업가로 살았습니다.

이후 〈객석〉, 〈시사저널〉 등을 창간하며 언론의 길을 걸었고, 예원학교와 전 경원학원을 운영하며 교육자로도 활동했습니다.

플루트를 연주하며 실내악 무대에 서기도 했습니다.

그러나 삶은 예측할 수 없는 방향으로 흐릅니다.

IMF 사태 이후 미국으로 건너가 오랜 세월 숨어 지내야 했고, 자진 귀국 후에는 몇 년간 수감 생활을 했습니다.

도망자와 수감자. 흔히 '직업'이라 부를 수 없는 시간이었지만, 제 삶에서 결코 지울 수 없는 소중한 시기였습니다.

미국에서는 컴퓨터로 노래를 만들며 작은 교회 성가대 지휘도 했고, 골프를 가르치는 일도 했습니다.

누군가에게는 낯선 전환일지 모르지만, 저에게는 삶을 이어가는 또 다른 방식이었습니다.

감옥에서는 하루 평균 네 시간씩, 작은 방에서 선 채로 책받침 위에 공책을 올려놓고 글을 썼습니다.

그렇게 두 권의 장편 소설을 탈고했습니다.

요즘도 저는 글을 쓰고, 노래를 만들고 있습니다.

어떤 분들은 저를 작가라고, 또 어떤 분들은 작곡가라고도 부릅니다.

사람들은 종종 묻습니다.

"그토록 화려한 삶을 살다가, 어떻게 그런 어려움을 견딜 수 있었나요?"

이 책은 아마 그 질문에 대한 대답이 될 것입니다.

누구나 살면서 즐거운 순간도 있지만, 번뇌의 소용돌이를 벗어나기 어렵기에 각자의 인생의 맛은 각자의 마음가짐이라는 혀에 달려 있습니다.

기쁨, 슬픔, 회한, 분노, 평안 등이 모두 그렇지 않을까요.

지나온 삶의 과정에서 극복하기 어려웠던 문제들은 풀리는 게 아니고 없어지는 것이었습니다.

책을 내자는 제안을 받았을 때, 감사한 마음과 함께 조심스러움도 컸습니다.

혹시 이 글들이 자랑처럼, 혹은 변명처럼 읽히지는 않을까 염려되었기 때문입니다.

그런 부분이 있다면, 너그럽게 용서해 주시기를 바랍니다.

저의 글을 읽고, 노래를 들어 주시는 모든 분들께 감사드립니다.

최원영 올림

차례

3장

인터뷰한 사람들

4장

에세이들

5장

생각나는 사람들

6장

1분 단상

1장

재벌 2세로 태어나서

괴로움

무상(無常)한 삶이지만 업보는 있다.
업보가 있기에 제행무상(諸行無常)은 현재가 바뀌어 미래가 된다.
좋은 행위가 있어서 좋은 사람이 되는 것이지
좋은 사람이 좋은 행위를 하는 것이 아니다.
괴로움이 문제가 아니라 괴로움이 문제라고 여기는
바로 그 마음이 가장 큰 괴로움이다.
괴로움아! 무엇을 가르쳐주러 왔니?
네가 있고 싶은 만큼 있다 떠나거라.
업보는 있으나 작자(作者)는 없기에.

어느 인터폴 레드의 도피생활 14년

* 이글은 2012년 미국 LA에서 쓴 글입니다.

올해로 미국 생활이 14년째인데, 8할이 도피 생활이었다. 그동안 내 인생은 급격한 변화가 몇 번 있었다. 1977년 이후 약 10년은 선친께서 만드신 동아그룹 사장으로, 리비아를 비롯한 해외 건설 현장을 다니며 소위 재벌 2세로 살아왔다. 그 후 1988년부터 약 10년간은 시사저널 창간, 학교 이사장 등 언론과 교육 분야의 일을 주로 했다.

이런 일들을 하면서 개인적으로 대학원에서 플루트를 공부했고, 영국에서 정치학을 공부했다. 1997년 외환위기로 건설 회사를 비롯한 관계회사들이 무너지며, 학교 이사장 배임 혐의에 대한 검찰 조사를 받은 후 미국에 온 지 어언 14년이 되었다.

노래 '나그네 설움' 2절 가사에 "타관 땅 밟아서 본 지 10년 넘어 반평생, 사나이 가슴 속에 한이 서린다."라는 구절이 있다. 그동안 이사를 열여섯 번 다녔다. '한미범죄인 인도조약'이 체결된 후 집요하게 나를 추적하는 이민국 경찰과의 숨바꼭질이었다.

지난 14년 동안 큰아들은 결혼해 일곱 살짜리 딸이 있고, 둘째 아들은 대학원을 마치고 사회생활을 하고 있으며, 막내딸도 대학을 졸업했으니 자식들은 나름대로 모두 장성했다. 내 모습은 팽팽한 피부에 검은 머리가, 이제는 삭은 얼굴에 반백이 되었다. 오래전 '도망자'라는 미국 TV 드라마를 참 재미있게 보았다. 의사 '리처드 킴블'은 아내를 살해했다는 누명을 쓰고, 도망자가 되어 미국의 작은 도시들을 전전한다.

잠깐씩 머무는 동안 아픈 사람을 고쳐 주고, 마을의 분쟁을 해결해 주는데, 주위에는 반드시 의심과 질시의 눈으로 경찰에 신고하거나 해치려는 사람이 있다. 나는 드라마의 도망자처럼 엉뚱한 누명을 쓰지는 않았고(나는 배임 혐의가 있다) 의사로서 사람들을 치료하지도 않는다. 그러나 그가 도망자로 쫓기며 하루하루를 지내는 심정만큼은 잘 이해한다.

나도 그와 같이 가명을 쓰며 살고 있다. 미국에 온 지 거의 2년이 되던 어느 날, 경찰이 나를 잡으려는 것을 알게 된 이후 이름을 바꾸게 되었다. 내 이름에서 won을 빼고 그냥 young Choi로 바꾸었고 steve Choi라는 또 다른 이름도 사용했다. 자동차 운전도 이후 전혀 하지 않았다. 아내가 운전하다 경찰에게 티켓을 받을 때, 옆에 탄 나의 신분증을 경찰이 보자고 할까 봐 조마조마한 적이 몇 번 있었다. 길을 걷다가도 경찰이 멀리서 오면 저절로 내 발은 발길을 돌린다. LA 한인타운에서는 길거리에서 불심 검문하는 경우가 많아서 특히 조심해야 한다.

스릴이 있는 생활이지만 즐거운 생활은 아니다. 그동안 몇 번 건강상의 문제가 있었는데 병원에 가기가 쉽지 않다. 얼마 전에는 눈에 이상이 생겨 급히 큰 미국 병원에 갈 수밖에 없었다. 신분증을 집에 놓고 왔다고 하니 다음에 신분증을 가져오는 조건으로 다행히 의사가 진료해 주었으나 이후 다시 가기는 어려웠다. 혹시 나를 알아보는 사람이 있을까 하여 한국 사람들이 많이 모이는 곳에는 잘 가지 않는다.

도피 생활의 절정은 1년 전쯤 아파트로 경찰이 찾아온 순간이었다. 나는 오전에는 주로 아내와 같이 아파트 주위를 산책하는데, 이날은 무슨 일로 아내 혼자 나갔다. 문을 열고 나가는 그녀에게 나는 무심코, 조심히 다녀오라는 한마디를 했다. 그런데 아내가 문을 열고 나가자마자 얼른 문을 세게 닫는 것이었다. 이상하게 생각한 나는 문으로 다가가서 문틈에 귀를 기울였다. 아니나 다를까, 아내가 영어로 미국 남자들과 무슨 대화를 하는 것이었다. 나는 얼른, 문을 한 번 더 잠그는 장치를 살며시 돌렸다. 2~3분 정도 실랑이를 하는 듯하더니 더 이상 말소리가 들리지 않았다.

잠시 후 내 핸드폰으로 아내가 전화했다.

"어떻게 된 거야? 누구야?"

나의 다급한 질문에 아내의 목소리가 떨렸다.

"이민국 사람들이라며 안에 있는 사람을 만나야 하니 문을 열라고 해서 아무도 없다고 했어요."

"그랬더니?"

"자기네들이 안에서 남자 목소리를 들었다며, 신분증을 보여주는데 이민국 경찰 같았어요."

"몇 명인데?"

"3명, 수갑도 허리에 차고 있고."

이때 갑자기 문을 세게 두드리는 소리가 났다.

나는 전화 목소리를 더욱 낮추었다.

"이놈들이 문을 두드리네. 그래서 뭐라고 했어?"

"아무도 없어서 문을 열어 줄 수 없고, 만약 열고 들어가려면 판사의 가택 수색 허가를 받아 오라고 했어요."

"그랬더니?"

"갑자기 태도를 부드럽게 바꾸면서, 잠깐만 안에 누가 있는지 없는지 확인만 하자는데, 바쁘다면서 얼른 엘리베이터를 타고 내려와서 전화하는 거예요."

쿵쿵 심장 뛰는 소리가 내 귀에 들리면서, 쾅쾅 문 두드리는 소리가 다시 났다. 단독 주택이라면 정원으로 나가 숨거나, 뒷문으로 피신할 수도 있는데, (몇 번 그런 적이 있었다) 이거야 독 안에 든 쥐가 따로 없었다. 12층이라 뛰어내릴 수도 없었다. 나는 일단 전화를 끊고, 숨을 죽이고 가만히 있는 수밖에 없었다. 30분 정도 계속 문을 두드리는 소리가 나더니 조용해졌다. 더는 문을 안 두

드리는 시간이 10분 정도 지나자, 이상하게 그때부터 내 몸이 떨리기 시작했다. 와들와들….

왜 10분 후에 그랬는지는 신경의학적으로 연구해 볼 과제라 생각한다. 떨리는 와중에도, '이민국 경찰들도 무척 바쁜데, 여기서 하루 종일 기다릴 수는 없을 것'이라는 희망과, 이들도 점심은 먹으러 잠시 자리를 비울 거라는 기대가 있었다. 하지만 이들이 복도 끝이나 1층 정문에서 잠복하고 있을 가능성도 얼마든지 있었다. 아내에게 살며시 전화했다. 2시간쯤 후에 돌아와서 이들이 철수했는지를 살펴보라고 했다. 마침 점심시간이라 그런지 아내가 조심스럽게 여기저기를 확인한 후 아무도 없는 것 같다면서 아파트로 들어왔다.

이제 이 장소와도 이별이다. 경찰들이 언제 다시 올지 모르기 때문에 하루속히 여기를 떠나야 한다. 미국에서 이들에게 잡혀 구속되면 일단 재판을 받아야 하는데, '인터폴 레드'는 큰 액수의 보석금을 내고 나오지 않는 한, 추방재판이 1~2년 걸리고, 이 기간은 한국에서 받는 형기에 포함되지 않는다. 즉 여기서 잡히는 게 최악이다.

이제 한국에 돌아가려는 나에게, 남들은 못 와서 난리인데, 그냥 미국에서 사는 게 어떠냐고 권유하는 분들이 있다. 고마운 말이지만, '사람은 뭐든지 없어 보아야 그 귀중함을 아는데, 자유가 특히 그런 것 같다'라는 대답을 했다. 지금 이 글도 며칠 전 나를 찾는 경찰을 피해 LA 시내 허름한 모텔로 거처를 옮겨 인터넷이 잘 안되는 방에서 쓰고 있다. 이렇게 위급한 순간이 몇 번 있었고, 이런 급작스러운 피신은 TV 드라마 '도망자'의 리처드 킴블과 흡사했다. 갑자기, 그리고 모든 것을 두고 몸만….

14년 전 겨울, 1년 간의 검찰 조사를 마치고 미국에 올 때는 나름대로 희망이 있었다. 당시 '마이클 잭슨'과 협의하던 동아건설 소유의 김포 매립지(지금의 청라 신도시) 개발을 성사해 한국에 돌아가 얽힌 문제들을 푸는 것이었다. 일들이 여의치 않았고, 그러다 세월이 그만 이렇게 흘러 버렸다.

1999년 우리 가족이 처음 정착한 곳은 LA 근방의 '글렌데일'이라는 도시다. 큰아들이 그 근처 대학을 다녔기 때문인데, 글렌데일은 LA 한인타운이 가깝고 아르메니아인이 많이 사는 곳이다.

어느 일요일 거리를 지나다가, 집에서 가까운 한국 교회가 눈에 띄었다. 글렌데일 침례교회라는 곳인데 교인 수가 많지 않은 개척교회로서 시작한 지 얼마 안 된 곳이었다. 윤여각 담임목사님이 친절하시고, 집도 가까워서 계속 그 교회에 나가기로 했다. 피아노 반주자로 김신아 선생이 있었으며, 나도 교회에서 플루트를 불게 되었다.

몇 달 후 10여 명이 모여 작은 성가대를 만들었고, 모든 단원이 한마음으로, 작지만 아름다운 화음을 만들어 낼 수 있었다. 목사님도 테너를 같이 하시고, 내가 지휘도 했다. 돌아보니 미국 초창기 이 시절이 경찰에 쫓기지 않고, 교회에서 음악을 하며 보낸 즐거운 시간이었다. 또 이런 기회에 한의학 공부를 하고 싶어서, LA

시내 한의대에 등록하고 제일 나이 많은 학생으로 학교에 다녔다. 재미있게 공부하던 중 나를 체포하러 온 경찰 때문에 더 이상 학교에 다닐 수가 없었다.

나중에 알게 된 사실이지만, 한국에서 누가 경찰청을 움직여서 미국에 있는 나를 인터폴 수배자로 만든 것이다. 그것도 '인터폴 레드', 즉 가장 긴급히 체포해야 할 국제적 테러분자가 된 것이다. 내가 이사장이던 학교의 손해가 모두 회복이 된 상태로 출국한 나는 전혀 예상할 수 없던 일이었다.

어느 날 갑자기 글렌데일 집까지 찾아온 이민국 경찰들을 피해서 우리는 LA 동남부에 있는 '테미큘라'라는 도시로 이사했다. 2004년 초인데, 이 무렵 마침 큰아들이 글렌데일 집에서 결혼식을 올리기로 날짜까지 잡아둔 상태였다. 경찰이 집을 알고 나를 잡으러 온 상황에서, 내가 결혼식에 참석하느냐 마느냐를 놓고 많은 고민을 했다. 결국 참석하지 않기로 했는데 내가 잡히는 것도 문제지만, 결혼식에서 그런 소동이 나면 아들의 결혼식을 완전히 망치게 된다는 걱정에서다. 지나고 보니 그때 참석해도 되었는데 하는 회한이 있다.

우리가 이사한 '테미큘라'에는 오래전부터 친분이 있던 김유미 선생이 살고 있었다. 이분은 시카고에서 소설가로, 또 학교 교장으로 많은 활동을 하고 은퇴해 이 작은 도시로 왔는데, 우리에게 많은 도움을 주셨다. 이사하면서 막내딸은 아직 어려서 같이 오게 되었고, 둘째 아들은 마침 버클리 대학에 가게 되어 따로 살게 되었다. 이때부터 약 2년간 여름에는 꽤 덥지만 공기 좋은 테미큘라에 살게 되었다. 나는 잠시 이민국 경찰의 포위망을 벗어나, 골프를 열심히 쳤다. 샌디에이고 근처의 골프 학교에서 티칭프로 시험을 보고 USGTF(us golf teacher's federation)의 회원이 되었다. 비교적 한가로운 생활을 하던 중 막내딸이 UCLA에 합격해 다시 시내 근처로 이사했다. 이런 세월 동안 고마운 일은 아이들이 학업을 무사히 마치게 되었고, 쉽지 않은 환경에서 잘 성장한 것이다.

나는 몇 년 전부터 컴퓨터 음악을 배우며 작곡을 했다. 가곡 위주로 여러 곡을 만들고 직접 노래를 녹음하기도 했다. 또 '호흡음악'(breathmusic)이라는 건강 관련 웹사이트를 만들었다. 편안한 음악을 들으며 일정한 호흡을 하면 혈압이 내린다는 미국 고혈압 협회의 발표에서 착안한 아이디어다. 엄선한 고전 음악 16곡에 호흡 소리를 넣는 작업을 몇 개월에 걸쳐 성공적으로 만들었다.

어느 한국 라디오 방송국과 호흡음악에 대한 인터뷰도 했다. 물론 '최영'이라는 이름으로…. 그동안 가장 가슴 아팠던 일은 어머니의 임종을 모시지 못한 불효다. 어머니는 2010년 7월 4일에 돌아가셨는데 아내가 나 대신 한국에 가서 임종을 지켰다. 미국은 독립기념일 축제로 불꽃놀이가 밤하늘을 오랜 시간 환하게 밝혔다. 돌아가시기 며칠 전, 마침 한국에 간 큰아들이 할머니가 사시던 필동 댁을 방문했는데 노환으로 늘 누워 계시던 할머니께서 '원영이가 왔냐'며 벌떡 일어나셨다고 한다. 큰아들의 목소리가 내 목소리와 비슷하기 때문이었다. 돌아가시기 2~3달 전부터 음식을 못 드셨는데 어느 날 전화로 나에게 '잘 있어'라고 하신 것이 마지막 어머니의 목소리였다.

그동안 서울에 돌아가려는 생각을 몇 번 했었는데, 여권도 만기가 되었고 인터폴에도 이름이 올라 있어 못 갔다. 만약 귀국해서 구속되면 어머니가 얼마나 충격을 받으실까 하는 생각도 귀국을 망설이게 된 변명 중 하나이다. 지금은 얼마 전부터 서울에 돌아갈 계획을 세우고 있다.

사실 여기서 계속 숨어 지내려면, 못할 바도 아니나 이제는 돌아갈 때가 되었다는 생각이다. 내가 계속 쫓기고 있으니 나 때문에 온 가족이 불안해한다. 다 큰 아이들에게 부담을 주고 싶지 않고, 무엇보다 그동안 고생한 아내의 짐을 이제 좀 덜어 주고 싶다. 물론 나도 4번째 새로운 인생을 다시 시작하게 될 것이다. 여기 살면서 제일 마음이 편할 때는 조깅을 하거나 자전거를 탈 때다. 그 때는 경찰이 검문을 해도 신분증이 없는 것이 당연하기 때문이다.

내가 제일 싫어하는 소리는 '딩동' 하는 벨소리와 '똑똑' 하는 노크 소리다. 작은 도시에 살 때는 옆집 아이들이 벨을 누르고 도망가는 장난을 간혹 했다. (특히 핼러윈 무렵) 그렇다고 아이들에게 화를 낼 수도 없고, 꾸준히 찾아와서 조용히 문을 두드리는 여호와의 증인들에게도 친절히 대하느라 힘들었다.

미국에 있으면서 보람 있었던 일은, 몇 분들에게 골프 레슨을 한 일이다. 앞에서 언급한 윤여각 목사님, 김유미 선생님은 골프를 처음 배워 나중에는 필드에서 골프를 즐길 수 있게 되셨고, 젊은 사람들 몇 명을 우연히 만나 가르쳐 주기도 했다. (일본인들도 있었다) 1시간에 30불씩 받고 레슨을 하면서, 학생들의 실력이 늘 때마다 기뻤다. 현장에서 번 돈을 아내의 손에 쥐어주는 맛도 알게 되었다.

LA 생활 중 또 하나의 즐거움은 실내악 트리오를 하는 일이었다. 서울에서부터 가족끼리 친분이 있었던 임성범 씨를 어느 교회에서 우연히 만났는데, 그 아내 제인정 씨가 마침 첼리스트라 피아노의 김신아 선생과 같이 실내악 트리오를 했다. 멘델스존, 웨버, 슈베르트 등을 주로 했는데, 모두 가족 같은 분위기로 아름다운 화음을 만들며 즐거운 시간을 보냈다.

이런저런 일들이 있었던 지난 14년의 세월을 돌아보니, 톨스토이의 말대로 인간은 자기의 앞날을 모른다는 사실이 더욱 실감

난다. 당시에는 최선이라 생각하고 열심히 한 일들이 결과는 안 좋았고, 회한이 남는 일들이 한둘이 아니다. 그러나 모두 허송세월만은 아니었고, 하루하루 돌아보면 기적 같은 감사한 세월이었다. 14년의 미국 생활을 이렇게 할 수 있었던 것은, 힘든 환경에서도 늘 낙천적이며, 온갖 고된 일을 나 대신 헤쳐 나간 아내 덕분이다. 이제 돌아가서 내 인생의 4막을 시작하려 한다. 나에게는 무사히 돌아가는 자체가 일단 큰 성공이다. LA 공항을 빠져나가는 문제도 쉽지 않고 (공항에서 잡히면 구속) 인천 공항에서 바로 집으로 갈 수 있을지, 아니면 검찰청으로 가게 될지 알 수 없다.

어쩌면 나의 인생 4막의 시작은 구치소나 교도소일지도 모른다. 그러나 이 시기만 잘 넘기면 매우 희망적이다. 서울에서 내가 할 수 있는 일을 마음 편히 해 나갈 수 있을 것이다. 아내는 물론 가족들도 나를 적극 응원해 주고 있어서 더욱 마음 든든하고 고맙다.

귀국을 결심한 이유를 다시 정리해 보았다.

1) 가족들에게 더 이상 나로 인해 신경을 쓰게 할 수 없다.

2) 어머니가 안 계셔서 구속돼도 괜찮다.

3) 나의 삶을 이렇게 끝낼 수는 없다. 즉 새로운 시작은 못 하나 새로운 끝을 만들 수는 있다.

그럼으로써 여기서 보낸 14년도 보람 있던 세월로 살아날 것이다. 다음 달에 서울 가는 비행기 표를 알아봐야겠다.

리비아 대수로 공사와
오렌지 주스

나는 동아건설에서 1977년부터 1987년까지 10년간 해외 출장을 엄청 많이 다녔다. 처음에는 사우디를, 나중에는 리비아를 주로 갔다. 1984년 12월 하순 어느 날, 주영권 비서실장이 그 해 같이 타고 다닌 보딩 패스를 모두 모았다가 나에게 보여 주었다. 124장이었다. 1년 동안 평균 3일에 한 번 비행기를 탄 것이다.

총 비행시간은 정확히 모르겠지만 웬만한 기장이나 스튜어디스보다 더 자주 비행기에 몸을 실었다. 이렇게 다니다 보니 자다가 깨서 흔들리면 비행기 안이고, 안 흔들리면 숙소다.

비행기에서 자주 만나는 사람들이 있는데 김우중 회장님과는 4~5번 만났다. 그분은 타자마자 잠시 옆에 앉은 임원과 바둑을 둔 후 일등석 복도 바닥에 담요를 깔고 잠을 잔다. 금방 코를 골며 옆으로 누가 가까이 지나가도 깨지 않는다.

여행할 때 가장 힘든 일 중 하나가 시차 적응인데 오래 다니니 요령이 생긴다. 여러 나라를 다녀야 할 경우 지구를 서쪽으로 먼저 돌기 시작하는 것이 훨씬 덜 피곤한 것을 알게 되었다. 말하자면 한 번의 여행에서 뉴욕과 런던을 가야 할 경우 런던을 먼저 가고 뉴욕을 가는 방법이다. 방향 못지않게 중요한 것이 음식인데 식사 약속이 있어도 서울의 새벽 1시~5시 시간대에는 가볍게 먹는 것이 대단히 중요하다. 이 두 가지를 잘 지키면 큰 도움이 된다.

특별히 기억에 남는 현장은 사우디 알주악 산악도로, 나이지리아 호텔 개발, 사우디 전신전화 공사, 리비아 대수로의 사리르 공장 등이다.

리비아 대수로 공사에 대한 내용을 처음 들은 것은 1970년대 말이지만 수주 경쟁은 1981년경 전두환 정권 초기에 본격화되었다. 공사를 따기 위해 동아는 대우건설, 현대건설과 먼저 국내에서 치열한 수주 경쟁을 벌여야 했다.

당시 동아 콘크리트의 김교련 사장님이 보안사 출신이라서 5공 실권자들과 친밀한 유대관계를 활용해 공사 수주 과정에서 많은 기여를 했다. 그 당시 대규모 외국 공사는 정부의 지급 보증이 중요하기 때문에 사실상 정부가 진출 회사를 내부적으로 지명해 주었다. 한국 회사끼리 서로 가격 경쟁을 안 하게 되는 이점도 있었다. 하지만 그 협약이 현지에서 깨지는 경우가 종종 있으며 권력층과의 밀착도에 따라 상황이 언제 어떻게 바뀔지 모르는 어수선한 시대였다.

동아의 최원석 회장님이 정부 측과 좋은 관계를 유지함으로써 동아가 결정적으로 선두 주자에 서게 되었고, 그 후에도 이 공사만큼은 어려울 때마다 정부의 지원을 받게 되었다. 나중에 많은 후유증도 있었지만, 당시에는 이렇게 하지 않으면 큰 사업을 하기가 어려운 시절이었다.

대수로 공사는 큰 파이프로 물을 공급하는 공사인데 우리 계열사 중 '동아 콘크리트'라는 콘크리트관 제조회사가 있어서 또한 안성맞춤이었다.

후일 리비아 발주처 책임자에게 들으니 동아는 건설과 파이프 제조 그리고 그 관을 운반하는 통운까지 계열회사로 가지고 있어서, 어떻게 이렇게 대수로 공사에 필요한 세 회사가 모여 있을까, 하고 내심 대단히 기뻐하며 표정 관리를 했다고 한다.

여기에 기술 제휴를 할 수 있는 미국의 '프라이스'라는 회사를 현대보다 우리가 먼저 제휴할 수 있게 된 것도 한발 앞서가는 중요한 계기가 되었다.

당시 현대건설의 사장은 이명박 전 대통령이었다. 이명박 사장은 프라이스의 회장을 은밀히 만나 동아를 비난하며 현대건설과 계약을 추진했다. 프라이스 회장이 두 회사의 눈치를 보고 있을 때 당시 실세인 H모씨가 "야, 이 XX야 한국 회사끼리 경쟁하지 말란 말이야"라고 전화로 이명박 사장에게 소리를 질렀고 이후 상황이 종결되었다. 국내에서 어느 정도 준비가 된 후 이 공사를 입찰하러 가게 되었다. 리비아에서 두 번째 큰 도시인 벵가지라는 곳에서 입찰했는데 당시에는 이름도 생소한 곳이며 현지 사정에 익숙한 사람이 없었다.

런던 공항은 출국 수속 후 비행기 보딩 장소가 멀기로 유명하다. 입찰 서류가 여행용 트렁크로 열두 개쯤 되었는데 예닐곱 명이 양손에 20kg 정도 되는 무거운 가방을 하나씩 들고 오래 걸었던 기억이 난다.

그런데 예상 밖의 문제가 발생했다. 트리폴리에서 벵가지로 가는 비행기에 입찰 서류가 잘못 실려 다른 도시로 간 것이다. 급히 다시 벵가지로 서류를 가지고 왔는데 이번에는 입찰 서류가 통관이 안 되는 것이었다. 아무리 대수로 공사 입찰 서류라 보안이 필요하다고 해도 공항 검색 말단 관리가 막무가내였다.

이 많은 서류가 어떤 내용인지 모르니 일일이 서류를 읽어 보고 불온 문서가 아니면 내주겠다고 하는 것이다. 독재적 사회주의 국가의 병폐 중 하나다.

입찰은 이틀 후인데 서류를 찾을 방법이 막막하던 중 마침 삼성 현지 책임자와 연락이 돼서 이분이 잘 아는 공항 관리에게 부탁해 간신히 입찰 서류 원본 가방 하나만 되찾게 되었다. 이후 런던에서 수차례 회의하며 어려운 과정을 거쳐 우리가 협상 대상 회사 중 1번 순위로 선정되었다.

몇 달 후 리비아 발주처 대표들이 최종 낙찰자를 결정하기 위해 한국에 왔다. 단장은 S라는 벵가지 사람인데 지역유지로 차관급이었으며 까무잡잡한 피부에 유럽 영화에 나오는 미남 배우 같았다. 그 외에 부단장으로 4명이 왔는데 처음에는 좀 경직되고 자기네끼리도 서로를 신뢰하지 않는 인상이었다.

어느 장소든 다섯 명이 동시에 입장하고 퇴장했다. 그중 두 사람은 미국 텍사스와 앨라배마에서 엔지니어링을 전공했는데도 영어를 안 하고 겉으로는 미국 냄새를 전혀 풍기지 않았다.

보름 정도 지나고 거의 동아로 방향이 결정되자 긴장이 풀리는지 극구 사양하던 술도 같이 하면서 친분을 좀 더 쌓게 되었다.

이후 벵가지와 런던에서 반년 이상 여러 차례 회의를 거친 다음 낙찰을 기다리고 있었으나 경쟁사들의 끈질긴 방해 공작으로 진전이 없었다. 그들이 발주처를 우회해 리비아 권력층에 직접 로비를 하는 정황도 포착할 수 있었다. 발주처에서는 우리를 선호했지만, 다른 회사와 가격을 비교하면서 동아의 가격을 내리라는 고위층의 지시를 반대하기가 어려웠다.

결국 다른 회사의 가격보다 높으면 안 되는데 워낙 큰 공사이다 보니까 계산 방법에 조금만 차이가 나도 몇천만 불은 쉽게 왔다 갔다 했다. 이런 시간이 1년 이상 지나던 어느 날 발주처 책임자로부터 런던에서 만나자는 연락이 왔다.

런던 공항에 나가 리비아 벵가지에서 오는 발주처 일행을 맞이했다. 공항 입국 게이트 바로 앞에서 기다리고 있는 나를 보자 그중 한 사람이 환히 웃으면서 다가왔는데, 이 사람들은 친해지면 가볍게 포옹하며 서로 얼굴을 비빈다. 그가 인사하는 듯이 얼굴을 가까이하며 귓속말로 '이번에 너에게 선물을 가지고 왔다'라고

했다. 이 말을 듣는 순간 '드디어 이 공사를 계약하는구나'라는 확신이 들었다. 이 사람들은 국제전화는 물론 런던 시내에서도 전화로는 어떤 말도 하지 않는다. 자기네들 전화는 모두 도청되고 있다고 생각하는 것이다.

그날 오후 런던 힐튼 호텔 17층 방에서 그 사람을 조용히 만났다. 벌써 2년 이상을 같이 지내며 좋을 때는 술친구지만 가격을 협상할 때는 한 치의 양보도 없는 적군으로 고운 정 미운 정이 다 들었는데 이제 결론이 난다고 생각하니 가슴이 뛰었다.

그는 내 방에 들어오자마자 맞은편 작은 소파에 털썩 앉아 던힐 담배를 한 대 꺼내 물더니 코트 안에서 두꺼운 서류를 꺼내 테이블 위에 턱 던져 준다. 상세히 밝힐 수는 없지만, 여기에는 우리가 입찰 가격을 최종적으로 결정해 일을 마무리할 수 있는 자료가 있었다.

발주처 사람에게 결정적인 자료를 건네받은 나는 작은 냉장고를 열고 그 안에 있는 미니 오렌지 주스 한 병을 건네주었다. 그는 병째 들어서 후딱 마시더니 재떨이에 담배를 비벼 끄고 복도의 좌우를 살피며 조심스레 내 방을 나갔다. 모두 5분도 채 안 된 시간이었다. 나는 옆 방에 있던 비서실장을 불러서 "33억 불 어치 서류 받고 미니바 냉장고에서 오렌지 주스 한 병 줬어요."라고 말했다.

서울에서 소식을 기다리는 최원석 회장님께 곧 자세한 보고를 했지만, 현지 임원들에게는 아무 말도 할 수 없었다. 만에 하나 말이 새어 나가면 발주처 사람이 문제가 되기 때문이다. 이런 사정을 모르고 가격을 더 깎아야 한다는 임원들에게 더 이상 절대로 가격을 내리지 말라고 했지만, 자세한 설명을 못 하니 답답하기도 했다.

이후 며칠간 런던에서 세부적인 회의를 한 후 당시로서는 천문학적 숫자인 33억 불의 1차 공사를 정식으로 낙찰받게 되었다.

동아는 이후 이 공사에 총력을 기울이는 체제로 가동되었다. 막상 일을 시작해 보니 미처 생각하지 못했던 문제가 여기저기서 마구 튀어 나왔다.

사회주의 국가라는 특수성에 익숙지 못해 공사 준비 과정에만 시간이 오래 걸렸다. 사우디의 경험은 있었지만 사하라 사막이라는 자연조건도 쉽지 않은 걸림돌이었다.

하지만 동아, 통운 임직원 모두 이 공사가 세계 8대 불가사의가 될 거라는 자긍심을 가지고 열심히 하다 보니 공사 시작 반년쯤 지나자 어느 정도 본궤도에 오를 수 있었다. 처음 계획보다 어려운 공사 지역이 여기저기 나왔지만 공사 진척에 따른 설계 변경 등을 통해 오히려 수익증대를 이룰 수 있었다.

동자부 장관을 지낸 유양수 부회장님이 현지에 거의 상주했었고 해외 현장에서 오랜 기간 고생한 최재영 사장, 최영태 사장, 정진삼 상무 등도 초기 발판을 닦는 데 기여를 하였다. 런던에서는 유성룡 사장이 해외 활동을 긴밀히 지원해 주었다. 어려웠던 초창기에 선발 주자로 사하라 사막에서 많은 역경을 이겨 낸 여러 직원들과 근로자들께 가장 고마운 마음이다.

그 당시 리비아는 가다피의 혁명으로 이미 많은 변화가 일기 시작했다. 이 공사는 가다피 필생의 숙원사업으로서 세계적 이목이 집중되었지만, 업체 선정이랄지 세부적 사항은 발주처 의견을 존중하는 것을 보면서 가다피가 상당히 공정하고 리더십이 있다는 인상을 받았다.

특히 자기의 출생 지역이 아니고 반대파가 많은 벵가지를 중심으로 공사를 시작하는 정치적인 수완을 발휘했다. 혁명 후 현지인의 의견을 존중해 주는 지방 자치적인 체제로 나라를 운영하는 이런 면이 카다피 리더십의 주요 부분이라 생각되었다.

또 자세히는 모르지만 다른 중동 국가의 권력자들보다는 상당히 청렴한 사람이라는 느낌도 받았다.

반면에 그에게 저항하는 반정부 학생들을 학교 운동장에서 공개 처형하는 극단적인 독재자의 면모도 있었다.(그는 1969년 쿠데타로 집권해 42년간 장기 집권했으나 2011년 내전 중 반군에게 사살되는 비극적 최후를 맞았다.)

1986년에는 미국의 레이건 정부가 트리폴리를 전투기로 공습하는 엄청난 사건이 일어났고, 이후 미국의 기술 제휴 회사에서 도움을 받기가 어려워졌다. 발주처 사람들도 해외여행을 거의 안 했고 공사대금 지급도 연기되는 등 많은 문제가 발생했다.

이 밖에도 이런저런 난관이 있었으나 이후 동아는 2차 공사를 성공적으로 수주하게 된다. 리비아 대수로 공사는 한국 해외 건설사의 새 장을 여는 분수령이었다. 오래전 리비아 사막에서 많은 땀을 흘린 동아의 여러분들에게 다시 한번 감사드린다.

동아그룹 설립하신
아버지와 불효자

최준문 동아그룹 설립자께서는 1920년 1월 21일(음) 태어나시고 1985년 6월 21일(양) 세상을 떠나셨다. 그 당시 한국 남성의 평균수명인 65세에 돌아가셨다. 나는 아버지가 적어도 십 년은 더 사실 것으로 생각했었다.

돌아가시기 5일 전, 휴스턴에서 리비아 대수로 공사 회의를 마치고 귀국한 나는, 아버지가 요즘 건강이 좀 안 좋으신 정도로 알고 있었다. 몇 년간의 투석으로 최근 급격히 쇠약해지신 것을 알지 못했다. 입원해 계신 순천향병원으로 가서 의사를 만났다.

그의 입에서 "임종을 위해 이제 집으로 모시는 게 좋겠다"라는 말이 나왔고 나에게는 청천벽력 같은 소리였다. 나와 눈이 마주친 가족 주치의의 얼굴이 일그러졌다. 그가 마지막으로 아버지의 심장에 바로 주사를 꽂는 시술을 시도했으나 여의찮았고, 침상 옆 허연 대야에 핏물만 가득 고였다. 이미 의식이 거의 없으신 아버지를 뵈니 가슴이 미어졌고, 장충동 집으로 모시고 올 수밖에 없었다. 안방 이불 위에 반듯이 누워계신 아버지 옆에서 〈주 안에 있는 나에게〉라는 찬송을 눈물로 불렀다.

아버지의 어린 시절은 그야말로 찢어지게 가난했다. 가난이 원수니까 반드시 이 가난에서 벗어나 돈을 벌어 보자는 결심이었다. 원래는 풍족한 집안이었으나, 할아버지께서 당시 빚보증을 잘못 서서 모든 가재도구를 압류당했다. 솥뚜껑까지 빼앗겨서 며칠간 밥을 지어 먹을 수 없었다는 말씀도 하셨다. 초등학교 때는 점심시간에 수돗가에 가서 수돗물로 배를 채우시는 날도 많았다. 하루는 잘사는 친구 집에 찾아가서, 친구의 아버지에게 이런 말을 하셨다.

"내가 이 집 측간에서 변을 떠 가게 해 주시면 감사하겠습니다."

그분은 어린 학생을 기특하게 여겨 승낙하셨고, 아버지는 바로 또 다른 친구의 부모에게 가셨다.

"제가 이 밭에 거름을 대도 되겠습니까?"

이렇게 양쪽 집에서 수익을 잡아, 어린 시절 점심을 해결하셨다. 아버지는 천성이 부지런하고 인물이 출중하셨다. 처음 보는 사람도 누구나 호감을 느낄 정도로 친화력이 있으시고, 유머 감각도 많으셨다. 누구와 약속을 하시면 꼭 15분 전에 먼저 가서 상대방을 기다리셨다. 내가 어릴 때는 아버지가 건설 현장을 갈 때 나를 데리고 가시는 일이 많았다. 건설 회사는 현장 중심으로 운영해야 한다는 원칙으로 하루에도 서너 군데를 수시로 방문하셨다.

내가 자동차 옆자리에 타면 그 두꺼운 왼손으로 내 오른손을 가만히 잡고 계신다. 참으로 지극한 사랑을 많이 받았던 시절이었다. 아직도 아버지의 따스한 온기가 내 오른손에 남아 있는 것 같다.

아버지는 20세 되던 1940년, 임춘자 여사와 결혼하여 2남 1녀를 두었는데 내가 막내다. 11년 만에 낳은 자식이라 특별히 부모님께서 더 귀여워하셨다. 당시 사업을 하는 분들이 가족 관계가 좀 복잡한 경우가 많은데 아버지도 예외는 아니었다. 어머니가 낳은 자식 외에도 네 명의 자식이 더 있는 것을 나중에 알았는데 딸 셋과 아들 하나다. 이런 문제로 어머니는 평생 속을 썩으셨다.

아버지는 원래 토건업을 배웠는데 어머니와 결혼을 하면서, 외할아버지가 하시던 충남 토건을 발판으로 동아건설을 세우셨다. 설립 일자는 1945년 8월 20일이다. 주로 충남 지방에서 일하셨고, 기반이 좀 잡히자 정미소도 하시고, 이북에서 목재 사업을 크게 하시던 중 6.25가 났다. 6.25 며칠 전에 어머니가 현장 근로자들의 밥을 해 주다가, 과로로 무릎을 다치셨다. 두 분이 치료차 어머니의 고향인 논산으로 내려왔는데 바로 전쟁이 터진 것이다.

어머니는 가끔 "그때 내 무릎이 아버지를 살렸다"라고 말씀하셨다. 당시에도 이미 자본가 계층에 속한 아버지는 공산 치하에서 몇 년간 도피 생활을 하셔야만 했다. 몇 번 인민군이 찾아왔으나 그때마다 담을 넘어 탈출해서 위기를 넘기셨다.

어느 날, 남으로 내려가던 중 인민군의 불심 검문에 걸렸는데 소지품에서 반짝이는 거울이 나왔다. 이 거울로 햇빛을 반사하여 미군 비행기에 신호를 보낸다는 의심을 받았다. 미국의 간첩이라는 혐의로 인민재판에 넘겨졌다.

그 당시 인민재판은 주위에 모여 있는 사람들이 '죽여라' 하고 소리치면 맞아 죽거나 총살되곤 했다. 아버지의 차례가 되었다. 이때 나무 탁자 중앙에 앉은 재판장이 아버지에게 "최준문 동무 아니요. 나를 모르시겠소?" 하는 것이었다. 어렴풋이 기억나는데 옆 동네 박수무당이었다.

"동무들, 이 최 동무는 사업하는 사람이긴 하지만, 우리 같은 인민에게 잘해 준 사람입니다. 악덕 지주는 아니고 미국 간첩도 아니오." 하고 그 자리에서 풀어 주었다.

"그때 왜 그가 풀어 드렸을까요?"라고 여쭤보니 "아마 공사판에서 굿 끝나고 넉넉히 돈을 준 것 같다"라고 말씀하셨다. 이런저런 위기를 넘긴 후 전쟁이 끝나면서 사업을 더욱 확장하셨는데, 1957년에는 서울로 회사를 옮겼다.

이후 5.16이 나고 건설 붐이 일면서, 성실함과 부지런함으로 이미 평판이 높았던 아버지는 많은 공사를 수주하게 되어 동아건설이 그룹으로 발전하는 토대를 이루셨다. 박정희 대통령도 '현대의 정 회장과 동아의 최 회장이 제일 부지런하고 일을 잘한다'라고 하셨다.

JP와는 그분의 선친 때부터 아버지의 고향인 공주에서 집안끼

리 친밀한 사이였다. 나도 아버지를 모시고 JP의 청구동 자택에 몇 번 갔었다. 두 분이 의기가 잘 투합하는 느낌이었다.

동아건설은 특히 간척공사에서 두각을 나타냈다. 동진강과 섬진강 간척 사업 등은 네덜란드의 기술자들도 와 보고 기술상으로 불가능하다고 했는데 동아의 기술로 완공시킨 쾌거였다. 바지선으로 돌을 싣고 바다에 빠뜨리는 방법은 아버지가 며칠간 고심해 연구하신 새로운 방법이었다. 아버지는 토건 회사의 성공 비결이 일일 현금 지급이라고 하셨다. 토건 회사는 우선 근로자들이 열심히 일해야 하는데, 그들에게 그날그날 정산하고 현금 지급해 준 것이 큰 도움이 되었다고 하셨다.

당시 어머니가 도시락 3개를 새벽에 싸 주시면, 온종일 근로자들과 같이 일하시면서 그 도시락을 다 드시고, 저녁에 또 집에서 식사하셨다. 며칠간 장화를 못 벗을 때가 많아서 이때 생긴 무좀

이 나중에도 잘 낫지 않았다. 이 시절에는 아버지의 얼굴을 한 달에 한두 번밖에 볼 수 없었다. 이렇게 회사가 발전하던 중 1969년에 국영기업이었던 대한통운을 인수하게 되었다. 이로써 동아가 건설 회사에서 한국의 재벌그룹으로 비약하는 계기가 되었으며 계열회사가 20여 개가 되었다. 당시 정부는 대한통운과 대한항공을 민영화하려는 계획을 은밀히 추진하고 있었다. 두 회사 모두 적자가 크고 방만하게 운영되는 국영기업이라 선뜻 인수하려는 사람이 없었다. 정부에서 아버지와 한진의 조중훈 회장님에게 인수 의사를 타진했다. 아버지에게 두 회사 중 하나를 먼저 고르라고 했고, 대한통운을 선택하셨다.

나중에 내가 왜 대한항공을 선택하지 않으셨냐는 질문에 "대한항공이 발전성은 있겠지만, 항공사고가 나면 수많은 사람이 생명을 잃을 텐데 그게 걱정이었다"라고 하셨다. 통운을 인수하신 지 1년 만에 만성 적자기업을 흑자로 돌리는 사업 능력을 발휘하셨다.

1970년대 초에는 아버지는 미국 GM과 합작해 자동차 생산 공장을 만들려고 하셨다. 한국의 GM 대표와 이해 각서를 사인했는데 대우가 갑자기 뛰어들어 경쟁하게 되었고 우여곡절 끝에 대우가 낙점되었다.

이런저런 과정에서 과로하셨는지, 아버지는 고혈압으로 치료를 받기 시작하셨다. 어느 날 문을 열려고 방문 손잡이를 잡으려는 순간, 갑자기 핑 돌면서 어지럼증을 느낀 후 난생처음으로 혈압이라는 것을 재어 보셨다. 위 혈압이 190이고 아래가 120이었다. 의사는 회사 일을 즉시 중단하고 요양을 하시라고 권했다.

동경의 '순천당' 병원에 유명한 고혈압 전문 의사가 있어서 그곳에서 치료가 시작되었다. 몇 달간 철저한 식이요법을 하셨는데 반찬이 사과와 삶은 감자 정도였다. 아버지는 2달 이상을 매일 철저한 무염식을 하면서 혈압을 내리고 건강을 회복하셨다.

이후 마침 사우디 건설 붐이 일어났다. 아버지는 직접 사우디의 담맘, 리야드 등 현지에 가셔서 공사 수주를 하시며 몇 년간 다시 적극적으로 회사업무를 보셨다.

당시 나는 미국에 있을 때였다. 사우디에서 미국으로 오신다는 연락에, 샌프란시스코 공항으로 나가서 아버지를 뵈니까 좀 피곤해 보이셨다. 생각해 보니 그때 연세가 지금 나의 나이보다 한참 젊으신 57세였다. 한국으로 돌아가신 후 다시 과로하셨는지, 혈압이 조정이 안 되고 신장에 문제가 생기는 부작용이 나타났다.

나는 신장 치료로 유명한 독일 병원을 알아보았다. 당시 서독의 작은 도시 '한뮌덴'에 큰 신장병원이 있었는데, 거기서 40여 일 치료하시는 동안 내가 모시고 있었다. 그곳 교포인 신장 전문의 박 모 교수님 가족이 친절히 보살펴 주었는데 둘째 아들도 신장 전문의였다. 그러나 큰 효과는 없었고 결국 텍사스의 샌안토니오 병원에서 신장혈관 연결 수술을 하게 되었다.

혈관 By Pass 수술은 허벅다리의 정맥을 떼어 내어, 신장 기능이 조금 남아 있는 오른쪽 신장에 연결함으로써 신장의 기능을 회복시키는 큰 수술이었다.

나는 아버지를 모시고 텍사스의 샌안토니오로 갔다. 수술은 9시간이 걸린 대수술이었는데 수술 결과는 아주 성공적이었다. 약간의 기능이 남아 있던 오른쪽 신장이, 허벅다리에서 이식한 정맥을 통해 공급되는 혈액으로, 다시 정상 기능을 발휘하기 시작한 것이다. 신장 기능을 측정하는 '크레아틴' 수치가 피검사에서 정상으로 나오니 아버지는 대단히 기뻐하셨다. 또 거의 안 나오던 소변이 술술 나와서, 침대 아래 보이는 비닐통에 노랗게 모였다. 옆에 있던 나도 환호했다.

아버지는 샌안토니오 병원에서 혈관 수술을 성공적으로 마치고 중환자실에 일주일 계신 후 입원실로 올라오시게 되었다. 정맥을 길게 떼어낸 왼쪽 허벅다리에 stitch(바늘 꿰맨 자국)가 10여 개, 개복 수술을 한 배에 35개, 모두 50개가 넘는 호치키스 심 같은 철사 묶음이 있었다. 2주 후에 이것들을 모두 제거하고 3주 후에 퇴원하시면 되는 일정이었다.

나는 아버지 몸에서 stitch를 모두 제거하면 한국으로 먼저 돌아가겠다고 말씀드렸고, 아버지도 그렇게 하라고 하셨다. 리비아 공사의 발주처 사람들도 그때쯤 한국에 올 예정이었다.

2주가 지나 수술 부위에 있는 stitch를 모두 제거했고 혈압도 안정이 되었다. 나는 비행기 표를 예약하고 이제 한국에 돌아가겠다고 아버지께 말씀드렸다. 그런데 의외로 2주일 더 있다가 같이 귀국하자고 하셨다. 먼 이국땅에서 큰 수술을 하시고 심신이 무척 힘드셨던 것 같았다. 물론 영어 통역하는 사람도 있었으나, 병원에서는 끝까지 자식과 같이 있고 싶은 마음을 내가 미처 헤아리지 못한 것이다.

수술도 대 성공이고, 이제 수술 자국도 다 아물었으니, 서울에 빨리 가서 회사 일을 봐야 하는 것을 왜 이해 못 하시나 하는 좁은 생각에서 벗어나지 못했다. 서운해하시는 병실의 아버지께 인사를 드리고 서울로 향했다. 참으로 불효막심하고 어리석은 행동이었다. 아버지는 혈관 By Pass 수술 전에 신장이식 수술도 생각하셨다. 신장이식에 대해 알아보기 위해 이 수술을 성공적으로 받은 사람을 찾던 중, 당시 모 투자은행의 변 부사장님을 수소문해 만났다.

그분은 수주 변영로 선생님의 아드님이었는데 나의 여러 질문에 친절하게 대답해 주셨다. 이식 수술을 받은 지 10년 가까운데 건강하게 잘 생활하고 계셨다. 이분을 보시면 아버지가 대단히 부러워하실 것 같았다.

가족 중에는 내가 혈액형이 같고 조직의 티슈도 잘 맞았다. 나는 수술을 하신다면 내 신장을 드릴 생각을 하고 있었다. 아버지께서 주치의 선생과 상의하셨는데 의사가 이식을 권하지 않았다. 이미 전체적인 혈관 상태가 이식을 성공적으로 하기에는 위험부담이 있다는 것이다. 그리고 아버지도 나의 신장을 이식받는 것이 별로 내키지 않으셨던 것 같다. 내 마음 한구석에도 '나의 신장을 드린다면 과연 나는 무슨 부작용이나 문제가 없을지' 하는 걱정으로 내심 불안하기도 했었다.

아버지는 타고난 건강 체질이었다. 너무 건강에 자신이 있어서 혈압이라는 것이 무엇인지 50세가 되어서 처음 아셨다. 소싯적에 씨름을 잘하셔서 시골에서 상도 타셨고, 어린 나를 붙잡고 조금 가르쳐 주신 기억도 있다. 또 내 양쪽 겨드랑이를 붙잡고 위로 번쩍 들어 올려서, 내가 천장에 손을 댈 수 있도록 같은 동작을 여러 번 반복하셨던 기억이 난다.

아버지는 골프를 좋아하셨다. 장충동 집 마당에 연습 망을 설치해 놓고 열심히 드라이버를 연습하셨는데 천으로 된 과녁이 여러 번 찢어지도록 열심히 하셨다. 보기 플레이 정도 하셨는데 건강하실 때는 거리가 250야드 정도 나갔다. 당시 드라이버 헤드는 감나무로 만들었고 채의 길이는 지금보다 5인치 정도 짧았다.

영하 17도이던 어느 날, 한양 골프장에서, 뜨거운 물이 들어 있는 작은 손난로를 내가 주머니에 넣고 있다가, 손이 시리다고 하시면 얼른 드린 기억이 난다. 아버지는 골프를 가자고 하실 때 이렇게 먼저 물어보셨다.

"오늘의 스케줄은?"

처음에는 사실대로 오늘 좀 일이 있다고 몇 번 말씀드렸더니 "그러면 일을 보라"고 하셨는데 나중에 알고 보니 혼자 골프를 가셨다. 이후에는 웬만하면 별 스케줄 없다고 말씀드리고 골프를 모시고 나갔다.

신장 혈관 by pass 수술을 성공적으로 받으시고 2년이 지난 어느 날 아버지의 신장 기능이 갑자기 나빠지기 시작했다. 그동안 식이요법을 잘 안 하셨는지, 아니면 혈관에 무슨 문제가 있었는지 결국 혈액 투석을 시작하게 되었다. 처음에는 병원에서 투석하셨는데, 몇 달 뒤에는 집에 투석기기를 준비하고 간호사가 와서 하게 되었다. 투석을 시작하고 1~2년은 별로 힘들어하지 않으셨고, 가까운 8군 골프장에도 종종 나가셨다. 거기에 미스 최라는 40대의 캐디가 있었는데 우스갯소리도 같이 하면서 혈액 투석을 잠시나마 잊으시고 유쾌하게 골프를 즐기셨다. 8군 골프장은 페어웨이 거리는 짧은데 중간에 그늘 집이 없고, 쉴 만한 곳도 별로 없었다.

어느 홀 중간에 작은 벤치가 하나 있는데 등 받침이 없었다. 골프를 치다가 그 벤치가 보이면 내가 먼저 의자에 등을 보이며 반대로 앉으면, 아버지가 앉으시면서 내 등에 기대셨다. 건강이 안 좋으신 아버지께 해 드린 일이라고는, 겨우 등받이 역할 잠깐이 전부였다. 등으로 느껴지는 병고의 무게에 마음이 아팠다. '누가 내 신장을 고쳐 주는 사람이 있으면 모든 재산을 다 주고 싶다'는 말씀도 몇 번 하셨다.

아버지는 신장 투석을 본격적으로 하면서 장충동 집을 떠나 한남동으로 거처를 옮기셨다. 거기가 공기도 더 좋고 주위 보살핌도 필요해서 내린 결정이었으나 어머니와는 더 소원해지셨다.

투석하실 때 내가 다리를 주물러 드리면 불과 5분도 안 돼서 이제 그만하라고 하신다. 까맣고 울퉁불퉁한 다리 피부는 신장이 노폐물을 거르지 못해 생기는 부작용이다. 가려움증도 심해져서 여기저기 긁으니 정강이 쪽에 딱지가 다닥다닥 붙었다. 투석 후 같이 가벼운 식사를 끝내면 이제 바쁜데 가 보라고 하신다. 주저하는 마음으로 대문을 나서면 한참을 집 마당에서 바라보고 계신다.

혈압이 안 좋아지면서 아버지는 대전에 '공산학원'을 설립하셨다. 공산(公山)은 아버지의 호인데 노산 이은상 선생님이 지어 주셨다. 기술자가 많은 나라가 선진국이 될 수 있다는 생각에서 당시 아무도 하지 않는 공업고등학교를 개교하셨다. IMF를 겪으며 동아가 무너졌어도 공산학원이 남아 있어 죄송한 중에도 일말의 위안이 된다.

아버지는 언론에 요란하게 나는 것보다 조용하게 내실을 다지는 사업 스타일을 더 선호하셨다. 주위 분들은 아버지를 '돌다리도 두드려 보고 건너는 사업가'라고 평했다. 간혹 언론에서 아버지의 성격이나 업무 스타일에 관해 추측성 기사가 나올 때가 있었다. '제5공화국'이라는 드라마에서, 전두환 전 대통령이 보안사령관일 때 아버지를 만나는 장면 등은 평상시 아버지의 분위기와 달랐다. 아버지는 성격이 치밀하면서도 융통성이 많으셨다.

늘 다른 사람들의 말을 경청하며 타당한 말에는 귀를 기울이셨다. 하지만 어설피 잘 모르면서 아는 척했다가는 질책을 받았기에, 비서실 직원들도 늘 자료를 챙기고 공부하는 분위기였다. '신언서판'(身言書判)이라는 사자성어를 간혹 쓰셨는데, 사람은 용모, 말, 글 그리고 판단력이 중요하다는 의미였다. 또 사람이 법망은 피해 갈 수 있어도 천망은 피해 갈 수 없으니, 모든 사람을 선의로 대하고 역지사지의 자세로 생각하라는 말씀을 종종 하셨다.

아버지는 인내심이 대단하셨다. 정치적인 문제로 회사가 불이

익을 당할 때 내가 "어떻게 이런 일이 있을 수 있나요. 정말 참을 수 없는 일입니다"라고 하면 "참을 수 없는 것을 참는 것이 참는 것이고, 참을 수 있는 것을 참는 것은 참는 것이 아니다"라는 말씀을 해 주셨다. 이 말씀을 대전 공산학원 로비에 있는 아버지의 흉상에 새겨 놓았다. 돌이켜 보면, 내가 이 말씀을 따르지 못할 때가 많았다.

사업을 하시면서 위기도 있었다. 1962년 동명 증권을 하실 때 갑자기 증권파동이 났었다. 몇 달 사이에 몇십 배 오른 주가들이 갑자기 폭락해 휴지 조각이 되었다. 증권회사는 빚더미에 쌓이고 투자자들이 자살하는 사건도 발생했다. 결국, 동명 증권을 처분하게 되었는데 이때가 가장 힘들었을 때였다고 말씀하셨다.

아버지가 책을 읽으시는 방법은 독특했다. 항상 책의 서문과 차례를 먼저 꼼꼼히 읽으셨다. 저자가 왜 책을 썼는지, 책의 내용이 전체적으로 무엇인지를 먼저 숙지한 후 책을 읽어야 한다고 가르쳐 주셨다. 이후 나도 책을 읽을 때 서문과 차례를 먼저 정독하는 습관이 생겼다.

장충동에서 모시고 살던 어느 날 아침, 나를 조용히 부르셨다. 무슨 일인가 하고 2층 집무실로 올라갔더니, 물기가 비치는 신문지 같은 종이에 길게 둘둘 말려 있는 것을 펴 보라고 하신다. 호기심에 조심스레 펴 보았더니 인삼인데, 머리 부분이 길고 굵은 매듭이 중간중간에 여러 개 있었다. 나는 이게 혹시 산삼이 아닌가 싶었다. 역시 그것은 산삼이었고, 설악산에서 심마니가 막 캐온 것이라며 나에게 먹으라고 반을 주셨다. 나는 그 귀한 것을 먹고 다음 날 아침 그만 설사를 했다. 사업한답시고 술을 많이 마시고 다니던 시절이었다. 참으로 멍청한 아들이었다.

또 항상 마음이 아픈 문제가 있었으니, 아버지는 거의 평생을 어머니와 화목하게 지내지 못하셨다. 물론 귀책 사유는 아버지에게 있었기에, 늘 한 수 접고 충돌을 피하려고 노력하셨다. 두 분을 모시고 살면서, 아버지의 인내를 느낄 때마다 나는 마음이 쓰렸다. 그렇다고 내가 어머니를 원망할 수도 없었다.

아버지는 음악을 좋아하셨는데 특히 국악을 많이 들으셨다. 오십이 넘으셔서 가야금을 배우셨는데, 왼손가락 끝에 누렇게 굳은살이 박이도록 몇 년을 연습하셨다. 내가 어렸을 때 기타를 치면서 팝송을 부르면 가사 내용은 잘 모르시지만, 듣기 좋다고 칭찬해 주셨다. 편찮으시기 전에는 장충동에서 어머니와 새벽기도를 다니실 때도 있었다. 찬송가 469장 〈내 영혼의 그윽이 깊은 데서〉를 좋아하셨다. 2절 가사 '나의 보화를 캐내어 가져갈 자, 그 누구랴 안심일세'라는 대목에서는 항상 웃으셨다.

1980년 환갑 잔치 때 부르신 노래는 〈나그네 설움〉과 〈번지 없는 주막〉이었다. 다음 날 아침, 무슨 말끝에, 아주 오래전 당신을 사모하던 어느 여성의 이름을 지나가는 말처럼 나에게 언급하셨다. 그 여성이 누구였는지 묻고 싶었으나 묻지 못했다. 서독의 작은 도시 '한뮌덴'에 있는 신장 전문 병원에 입원해 계실 때 늘 녹음기로 즐겨 들으시던 곡이 있었다. 〈천안 삼거리〉라는 노래인데

2절의 '삼수나 갑산길 멀고도 먼 길을~' 부분을 특히 좋아하셨다. 40여 일 내내, 독일 시골 산책로를 아버지와 같이 걸었던 시간이 행복했다는 것을 시간이 한참 지난 후에 알았다.

아직도 8군 골프장 작은 벤치에서, 내 등에 기대어 앉으시는 아버지의 무게가 느껴진다.

아버님, 죄송합니다….

동생이 본 형,
최원석 회장

형님, 최원석 회장은 불도저가 아니다. 겉으로는 대범하게 보이지만, 속으로는 정이 많은 사람이다. 나와는 나이 차이도 크고 서로 가는 길도 달라 내가 동아그룹을 떠난 후에는 자주 만나면서 지내지는 못했다.

초등학교 2~3학년 시절이었다. 어느 날 저녁 부모님께서 같이 극장에 가자고 하셨다. 평소에 영화 보러 가신 기억이 없는데 이상하다 하면서 따라나섰다. 영화 제목이 〈다시는 놓지 않으련다〉였다. 어린 나이에도 상당히 멋있는 제목이라고 생각했다. 극장 문을 들어가는데 어느 키 작은 분이 나에게 다가와 이게 형님이 만든 영화라고 언뜻 말해 준 기억이 난다.

영화는 멜로드라마였고 문정숙 님이 여자 주인공이었다. 영화의 끝 장면에서 남자 주인공이 문정숙 님이 탄 기차를 뛰어서 따라가는 장면이 나온 것 같다. 형님의 나이는 그때 약관, 스무 살이었다. 영화가 흥행에 성공했는지는 잘 모르겠지만, 형님은 그렇게 일찍 영화계에 입문한 것이었다.

내가 대전에서 태어날 때, 11살이던 형님이 누님과 함께 산파를 부르러 신나게 뛰어갔다는 말을 자주 들었다. 어릴 때는 형님이 내 볼에 뽀뽀하러 계속 쫓아다녀서 내가 몹시 귀찮아했던 기억도 난다. 미국에서 공부하고 귀국한 형님은 곧 동아건설에서 일을 시작하게 된다. 아버님이 건강하시고 회사가 한참 도약하고 있던 시기였다.

당시 나는 중학생이었는데 클래식 기타의 매력에 흠뻑 빠져 있었다. 나는 형님이 외국 출장을 갈 때마다 스페인제 클래식 기타를 사달라고 졸랐는데, 어느 날 약속대로 아주 좋은 기타를 사 와서 무척 행복했었다. 이름이 '호세 라미레즈(Jose Ramirez)'였던 그 기타는 다른 기타와는 비교가 안 되게 좋은 소리가 울려 나왔다. 나는 이 기타로 〈알람브라 궁전의 추억〉이나 〈밤과 꿈〉 등을 연주했다. 기타 속을 가까이 들여다보면 특유의 향긋한 나무 냄새가 코를 적셨다.

형님은 마음이 여린 사람이다. 다른 사람을 조금이라도 불편하게 하거나 부담을 주기 싫어하는 성격이었다. 어쩌면 이런 성격으로 가정생활에서는 아이러니하게도 여러 번의 풍파를 겪게 된 것이 아닌가 싶다. 형님은 내가 10여 년간 동아에서 일할 때도 나에게 야단이나 싫은 소리를 별로 못 했던 마음이 고운 사람이었다.

건설 회사 회장으로서, 불도저처럼 마구 밀어붙이는 스타일로 알려졌지만, 사실은 여러 구상을 저울질한 후 확실한 계산 아래 일을 시작하는 사람이었다. 해외에서 큰 토목 공사를 많이 이끌다 보니 외부에서는 그냥 통 큰 사람으로만 생각하는데 사실은 그렇지 않다. 동아건설이 해외 진출의 발판을 닦게 된 사우디아라비아 자동전화 확장 공사는 형님이 처음부터 수주 작전을 세밀히 세우고 추진했다. 그 후 리비아 공사 등을 진행할 때도 형님은 발주처 사람들과 좋은 관계를 유지하기 위해 개인적이고 세세한 사항까지 직접 챙겼다.

형님은 한국 탁구 발전에도 큰 공헌을 했다. 10여 년간 대한탁구협회장으로 탁구 협회를 이끌며 한국 여자 탁구를 세계 최강의 자리에 올려놓았다. 1973년 유고슬라비아 사라예보에서 열린 제32회 세계 탁구선수권대회 단체전에서 한국 여자대표팀은 중국과 일본을 연이어 꺾고 우승을 차지했다. 대한민국 정부 수립 이후 구기 종목에서 처음으로 거둔 세계대회 우승이었다. 한국 여자 탁구단은, 귀국할 때 시청에서 오픈카 퍼레이드를 할 정도로 대단한 국민적 환호를 받았다. 형님은 어려서부터 탁구를 잘 쳤다. 전국 체전에 충남 대표 선수로 출전할 정도의 실력이었다. 그런데 하라는 공부는 안 하고 탁구만 친다고 부모님이 반대하셔서 탁구를 계속하지 못 했다. 형님은 나중에 한국 탁구를 세계 무대에서 이끌었으니, 어려서 무언가에 매진한다는 것은 얼마든지 부모의 생각과 다른 결과로 이어질 수 있는 것 같다.

내가 학생 시절 아버님은 장충동에 새 집을 짓기 시작하셨다. 그때 한창 탁구를 많이 쳤던 나는 3층에 탁구장을 만들자고 말씀드렸고, 그렇게 새 집에는 훌륭한 탁구 시설이 갖춰지게 되었다. 나는 이에리사 선수 등을 자주 집으로 초대해 열심히 탁구를 배웠다. 당시 형님은 약수동에 살았는데 거기도 탁구 시설이 있었다. 형님과 나는 회사 소속 탁구 선수들을 불러서 함께 복식 게임을 즐기곤 했다. 형님의 특기는 전광석화 같은 파(far) 스매싱이었는데 당시 선수들에게서도 보기 힘들 정도의 실력이었다. 오른쪽 코너로 깊이 빠지면서 깔려 오는 공이라 수비하기 매우 어려웠다. 즐거운 시절이었다.

형님은 내성적이면서도 사람을 잘 사귀었고, 성품이 소탈했다. 가정 문제로 간혹 외롭고 우울해 보일 때도 있었지만, 마음이 통하는 주위 사람들에게 집중적으로 따스한 정을 주는 성격이었다. 해

외에서 공사 사업을 성공적으로 수주하려면 발주처 사람과의 관계가 중요한데, 이런 부분에서 형님은 뛰어난 친화력을 발휘했다.

국내 경쟁사들을 제치고 리비아 대수로 사업을 동아가 수주하게 된 결정적인 이유는, 최원석 회장이 외교적 능력을 발휘하여 발주처의 인간적 신뢰를 얻을 수 있었기 때문이었다. 입맛도 소탈해서 어려서부터 어머니가 해 주시던 간장 게장이나 다슬기국 등 토속 음식을 좋아했다.

이후 형님은 국내 아파트 사업과 해외 공사를 활발히 진행하며 사업을 확장하던 중, 갑자기 IMF 외환위기로 회사가 무너지기 시작하면서 참으로 어려운 세월을 지냈다. 형님은 동아를 살리려 개인 재산까지 모두 내놓고 회장직에서 물러났지만, 당시 DJ 정부의 반대로 결국 회사를 살리려는 노력은 수포가 되었다.

설상가상으로 회사에 얽힌 소송 중 재판정에서 느닷없이 법정구속까지 당했다. 나중에 나에게 "영화를 만들려 하는데 제목은 '법정구속'으로 하려고 한다."라는 말까지 했다. 이후 건강이 나빠져 신장 이식 수술을 받는 등 힘든 고비가 있었다. 이런 와중에도 형님은 대전 공산학원을 기반으로 안성에 동아 방송대학을 만들어 키우면서 보람을 느끼고 위안을 받았다.

사람들이 형님, 최원석 회장을 두고 '불도저', '풍운아' 운운하는데 그는 불도저도 풍운아도 아니었다. 사실 그는 평범한 가정을 이루며 살고 싶었던, 마음이 여리고 따스한 분이었다.

리비아 대수로 공사를 따내기 위해 발주처 사람들을 접대하며,

기홍 별장에서 같이 노래 부르던 때가 그립다. 오래전 형님이 처음 부르는 것을 듣고 나도 당장 좋아하게 되었던 노래다. 제목은 〈인생은 즐겁게〉인데 3절까지의 가사가 구절구절 가슴을 울린다.

인생은 즐겁게

1

서러워서 우는 사람 즐거워서 웃는 사람
세상일 모든 것은 알고도 모르겠네
없다고 한탄하랴 있다고 뽐낼쏘냐
있고도 없는 것이 인생인가 하노라

2

잔을 들고 우는 사람 꽃을 잡고 웃는 사람
사정도 가지가지 제각기 다 다르네
꿈속에 꿈이더냐 보일 듯이 잡힐 듯이
믿고도 못 믿을 게 사랑인가 하노라

3

병이 들어 우는 사람 소리치며 웃는 사람
오늘 일 내일 일을 뉘라서 안다더냐
이것이 저것이냐 저것이 이것이냐
길고도 짧은 것이 인생인가 하노라

2장

기업 대신 선택한 문화 예술의 길

중도

중도는 역사의 지혜다.
하지만 중도는 양쪽 입장의 중간에 서는 것은 아니다.
양극단에 치우치지 않으면서 중간에도 집착하지 않아야 한다.
중도는 양극단을 벗어나야만 보이는 사태의 미묘한 실상에
정확하게 다가서는 것이다.
마음에 이미 좌우가 없는데 중간이 또 어디 있으랴.
중도의 화살은 중간이 아닌 정곡을 찌른다.

시사저널 창간

시사저널의 사시를 30년 만에 다시 써 본다. 창간호 첫 페이지의 창간사인데 지금 봐도 아득한 말이다.

시사저널은
사실과 진실의 등불을 밝히고,
이해와 화합의 광장을 넓히며,
자유와 책임의 참 언론을 구현합니다.

1989년 10월 발행인 최원영

노무현 전 대통령의 자살 사건에서, 그의 자살은 사실인데 그가 죽어야만 했던 진실은 무엇인가? 그의 죽음을 이해할 수 있는 사람들과 이해할 수 없는 사람들은 서로 어떻게 화합할 수 있는가?

노 전 대통령을 비난하는, 또는 찬양하는 행위가 모두 자유라면 그 자유 안에 언론은 어떠한 책임이 있는가?

30년 전, 이 아득하지만 올곧은 창간사를 구현하기 위해 뜻있는 언론인들이 모였다. 시사저널을 창간하고 10년의 세월을 같이했다. 예상치 못한 풍파로 시사저널을 떠난 지도 오랜 세월이 흘렀다.

1988년 가을, 역사적인 서울 올림픽을 치르며 한국의 경제는 도약하고 있었다. 동아건설도 리비아 공사를 성공적으로 수행하면서 사세가 뻗어 나가고 있었다. 나는 당시 미국에 출장 갈 때마다 얼마 전 창간된 〈USA Today〉라는 신문을 유심히 보았다. 이 신문은 인쇄할 때 컬러를 많이 쓰고 도표를 잘 이용한다. 신문을 섹션별로 잘 분리해 따로 접어서 읽기 쉽게 정리했다. 〈워싱턴 포스트〉나 〈뉴욕 타임스〉보다 친근감이 있고 일목요연하게 사실을 전달하는 힘이 강했다.

어린 시절, 내가 교회에서 주보를 발간했는데, 어느 겨울날 주보에 예수님 얼굴을 그려 넣었다. '갈보리'라는 제호 아래 얼굴 윤곽만 흑백으로 나타나게 그렸다. 등사판 위에 시커먼 '타르'를 묻힌 '가리방'을 조심스레 밀면서 인쇄할 때다. 추위로 곱은 손을 입김으로 호호 불면서 주보를 한 장씩 뽑아 냈다.

1984년 3월에 나는 음악 공연 예술지 〈객석〉을 창간했다. 예음 클럽의 멤버로 플루트를 불면서 간혹 실내악을 연주하던 시절이었다. 본격적으로 신문에 더욱 관심을 갖게 된 것은 한국일보 장

강재 회장과 개인적인 친분으로 자주 만나면서부터다. 소탈하면서 보스 기질이 있던 그는 언론 통폐합으로 속이 많이 상했는지 일찍 세상을 떠났다.

계속 언론 사업에 관심이 있던 중 미국의 〈USA Today〉 같은 신문이 한국에서 나오면 크게 성공할 것으로 생각해 사전 가능성 조사에 들어갔다. 물론 〈USA Today〉처럼 신문의 외형과 편집 체계를 바꾸는 일도 중요하지만 알찬 내용을 위해 막강한 편집진의 구성이 필수였다. 특히 편집인의 선정은 신문의 이미지를 결정하는 막중한 일이었다.

편집 책임을 맡을 분을 은밀히 물색 중, 당시 명망 있는 언론인 박권상 선생을 만나게 되었다. 문화방송 사장을 했던 이환의 선생의 소개였다. 동아건설 사장실에서 처음 만나 신문 발행에 대한 뜻을 밝히고, 대화를 나눠 보니 과연 정론을 펴는 논객다웠다. 악수하는 그의 손은 유난히 부드러웠으나 시국을 보는 혜안은 예리하면서 치우치지 않았다.

당시는 노태우 대통령 초기로 민주화가 서서히 진행되고 있었으며 조선, 동아 해직 기자를 중심으로 한계레 신문도 창간 작업을 하고 있었다. 박권상 선생과 수차례 서로의 생각을 나누면서, 그 당시 어떤 신문이 왜 필요한지에 대한 많은 공감대가 형성되었고 이러한 신뢰를 바탕으로 선생을 모실 수 있었다. 동아일보 복직은 물론 한겨레 창간에도 참여할 수 있었지만, 시사저널에 오신 것을 지금도 감사하게 생각한다.

이런 과정 중에 신문이 성공하려면 예상보다 더 막대한 자금이 필요하다는 것을 알게 되었다. 전국에 지사를 두는 판매 영업망 확충은 물론 우선 인쇄기 구입만 해도 수백억이 든다. 처음 시작해 광고 수입이 크게 오르지 않으면 초기의 엄청난 적자를 오래 버티기가 어렵다.

당시에는 내가 동아에서 일하고 있었기 때문에 회사 차원에서라면 생각해 볼 수도 있었다. 삼성이나 현대도 신문사를 소유하고 있었고 순복음 교회나 통일교도 신문을 발행하고 있었다. 그러나 박권상 선생의 뜻은 확고했다. 언론을 재벌의 이름으로 시작한다면 참여하지 않겠다는 것이다. 언론을 하려면 내가 동아를 떠나야 한다는 것이다. 갈등이 없을 수 없었다.

몇 달간 생각을 정리한 나는 이제 새로운 길을 걷기로 했다. 그 때 내가 그냥 동아그룹에 남았었다면 어찌 되었을까, 하는 생각도 간혹 하지만 로버트 프로스트의 '가지 못한 길'이라는 시처럼 한 길을 택할 수밖에 없었다.

그 당시 나는 서울예고 재단의 이사장으로 취임한 지 얼마 되지 않았고, 서서히 문화 예술 방면으로 활동의 영역이 바뀌고 있었다. 이후 신문 창간을 목표로 사업 타당성 조사를 몇 달간 해 보니, 한국에서 새로운 신문을 낸다는 것은 무리라는 결론이 나왔다.

광고에 대한 전망이 어두웠고, 신문 판매도 카르텔 조직이라 그 벽을 뚫기가 어려웠다. 고심 끝에 아직 미개척 분야인 '시사 주간지' 발행을 검토하기 시작했다. 〈타임〉이나 〈뉴스위크〉 같이 권위 있고, 신문에서도 못 쓰는 심도 있는 취재를 하는 시사 정론지로 방향을 바꾸게 되었고 박권상 선생도 흔쾌히 동의해 주었다.

큰 신문사에서 발행하는 주간지들이 몇 개 있었으나 내용이나 외형이 아직 시사정론지로 보기에는 미흡했다. 나는 우선 박권상 선생을 편집인으로 모시고 유능한 인재를 계속 영입하기 위해 기자 보수를 그 당시 제일 큰 신문사 수준으로 책정했다. 미국 일본 영국 중국 등에 특파원도 파견하기로 했다.

한국일보 출신으로 해박한 지식과 경험이 있는 신중식 선생이 시작할 때부터 합류해 많은 도움을 주었다. 처음 기자 모집을 하고 원서 마감을 해 보니 생각보다 많은 인재들이 몰렸다.

데스크 급은 박권상 편집인의 주도로 진철수 편집주간, 김승웅 정치부장, 박순철 경제부장, 표완수 국제부장, 김동선 문화부장, 조천용 사진부장 등을 영입했다.

중견 기자들로는 김춘옥 김재일 박준웅 박중환 박상기 서명숙 김당 김상익 김창용 장영희 이흥환 이숙이 김현숙 문정우 이등세 김재태 정희상 남문희 이문재 성우제 양한모 이강빈 등 새 언론에 뜻을 같이하는 유능한 기자들이 힘을 합쳤다.(이 외에도 미처 기억 못 하는 여러분들이 참여했다.)

여기에 그치지 않고 우리는 기자들을 진철수 편집주간의 인솔로 미국의 시사주간지 〈US News and World Report〉에 연수를 보냈다. 정통 주간지의 본고장인 미국에서 배우는 현장 학습은 기자들에게 큰 도움이 되었고 자신감도 더욱 충만하게 되었다.

잡지의 외형을 중요시 하여 영국의 〈더 타임스〉 디자인 부국장 '에드윈 테일러'를 초빙했다. 그는 3개월 동안 〈시사저널〉 디자인의 틀을 잡았다. 중앙일보도 1995년경 그를 초빙해 몇 달간 디자인을 혁신했다. 또 미국인 '올슨' 미술부장을 〈US News and World Report〉에서 스카웃하였다. 당시의 산뜻한 디자인은 지금 다시 보아도 질리지 않는다.

신문을 하려고 했을 때 경향신문에서 영입한 인쇄 전문가 차건성 이사가 폰트에 대한 개발도 계속해 주었다. 잡지를 만드는 종이도 LWC라는 가볍고 질긴, 눈에 피로감이 덜한 종이를 수입했다. 기자들의 문장력을 향상하기 위해 그들이 쓴 글을 김승옥 선생 등 당대의 문장가 몇 분들이 교정을 보도록 했다. 한편으로 한승주 한승헌 최일남 선생 등 최고의 칼럼니스트들도 모셨다.

편집뿐만 아니라 행정 지원 업무를 위해 임철규 사장, 서정원 고문, 양남훈 상무, 차건성 이사, 한윤경 전산실장, 장승운 기조실장, 이승부 이사, 박경환 영업부장, 김충배 광고부장, 문신관 부장, 김봉국 정기구독본부장, 이성혜 차장, 이정구 과장, 이병희 과장 등 '객석'을 발행하는 예음의 식구들도 힘을 합쳐서 판매망을 확충하고 광고부를 보강하며 창간을 위한 여러 준비가 착착 진행되었다.

기자들이 취재원을 만나기 위해 개인적으로 먼저 경비를 쓰면 나중에 회사에서 모두 지급해 주었다. 동시에 그 당시에는 거의 관행이었던 촌지를 우리 기자들은 처음부터 받지 않았다. 발행인, 편집인부터 일선 기자까지 모두 자유와 책임의 참 언론을 만들어

보자는 일념뿐이었다.

드디어 창간호가 나왔다. 30만 부 정도를 발행했는데 매진이 되었다. 한국 역사상 주간지로서는 처음 있는 일이었다. 한국에서 제대로 된 시사주간지가 막 탄생한 것이다. 세련된 모양과 질 좋은 종이가 우선 독자의 시선을 끌었다. 창간 백 일 전부터 카운트다운을 하면서 신문 1면 등 각종 매체에 내보낸 대대적인 광고의 효과도 있었다. 무엇보다 민주화를 갈망하는 시대적인 배경과 알차고 신선한 내용이 같이 맞아떨어진 것이다.

창간 기념 기획으로 독일의 빌리 브란트 전 수상을 초청했다. 그는 소위 '동방 정책'으로 유럽 평화에 기여한 공로로 노벨상을 받고 독일 통일의 초석을 놓은 분이다. 같은 분단 상황을 겪고 있는 우리의 처지에서 독일의 분단 극복에 진력한 브란트의 한국 방문은 의미하는 바가 컸다. 이후 천체 물리학자 '호킹' 박사, 방콕의 '잠롱' 시장, '시라크' 당시 파리 시장 등을 초청해 시사저널의 위상을 높여 갔고 CNN의 '테드 터너'를 방문해 한국의 케이블 TV 시장 진출에 대한 의견을 교환했다.

이렇게 대외적인 활동을 펼쳐 나가며 시사저널 한 호 한 호를 하나의 예술 작품을 만들듯 매주 발행하였다. 표지 작업은 디자인 감각이 좋고 인형 모형도 만드는 미술부의 양한모 기자와 매주 같이 상의하며 진행했다. 인쇄 직전 마지막 점검이 중요하므로 시간 나는 대로 원고를 내 방으로 가져 와 다시 한번 보았다. 기사 내용에는 거의 손을 대지 않았지만, 사실관계는 철저한 확인을 강조했다. '숫자와 이름은 다시 확인하자'라는 글을 편집부에 써 붙였다.

시사저널이 크게 앞서 나가자 다른 신문사에서 비상이 걸렸다. 몇 달이 지나자 큰 신문사에서 우리의 모양을 본뜬 잡지들을 서둘러 내기 시작했다. 그러나 선두 주자로서 시사저널의 발행 부수나 충실한 내용을 쉽게 따라올 수 없었다. 이렇게 우리가 시사 주간지 시장을 평정해 나가자, 시사저널을 비난하는 소리가 들리기 시작했다. '시사저널은 역시 DJ를 지원하는 언론이다'라는 것이다. 박권상 선생이 DJ가 대통령이 된 후 KBS 사장을 하셨으니 두 분이 개인적으로 친밀한 사이였는지는 모르나, 시시비비를 가릴 때에는 엄정했기 때문에 DJ 측에서 우리에게 섭섭하게 생각할 때도 많았다.

어떤 정치인은 '발행인이 사업을 하던 사람인데 왜 좌익 운동하는 사람들에게 업혀서 이런 잡지를 내느냐'라는 원망도 했다. 안기부 고위층에서 필자에게 직접적인 경고도 몇 번 했었다. 그러나 시간이 지나면서 오해나 비난의 목소리는 점점 줄어들었다. 우리는 유능한 인재들을 계속 찾았다. 탁월한 기자 근성의 안병찬 선생과 뛰어난 문장가 김훈 선생 등을 영입했다. 이후 안병찬 선생은 시사저널의 편집 주간으로 편집국을 이끌었고 김훈 선생도 시사저널과 TV저널에서 중추적인 역할을 했다.

우리는 보수와 진보를 떠나서 사실과 진실을 알리려 했고 영남과 호남을 말하기보다는 이해와 화합을 추구하고자 했다. 그러나 여러 분야를 다루다 보면 시간이나 지면의 제약으로 충분히 사실을 설명하지 못하는 부분도 있고, 사건을 보는 관점이 회사 내에서도 다를 때가 있었다. 때로는 비판적 기사들로 인해 본의 아니게 특정 개인이나 단체에 고통을 주는 경우도 있었다. 개인적으로는 미안할 때가 많았지만 일일이 그런 말을 할 수도 없었다. 우리는 상대방의 주장이 타당한 것이 입증되면 언제든지 정정 기사를 내고, 반론을 실어 주는 편집 방침을 처음부터 고수했다. 언론은 자유만큼 책임도 중요하다고 생각했기 때문이다.

오늘날, 언론 상황은 상전벽해가 되었다. 인쇄 매체는 쇠락의 길을 걷고 있지만, 우후죽순처럼 많은 TV 채널에, 너도나도 유튜브까지 모두 엄청난 양의 정보와 주장을 쏟아 내고 있다. 소비자인 시민들은 정신이 혼란할 지경이다. 여기에 한국 사회의 분열이 극에 달해 언론도 양편으로 나뉘어서, 진영 논리가 '지록위마'의 경지에 이르렀다. 편파적이고 자극적인 가짜 뉴스가 범람하고, 증오와 혼란을 조장하는 불량 방송이 적지 않다. 일부 유튜버들은 대중 매체로서는 쓰면 안 되는 비속어와 막말을 거침없이 쏟아 낸다.

30년 전 시사저널의 창간 정신이 이 시대에 더욱 절실함은 나만의 생각은 아닐 것이다. 시사저널의 성공은 민주화로 향한 시대의 변화와 함께 창간했고, 편집인을 비롯한 유능하고 신념 있는 동료들의 헌신이 있었고, 그리고 새로운 시대에 새로운 매체를 기다렸던 독자들의 성원 덕분이었다. 어느새 아주 오래전 이야기지만 지금도 필자의 마음에는 시사저널의 창간부터 모든 과정이 생생히 남아 있다.

같이 땀 흘렸던 많은 분들에게 감사하고 죄송한 마음이다.

필하모니
음악감상실의 추억

서소문에 있는 평안교회 주일 학교에 다니면서 〈참 반가운 신도여〉라는 찬송을 크리스마스 때마다 열심히 불렀다. 지금도 이 곡이 나오면 베이스 파트를 속으로 부른다.

어느 날 Peter Paul and Mary 라는 미국 가수들의 노래를 듣게 되었다. 그들은 1970년대 미국 사회의 부조리를 고발하며, 평화와 자유의 메시지가 담긴 노래를 주로 불렀다. 피터의 가늘고 감미로운 목소리와 폴의 부드럽고 깊이 있는 목소리, 메리의 허스키한 저음이 서로 어울린 화음은 뭔가 불안하면서도 매력적이었다. 〈Gone the rainbow〉, 〈Don't think twice, it's alright〉 등 그들의 노래를 열심히 영어로 따라 불렀다. Peter Paul and Mary의 노래는 당시 김민기 님도 많이 불렀다.

어느 날 오후, 그는 장충동 우리 집 지하실에서 갑자기 내 기타를 치며 노래를 하기 시작했다. 처음 듣는 곡이었는데 가사와 멜로디가 서로 울림을 주며 깊은 감동이 있었다. 노래를 끝낸 후 김민기 님이 무거운 목소리로 입을 열었다.

"내가 얼마 전에 만든 〈아침이슬〉이라는 노래요."

김민기 님 외에도 Peter Paul and Mary를 무척 좋아하는 사람이 있었다. 나중에 노래 〈개똥벌레〉, 〈홀로 아리랑〉 등을 만든 한돌 님이었다. 한돌 님은 우리 집에 있는 그들의 판을 모두 들었고, 내가 새로운 판을 사면 꼭 들으러 왔다. 같이 기타를 치며 포크송을 부르던 즐거운 시절이었다. 나는 이런 시기를 거치며 서서히 고전 음악에 관심을 가지게 되었다. 첼로 음악을 좋아했는데 드보르자크의 〈첼로 협주곡〉을 듣고 깊은 감명을 받아 당장 첼로를 배우기 시작했다.

몇 년 후 영락교회 성가대에서 바흐의 〈브란덴부르크 4번〉 첼로 파트를 연주했고, 이후 첼로곡뿐 아니라 다른 고전 음악을 많이 듣게 되었다. 2~3년 열심히 레코드판을 모으다 보니 500~600장이 되었다. 당시는 레코드판을 정식으로 수입할 수 없는 시대였다. 미국이나 유럽에서 나온 원판은 명동 암시장에서 몰래 사야 하는데, 그러다가 구속된 사람도 여러 명 있었다. 음질 좋은 음악을 듣고 싶은 게 죄가 되는 시절이었다. 그러다 보니 이렇게 좋은 고전 음악을 많은 사람들이 즐기면 좋겠다는 생각을 하게 되었다.

마침 더블 베이스를 연주하던 오랜 벗 안동혁 님이 음악감상실에 대해 잘 알고 있었고, 우리가 직접 음악감상실을 차려 보자는 제안을 했다. 종로 르네상스 감상실에서 DJ를 하던 분들과 만나 상의를 했는데, 장소만 좋으면 큰 자금 투자 없이 할 수 있다는 말을 들었다. 이분들을 만나고 사업 구상을 하며 구체적으로 장소를 물색하던 중, 충무로에 있던 우리 건물 4층에 이미 고전 음악 감상실이 있었다는 것을 알게 되었다.

충무로는 강남이 개발되기 전 서울 최고의 번화가 중 하나였는데 음악감상실이 거기 있는 줄은 모르고 있었다. 여기에 또 음악감상실을 낼 수는 없었기에, 임대 기간이 끝나면 거기에 음악감상실을 내기로 했다. 레코드판을 몇백 장 더 구입하고 음향 기기를 최고 제품으로 준비했다.

이름은 '필하모니(philharmony)'로 정했는데 이 이름은 영어 사전에는 없는 합성어였다. '필'이 좋아한다는 의미니까 '하모니'를 좋아한다는 뜻인데 그럴듯한 이름이었다.

몇 달간의 준비를 끝내고 문을 열자 예상대로 많은 손님들이 오기 시작했다. 자리도 좋았지만, 최신 시설과 최고의 음향 설비가 음악 애호가들의 관심을 끌었다. 전체 면적 120평을 음악감상실과 휴게실로 나누어, 감상실에서는 금연하도록 했고 음악도 각각 따로 들려 주었다. 아직 금연에 대한 개념이 없었기에 음악을 들으며 담배 피우는 것이 멋지고 당연하다고 생각할 때였는데, 건강을 위해서는 물론이고 화재 방지 차원에서도 꼭 필요한 조치였다.

휴게실은 좀 가벼운 음악 위주로 틀었고 음료수를 마시거나 대화도 할 수 있게 했다. 전문적으로 음악을 듣고 싶은 사람들은 감상실을 주로 이용했고, 데이트하거나 책을 읽으면서 음악을 듣는 젊은 층은 휴게실을 이용했다.

녹음실도 DJ실에서 같이 운영하며 음악 애호가들에게 필요한 녹음을 해 주었다. 시간이 지나면서 필하모니의 손님층이 다양해졌고 반응이 점점 좋아졌다. 들어오는 입장권에 음료수 표도 같이 붙여서 편리하게 티켓을 만들었다. 손님의 입장에서는 표 한 장을 사서 다방 두 곳을 이용하는 것이었다. 당시 고등학생은 원칙적으로 입장 금지였다. 청소년 선도 규정에 따라 빵집도 못 들어갈 때였으니, 지금 생각하면 어이없지만 법규를 지켜야 했다.

하지만 사복을 입고 오는 학생들은 알면서도 들여보냈다. 얼굴이 동그랗고 눈이 큰 어느 여고생은 늘 혼자 사복을 입고 와서 브루흐의 〈콜니드라이〉를 들으며 글을 썼다. 문학적이고 성숙한 학생들이 자주 오는 문화 공간이었다.

한참 감수성이 예민한 사춘기 때 좋은 고전 음악을 듣는 것은 장려해야 할 일인데 현실은 정반대였다. 그때 몰래 들어오던 고등학생 중 지금 소설가나 시인이 된 사람이 많을 것이다. 손님들이 가장 많이 신청한 곡은 〈베토벤 바이올린 협주곡〉, 〈차이콥스키 피아노 협주곡〉, 〈모차르트 교향곡 40번〉, 〈브람스 교향곡 3번〉, 〈쇼팽 녹턴〉, 〈비발디 사계〉 등이었다.

아침 10시에 문을 열어 밤 10시에 영업을 마쳤는데 마지막 곡으로는 가끔 파격적으로 Jim Reeves의 〈Am I that easy to

forget〉을 틀었다. 종일 클래식만 듣다가 이 곡을 들으면 그의 매력적인 저음에 머리가 시원해지는 느낌이었다.

당시 생존했던 유명 소련 작곡가 '쇼스타코비치'의 곡은 유신이 선포되며 사회 분위기가 경직되자 들으면 안 되는 금지곡 목록에 포함되었다. 그의 교향곡 5번을 가끔 틀었는데 어느 날 저녁 음악을 틀자마자 누가 DJ실 문을 벌컥 열고 들어와서 불심 검문인 줄 알고 깜짝 놀랐던 적도 있었다. 지금 생각하면 우스운 일인데, 인류 문화의 발전은 그렇게 어이없는 과정들을 거쳐야 하는가 보다.

필하모니는 시기적으로 유신 시대의 아픔을 음악으로 달래려는 많은 젊은이와 예술인들에게 편안한 대화의 장이 되었다. 감상실에서 조용히 베토벤의 〈전원〉을 같이 듣던 20대 학생과 50대 아버지도 보기 좋은 장면이었다. 자주 오시는 단골손님이 점점 늘어나던 중 특이한 중년 신사가 한 분 있었다. 이분은 매일 샌드위치를 가지고 와서 휴게실에서 점심으로 먹고, 오후 6시까지 규칙적으로 음악을 들었다. 40대 중반 정도의 점잖은 분이었는데 그렇게 하기를 서너 달, 주말을 제외하고 매일 오는 최고의 단골손님이었다.

그러던 어느 날, 평일 오후 3시쯤 조용한 음악감상실이 여자의 고성으로 시끄러워졌다. 남편을 수상히 여겨 몰래 뒤를 밟던 부인이 충무로의 '필하모니'라는 곳에서 드디어 남편을 잡아낸 것이다.

나중에 사연을 들으니, 직장에서 퇴직당한 후, 집에는 차마 말을 못 하고, 아침에 출근하고 저녁에 퇴근하는 근무 생활을 필하모니에서 하고 있었던 것이다.

하루 종일 있어도 아무 말 안 하고 음료수까지 주는 곳으로는 필하모니만 한 곳이 서울에 없었다. 낮에 어두운 감상실, 깊고 편안한 의자에서 음악을 들으며 숙면을 취했기 때문에, 밤에 잠을 못 자는 남편을 수상히 여긴 아내, 어느 날 남편을 미행해 음악감상실까지 들어간 것은 봤는데, 감상실의 실내가 어두워 남편을 찾을 수 없었다. 당황한 아내가 큰소리로 남편을 불렀다. 음악 소리보다 좀 더 크게!

"ㅇㅇ 아버지!"

음악은 베토벤 운명 1악장이 나오고 있었다. 나중에 남편의 팔을 붙잡고 나가면서, 그래도 도박을 하거나 바람을 피우기보다는 음악을 듣고 있어서 다행이라는 소감도 주위 사람들에게 밝혔다.

이 시절 초창기부터 같이 일을 시작하며 DJ를 했던 두 분이 부득이 그만두게 되었다. 두 분 다 음악을 사랑하고 열심히 일한 분들이었다.

필하모니가 자리를 잡아가고 사람들이 줄을 서서 표를 사기도 했던 어느 토요일 오후 급한 전화를 받았다. 지금 휴게실에서 어떤 사람이 '시너'를 바닥에 뿌리고 분신자살을 시도하고 있다는 것이다. 처음 보는 젊은 사람이 작은 물통을 들고 바닥 여기저기 조금씩 흘리는데, 석유 냄새가 나서 지금 뭐 하는 거냐고 물었더니 갑자기 라이터를 켜고 "지금 여기 시너를 뿌렸다. 이제 분신자살할 거다"라고 소리를 질렀다.

사람들이 우르르 몰려 나갔고 파출소에 신고해 경찰이 곧 출동했다. 이 사람의 요구는 병무청장과 대화를 하자는 것이었다. 자기가 5대 독자라 군대를 안 가도 되는데 영장이 잘못 나와서 시정하려 해도 당국에서 아무 반응이 없어서 이런 극단적 조치를 취했다고 한다. 경찰이 대화하며 너덧 시간을 끌다가, 결국 젊은이를 붙잡아 사건이 종결되었다. 아찔한 순간이었다.

나중에 들으니 필하모니가 충무로에서 사람이 많이 모이는 유명 장소라는 말을 듣고, 여기서 소란을 피우면 방송에도 나고, 병무청장과 대화도 할 수 있을 것 같아서 그런 소란을 피웠다는 것이다. 음악감상실에는 베토벤의 피아노 소나타 〈열정〉이 나오고 있었다. 분신자살과 열정 소나타…. 어쩌면 하이든의 교향곡 〈불〉이 더 어울렸으려나.

이후 김순 님이 실무적인 책임을 맡아 필하모니를 오랫동안 잘 운영해 주셨고 박홍 님, 권 DJ, 오 DJ, 김 DJ 등 여러분이 열심히 해 주셔서 감사했다.

몇 년이 지나자 필하모니를 자주 갈 수는 없었으나 그래도 매년 크리스마스이브는 그곳에서 필하모니 식구들과 겨울냉면을 먹으며 같이 보냈다. 필하모니는 충무로의 명소이자 유일하게 70년대 스타일을 유지하던 음악감상실로, 오랜 시간 문화예술인들의 사랑방으로 사랑받았다.

주위에 본전 다방, 풍국 제과, 준 다방, 구디구디, 그리고 길 건너 몽쉘 통통이 있었고 육교 건너 일식당 식도원도 있었다.

50이 넘은 분들이 필하모니에서 고전 음악을 들으며, 청춘의 한때를 보냈다는 말을 가끔 들으면 마음이 흐뭇해진다.

당시 어두컴컴한 감상실에서, 베토벤의 〈전원〉을 아들과 같이 옆자리에서 듣던 50대의 아버지보다 나이를 더 먹은 지금, 나는 눈을 감고 카라얀의 〈브람스 교향곡 4번〉을 듣는다.

필하모니 감상실의 등받이 높은 의자에 깊숙이 파묻혀 듣고 있는 것처럼….

소설 『예수의 할아버지』 쓰고 싶었고, 쓸 수밖에 없었고

그동안 필자의 이름으로 세 권의 책을 냈습니다.

오래전, '제임스 골웨이'의 『플루트』라는 책을 번역해 출간했지요. 그의 플루트 소리는 비브라토가 빠르고 화려한데(마치 바이올린의 하이페츠처럼) 어떻게 그런 찬란한 소리를 내는지 궁금해 책을 읽어보고 번역을 했습니다.

아무리 책에 있는 방법대로 연습해도 재주 없는 저는 그와 같은 비브라토가 불가능했지만, 그 말을 책에 쓰지는 않았습니다.

다른 분들은 가능할 수도 있기 때문이지요.

그리고 몇 년 전 『예수의 할아버지』와 『예수님의 폭소』라는 두 권의 소설을 냈습니다.

『예수의 할아버지』는 제목에 '님'자를 넣어야 하나 고민하다가, 넣으면 신앙 서적처럼 보일 수 있다는 분들의 의견을 따라 '님'자

를 뺐지요(그렇다고 예수님의 폭소가 신앙 서적은 아닙니다).

『예수의 할아버지』는 수감생활 중 쓴 소설입니다. 쓰고 싶어서 쓰기도 했지만, 쓸 수밖에 없어서 썼습니다. 이 소설을 하루에 몇 시간씩 집중해 쓰게 되니 고달픈 수감생활을 수월하게, 그리고 보람 있게 보낼 수 있었기 때문입니다.

저는 글을 앉아서 쓰지 않고 서서 썼습니다. 감방에서 몰래 얻은 책받침 위에 초록색 노트를 왼손으로 단단히 받치고, 연필로 꾹꾹 눌러쓰는 방법이었습니다. 서서 쓰면 한 평의 작은 방이 덜 답답하게 느껴지고 계속 앉아 있는 것보다 허리가 덜 아픕니다.

감방 복도를 지나가는 옆방 분들이, 제가 항상 서서 뭐를 쓰니까 모두 한 번쯤은 물어봤습니다.

'도대체 매일 뭐를 그렇게 쓰냐' 라고요, 저의 대답은 '노느니 소설 쓰고 있습니다'였지요. 책받침은 검방(방검사)할 때 걸리지 않게 잘 숨겨야 했습니다.

이제 예수의 할아버지를 쓰게 된 이야기를 하자면 제가 어려서부터 지나온 신앙의 여정이랄까, 방황의 흔적을 돌아봐야 할 것 같습니다.

저의 기독교는 모태신앙으로 시작했습니다. 어머니가 교회에 처음 나가시고 얼마 후 저를 가진 걸 아셨는데, 어머니는 그것을 하나님의 선물이라고 생각하셔서 평생 교회를 다니셨습니다.

특히 제가 형님 출생 후 11년 만에 태어났으니 부모님의 기쁨이 크셨겠지요. 저는 어려서는 교회에 열심히 다니는 착한 학생이었으나 조금 커서는 꾀가 생겼습니다. 어린 나이였지만 교회를 몇 년 다녀 보니, 교회에 안 가고도 주보에 있는 설교 내용을 잘 읽어보면, 오늘 목사님이 어떤 말씀을 하셨는지 대강 알 수 있었지요.

이후 저는 일요일 오전, 교회 대신 근처 만화방으로 발길을 돌렸고 대신 주보를 하나 가지고 와서 그날의 설교 말씀을 어머니께 전달해 드렸습니다.

필자가 자신 있게 하는 이야기는 이집트로 팔려 갔다가 총리대신이 된 요셉에 관해서였고 어머니는 그 이야기를 특히 좋아하셨지요. 지금 소설을 쓰는 것도 그때 연습했던 실력이 바탕이 된 듯합니다. 이런 비신앙적 이중생활도 오래 할 수는 없었는데, 어느 날 전도사님이 집에 와서 요새 아무개가 왜 안 나오냐, 어디 아프냐고 어머니께 묻는 바람에 만홧가게와 이별하게 되었습니다.

당시는 만화가 어린이에게 나쁜 영향을 준다는 인식으로 만화

책을 몰래 보는 시절이었지요. 만화가게 안 가고 몰래 집으로 빌려와도 아버지께 걸리면 바로 만화책을 찢어버리셨습니다. 그때 아주 재미있게 보던 만화는 '라이파이' '로봇 삐빠' 등이었지요. 이후 교회 중등부 회장을 하며 간혹 목사님 대신 제가 성경 말씀을 학생들에게 전하기도 했었습니다.

당시는 저도 하나님은 하늘나라에 계시면서 우리의 간절한 기도를 들어주시고 생사화복을 주관하시는 할아버지 정도로 알고 있었지요.

제가 고등학교 시절이던 어느 날, 한 생각이 저의 신앙관을 흔들었습니다. 세상에는 기독교 말고도 여러 다른 종교가 있다는 사실과 그 사람의 종교는 대부분 그 사람이 태어난 곳에 따라 결정된다는 것입니다. 인도에서 태어나면 힌두교, 사우디에서 태어나면 무슬림, 태국에서 태어나면 불교 이런 식이지요.

그렇다면 기독교만이 진리라고 주장하는 교회의 가르침에 뭔가 문제가 있지 않나 하는 막연한 의문이 들었습니다. 또 한 가지 마음에 걸리는 부분이 생겼습니다. 성경에는 사람이 죽으면 반드시 심판을 받고 천국이나 지옥으로 간다는데 예수님을 몰랐던 옛날 사람들이나 아프리카에서 평생 예수님에 대해 들어본 적 없는 사람들은 조금 억울한 게 아닌가 하는 것이었지요.

하지만 그런 의문에 대한 대답은 잘 준비되어 있었는데 '그러니까 우리가 땅끝까지 복음을 전해 한 사람이라도 더 예수 믿고 구원받도록 해야 한다. 역사적으로 훌륭한 사람들도 예수를 몰라

천당에 못 갔는데, 우리는 하나님의 은혜로 구원받았으니 그 크신 은혜에 감사하라.'라는 것이었습니다.

심지어 슈바이처 박사처럼 평생을 아프리카에서 의료봉사를 한 사람도 예수님을 신으로 인정하지 않았기에 지옥에 갔다는 대답이었지요. (요즘 대답은 그것은 누구도 알 수 없다 정도입니다.)

일단 분위기 때문에 '아멘!'으로 넘어가면서도 어딘가 흔쾌하지 못했습니다. 나중에 생각해 보니 신학자들이 말하는 소위 '값싼 은혜'에 어린 마음에도 거부감이 들었기 때문인 것 같았습니다.

어느 해 큰 해일 탓에 어느 나라에서 수만 명이 사망했다는 보도가 나왔는데 목사님은 그 나라 사람들이 예수를 안 믿어서 그렇다고 하셨지요. 저는 그런 교회에 나가기가 싫었고 다른 교회를 다녀 보기 시작했습니다.

그러다가 놀라운 교회를 하나 찾았는데 서울 장충동의 경동교회였지요. 당시 강원용 목사님의 설교는 제게 충격이었습니다. 강 목사님은 '예수 믿으면 천당 가는 것'보다 '예수의 제자가 되는 것이 더 중요하다'라고 했습니다. 예수님을 신으로 숭배하는 것보다 예수님을 따르는 데 방점을 찍은 말씀이지요.

이런 기간이 지나고 30대가 되면서 이화 대학교회의 김흥호 목사님을 알게 되었습니다. 그분은 기독교뿐 아니라 유교, 불교, 도교에 두루 정통하셨고, 성경 해석도 깊이가 있으면서 신선했습니다. 이대 교회에서 '사색'이라는 잡지를 오래 발간했는데 기독교인들에게 '생각하지 않으면 예수님의 제자가 될 수 없다'라는 의미에서 사색이라는 제목을 정했습니다. 강원용 목사님 이후에 김흥호 목사님에게 다시 한번 배움을 얻었습니다.

이후에 영국에서 잠시 공부하는 동안 나름대로 신학 강의를 들으며 그들의 열린 생각을 배울 수 있었습니다.

성공회 고위직 신부라도 무조건 성경 문자주의(성경 말씀은 역사적으로 과학적으로 모두 사실이다)를 주장하지 않고 생물학자나 물리학자와 자유로운 토론이 가능한 종교적으로 성숙한 사회였습니다. 기독교가 한국에 처음 들어와서는 학교를 세우고 병원을 세우는 등 많은 공헌을 했습니다. 하지만 근래에는 오히려 비판의 대상이 되어, 교회가 사회를 걱정하는 것이 아니라 사회가 교회를 걱정한다는 말이 나오고 있습니다.

아직도 문자주의 기독교는 선진국 중 한국과 미국 남부에 많이 있습니다. 이러한 문자주의는 믿을 수 없는 이야기를 억지로 믿으라고 하기에 역동성을 상실하여 생각하는 사람들, 특히 젊은이들이 기독교를 떠나고 있습니다. 믿음이란 믿겠다, 믿겠다 아무리 각오해도 머리로 이해해서 믿지 않으면 믿을 수 없습니다.

종교라는 것은 상징을 매개로 우리를 초월적 세계로 이끄는 것입니다. 상징 자체를 신으로 믿으면 허망할 뿐 아니라 위험한 것입니다.

21세기 종교는 문자주의를 벗어나야 한다고 생각합니다. 아직도 성경이나 십자가 등을 종교적 상징으로 절대화하는 교회가 많은데 이런 문자주의는 놀랍게도 고대나 중세보다 오히려 근대 기독교의 산물입니다. 문자 문화가 보편화되지 않았던 고대에는 음악, 무용, 연극 등이 시민들에게 큰 영향을 주었고 이때는 문자주의가 별로 힘을 쓰지 못했습니다.

루터 이후 성경이 인쇄되어 각국에 퍼지면서 '오직 성경'이라는 선언의 부작용으로 문자주의가 공고해지기 시작했습니다. 가톨릭의 문제점을 밝히면서 개신교를 세우기 위해 주창했던 위대한 모토가 몇백 년이 지나서는 오히려 인류의 보편적 이상에 저해가 된 것입니다.

인간을 자유롭게 해야 할 종교가 오히려 인간의 정신을 억압하는 상징으로 둔갑했지요. "안식일이 사람을 위해 있는 것이지, 사람이 안식일을 위해 있는 것은 아니니다."라는 예수님의 말씀은 실로 위대한 선언입니다.

저는 처음에 이러한 이야기를 그대로 정리해 써 보려고 했으나, 읽기도 딱딱하고 또 아직 한국 교회에서는 이러한 생각을 비난하는 목소리가 많이 나올 것이 뻔했습니다.

생각을 바꾸어 추리소설의 형식을 빌려 저의 이야기를 전달하고자 『예수의 할아버지』라는 소설을 쓰기 시작했습니다. (역시 비난의 댓글이 많았지만, 격려의 댓글이 더 많았습니다)

이제 예수님 말씀을 인용해 "종교가 사람을 위해 있는 것이지, 사람이 종교를 위해 있는 것은 아니니다"라고 자신 있게 말할 수 있는 목사님.

뱀이 말을 했다거나 여자가 남자의 갈비뼈에서 나왔다는 이야기는 신화라고 정확히 말할 수 있는 목사님.

적군을 죽이기 위해 기도하니 태양이 돌기를 멈추었다는 이야기는 천체 물리학을 몰랐던 시절의 소박한 상상이었다고 웃으며 말할 수 있는 목사님.

교회 열심히 나오면 코로나 안 걸리고, 걸려도 낫고, 설령 걸려서 죽어도 천당 간다는 이야기는 하면 안 된다고 정직하게 말할 수 있는 목사님.

길을 가다 넘어졌다고 해서 이것은 하나님이 주신 벌이라며, 무엇을 회개해야 할지 찾아보라는 이야기는 하면 안 된다고 용기 있게 말할 수 있는 목사님.

소설 『예수의 할아버지』를 읽고 이러한 목사님들이 많이 나오시기 바라는 마음입니다.

소설가 김훈 선생의 추천사로 이 글을 마무리합니다.

> 1990년대 초에 시사 주간지 '시사저널'을 주간 저널리즘의 정상으로 올려놓을 무렵에 최원영은 회장으로, 나는 기자로 일했다. 그가 오랜 고통의 시간을 견디어 내고 돌아와서 이 책을 내게 되었다.
> 최원영의 소설 『예수의 할아버지』는 기독교의 교리에서부터 현실 교회의 문제에 이르기까지 깊고 넓은 질문을 던진다. 그의 질문은 명료하고, 그는 남이 알아들을 수 있는 방식으로 말한다.
> 이 소설은 기독교 초기 교회의 핵심적 신앙고백서인 『사도신경』을

넘어서서 새로운 방식의 신앙과 소망을 제시한다. 최원영은 스스로 『새 사도신경』을 지어서 이 소설을 구성하는 틀로 삼고 있다.

소설 『예수의 할아버지』는 하느님과 교회를 교리로부터 해방해서 현세의 생활 속에서 살아 있게 한다.

영생은 사후의 천당에서 누리는 복락에 있는 것이 아니고 현세에서의 생명의 연대 속에 있고, 구원은 자신의 십자가를 짊어지고 걸어가는 현세의 길 위에 있다고 이 소설은 말한다.

그러므로 종교의 모든 의미는 사랑이고 사랑을 이루어야 하는 자리는 지금 이 자리이고, 사랑은 미루어질 수 없고 지체 없이 이루어져야 한다.

소설 『예수의 할아버지』는 그 새로운 기도와 소망에 닿으려는 인간들 사이의 갈등과 시련, 전진과 퇴행으로 짜여서 긴장을 이룬다. 넘어지고, 엎어지고, 무너지고, 다시 일어서면서, 싸우고 또 화해하면서, 인간은 겨우겨우 앞으로 나아간다.

— 김훈

토크 콘서트
'최원영의 인생 길목'

2023년 초여름, '최원영의 인생 길목'이라는 이름으로, 열 곡의 토크 콘서트를 하게 되었다. 그해는 필자의 나이가 칠순이 되어서, 작은 모임을 준비했었는데, 요즘 칠순은 너무 젊다고 하시는 분들이 많아서 모임을 취소했다. 그것을 기억하신 박홍우 선생님이, 토크 콘서트를 준비해 주셔서 작은 음악회를 마련하게 된 것이었고 대단히 고맙고 영광스러울 따름이다.

나는 사회자로 나서서 곡 해설과 함께 음악회를 진행했다. 우선 음악회에 참석해 주신, 저의 인생 길목을 격려해 주시는 모든 분께도 머리 숙여 감사 인사를 전했다. 노래는, 그 노래의 가사를 잘 알아야 더욱 즐길 수 있기에 무대 자막을 마련하여서 가사를 함께 보면서 감상하도록 준비하였다.

*youtube에서 '토크 콘서트 최원영의 인생 길목'을 찾으시면 다음 설명과 함께 노래들을 들으실 수 있습니다.

이렇게 노래를 만든 사람과 부르는 사람의 이야기를 듣는 것이 토크 콘서트의 큰 장점이라고 생각하기 때문이다. 그날 음악회의 사회자로서 나는 다음과 같은 해설을 하였다.

오늘 바리톤 박흥우 선생님이 부르실 노래 열 곡에 대해, 네 번에 나누어서 간단한 설명을 하겠습니다.

우선 두 곡을 소개합니다.

처음 들으실 곡은 〈보랏빛 꽃 그림자〉입니다. 이 노래는 제가 제 아내에게 헌정한 노래입니다. 어떤 노래의 가사는 상상 속 이야기, 요즘 말로 뇌피셜이지만, 이 노래는 가사 내용이 사실에 가깝습니다. 저는 미국에서 오랜 객지 생활을 했습니다.

마음이 울적할 때, 보랏빛 꽃나무가 있는 LA 거리를 자주 거닐었습니다.

'자카란다'라는 이름의 아름드리나무인데, 한국에서는 본 적이 없습니다.

여름 LA 날씨는 낮에는 무척 뜨겁지만, 보랏빛 꽃잎이 만개한 나무 그늘은 시원하고 편안했습니다.

바람이 불어서 꽃잎이 떨어질 때는, 보랏빛 꽃비가 내렸고 땅은 보랏빛으로 물들었지요.

두 번째 노래는 〈이름〉입니다. 여기서 '이름'은 대개 연인의 이름으로 생각할 수 있겠지요.

하지만 이 노래를 들으며, 이름을 부모님의 이름으로 생각하는 분도 계십니다.

이렇듯 노래 가사가 폭넓게 이해되는 것이, 예술가곡의 특징이겠지요.

이제 노래를 시작하시기 전에, 오늘의 피아노 반주를 맡은 피아니스트 길주향 님을 소개합니다. 그럼 노래 두 곡을 부탁드리겠습니다.

'최원영TV'에서 '보랏빛 꽃 그림자' 와 '이름'을 찾으면 들으실 수 있습니다.

다음에 부르실 세 곡을 소개하겠습니다.

먼저 〈아다지에토〉라는 곡입니다. 이 곡은 구스타프 말러의 교향곡 5번 4악장에 가사를 붙인 노래입니다. 아다지에토는 잘 아시다시피 음악의 빠르기 기호로서, '매우 느리게'를 뜻하는 아다지오보다 조금 덜 느리게 하라는 뜻이지요.

말러 교향곡 5번 4악장의 빠르기가 바로 아다지에토인데, 이 음악이 널리 알려지자, 빠르기 기호인 아다지에토가 바로 이 음악을 뜻하게 되었습니다.

어느 날 제 오랜 벗 안동혁 선생이 이 곡에 가사를 붙여 보라고 저에게 제안했습니다.

그의 제안을 마음속에 묻어둔 채 오랜 세월이 지났고, 숙제를 푸는 기분으로 작년에 이 멜로디에 가사를 붙이기 시작했습니다. 좀 복잡한 원곡의 선율은 안동혁 선생이 노래를 위해 정리해 주었습니다.

아다지에토의 가사 작업이 끝나자, 마침 '헤어질 결심'이라는 영화에서 아다지에토가 배경음악으로 나온다는 이야기를 들었습니다.

영화를 보니 아다지에토가 나오는 장면에 의문이 좀 생겼습니다.

영화에서는 LP 레코드판 시작 부분에 바늘을 올리자마자 아다지에토가 흘러나오는데, 아다지에토는 교향곡 5번의 4악장이기 때문에 LP 레코드판의 시작에 바늘을 올릴 수는 없는 것이지요.

이야기가 좀 길어졌습니다만, 말러의 매혹적인 특성을 가장 잘 나타내는 음악 중 하나가 이 아다지에토가 아닌가 생각합니다.

다음 노래는 〈은빛 목걸이〉입니다.

이 곡은 1970년대 명동의 거리를 연상하며 만든 노래입니다.

당시 근처에 '필하모니'라는 고전 음악감상실이 있었지요.

교복을 입은 중고등 학생들도 삼삼오오 분주히 거리를 다녔고, 눈에 덮인 명동성당으로 오르는 길은 데이트 코스였습니다.

이 노래의 시작은 아름다운 피아노 전주가 1분이 넘게 나오는데, 이 곡의 분위기를 물씬 살린 멋진 피아노 전주입니다.

오늘 들으시는 곡들의 모든 피아노 반주를 편곡해 곡의 수준을 올려 준 편곡자, 이민경 선생을 소개합니다.

1990년경 문을 닫은 고전음악 감상실 필하모니는 며칠 전 철원에서 준공한, 국경선 평화학교에서 다시 자리를 잡고 음악 감상을 이어나가게 되었습니다.

감사드리며 철원에서 오신 국경선 평화학교 교장 정지석 목사님을 소개합니다.

그리고 철원 필하모니를 가능하게 해 주신 한국 홀리스틱 융합 교육연구소 소장 송민영 박사님을 소개합니다.

다음 곡은 〈봄 여름 가을 겨울〉입니다. (프로그램에는 회상)

이 곡은 제가 초등학교 때의 아스라한 기억, 당시 뚝섬 해수욕장에 가서 레이밴 선글라스 끼고 고무 튜브 타던 시절, 겨울에는 스케이트보다 얼음 썰매 더 많이 타던 기억 등을 4계절로 나누어 그려 본 노래입니다.

'최원영TV'에서 노래들을 찾으면 들으실 수 있습니다.

잘 들었습니다. 감사합니다.

제가 생각하기에, 바리톤 박흥우 선생님이 성악가로서 뛰어난 점 두 가지가 있는데, 첫째는 저음, 중음, 고음의 음색이 모두 균일하게 좋다는 것인데 많은 성악가가 부러워합니다.

또 하나는 명확한 가사 전달력인데 아마 이 부분은 앞으로도 많은 성악도들의 본보기가 될 것으로 생각합니다.

독일 가곡을 전공하신 것과 무관하지 않은 것 같은데, 이에 관해서 설명을 좀 해 주실 수 있을까요?

(박흥우 선생의 설명이 youtube 전체 공연 동영상에 있습니다.)

다음 세 곡을 말씀드리지요.

먼저 〈임〉이라는 노래입니다.

이 노래의 가사를 잠깐 읽겠습니다.

'내사 애달픈 꿈 꾸는 사람 밤마다 홀로 눈물로 가는 바위가 있기로 어느 날에사 어둡고 아득한 바위에 절로 임과 하늘이 비치리오'

이 가사에서 '가는 바위'는 바위를 찾아가는 것이 아니라, 바위를 벼루 삼아 가는 것입니다.

이 시는 중국 불교 선종의 맥을 잇는 남악 회양(677~744)과 마조 도일(馬祖道一, 709-788)의 잘 알려진 이야기를 생각나게 합니다.

남악을 스승으로 모시고 좌선 수행을 하던 마조에게 스승 남악이 묻습니다.

"그대는 좌선으로 무엇을 하려는가?" 마조가 대답합니다.

"부처가 되려고 합니다."

부처님 또한 나무 아래 앉아 좌선을 통해 깨닫지 않았는가, 라는 뜻이겠지요.

아무 말 없이 스승 남악은, 깨진 기왓장을 들고 와서 좌선 중인 마조 옆에서 갈아대기 시작합니다.

신경이 쓰인 마조가 묻습니다.

"기왓장을 갈아 무엇을 하시려고 합니까."

스승 남악이 대답합니다.

"거울을 만들려고." 이 문답이 의미하는 바는 명확합니다.

박목월 시인이 이 이야기를 모르실 리 없었겠지요

아마 시인은 기와 대신 바위를 넣은 것이 아닌가도 생각해 봅니다.

바위를 갈아서 거울을 만들어, 임과 하늘을 보려는 것이지요.

그래서 이 노래는 '내사 애달픈 꿈 꾸는 사람'이라는 가사로 시작합니다.

다음 노래는 〈바보〉입니다.

이 곡은 작년 초에 박흥우 선생님에게 제가 헌정한 곡입니다.

악보에 '최고의 바리톤 박흥우 선생님에게'라고 썼습니다.

박흥우 선생님은 역대 성악가 중 아마 가장 많은 독창회를 하신 분으로 알고 있습니다.

작년까지 독창회를 380여 회를 하셨는데 그 후 카운트를 중단했다고 들었습니다.

이러한 기록 자체도 대단하지만, 박 선생님은 뛰어난 음악성으로 한국 가곡의 공연 수준을 한 단계 높였다고 생각합니다.

또, 매년 12월 말, 서초동의 모차르트 홀에서 슈베르트의 겨울 나그네를 피아니스트 신수정 선생님과 같이 공연하신 것이 20년째입니다.

정말 대단하고 고마운 기록입니다.

소개가 필요 없으신 분입니다만, 피아니스트 신수정 선생님을 소개합니다.

감사합니다.

다음 곡은 〈고향 역 내릴 땐 언제나〉입니다.

이 노래는 특별히 박흥우 선생님이 프로그램에 넣고 싶다고 하신 곡입니다.

저도 이 노래를 만들고서, 비교적 가사와 멜로디가 잘 어울린다고 생각했었는데, 무언가 박 선생님의 취향을 저격하는 느낌이 나는 곡인가 봅니다.

노래를 시작할 때 전주로 피아노보다 기차 소리가 먼저 나옵니다.

노래를 부탁드립니다.

이제 마지막 두 곡입니다.

먼저 〈그리워서〉라는 노래입니다.

이 곡은 세계 초연입니다. 국내 초연이니까 당연한 말씀을 한 겁니다. 하하.

다른 곡들은 제 youtube에 거의 다 올라와 있지만, 이 곡은 없습니다.

저도 노래로는 오늘 처음 듣기 때문에 약간 긴장이 됩니다.

괴테가 파우스트에서 '인간은 노력하는 한 방황한다'라고 했는데 이 노래에서는 '인간은 그리워하는 한 방황한다'가 아닌가 싶습니다. 그리워하는 한 헤매고, 찾아가고….

여기서도 그리움의 대상은 듣는 분에 따라 여러 가지로 해석될 수 있겠지요.

다음 곡은 오늘 토크 콘서트의 제목인 〈인생 길목〉입니다. 이런저런 세월을 지나다 보니 어느새 70년이 되었습니다. 저로서는 이 순간이 또 하나의 인생 길목인데, 이런 음악회를 할 수 있는 것 자체가 무척 행복한 인생 길목입니다.

오늘 음악회를 마련해주신 박홍우 선생님과 이 자리에 오셔서 저를 격려해 주신 한 분 한 분에게 다시 한번 깊이 감사드립니다.

노래 부탁드립니다.

앙코르곡은 〈풍수지탄〉입니다.

노래 풍수지탄은 돌아가신 부모님을 생각하는 노래입니다.

이 노래도 가사 그대로 팩트입니다.

제가 초등학교 때 어머니와 같이 새벽기도를 자주 갔습니다.

한겨울에 눈이 오는 날도 집에서 교회까지 빙판길을 조심스레 어머니의 손을 잡고 걸었지요. 또 아버지를 모시고 미8군 골프장에서 골프를 자주 쳤는데 그곳은 그늘집도 없고, 벤치도 등받이가 없었습니다. 아버지가 신장 투석을 하셨는데 투석 초기에는 골프를 치시다 벤치에 앉으시면 등받이 대신 제가 얼른 벤치의 반대편에 앉아서 제 등을 등받이로 대 드렸지요.

이 앙코르곡은 박홍우 선생님이 선택한 곡입니다.

부르면서 노래 가사 때문에 감정이 격해지면 어쩌나 걱정하시더군요.

저의 아버님이 별세하신 지 38년, 어머님이 떠나신 지 13년이 되었습니다.

불효한 자식이 노래를 통해서라도 용서를 비는 마음입니다.

박홍우 선생님이 노래를 끝까지 잘 불러 주시기 바랍니다.

이 노래를 끝으로 '최원영의 인생 길목' 공연을 마치겠습니다.

오늘 들으신 노래 중 한 곡에서라도 마음의 위안을 받으셨다면 감사하겠습니다.

한울림 아트홀 – 2023. 6. 24

*최원영 TV(YOUTUBE)에서 위 노래들을 들으실 수 있습니다.

3장

인터뷰한 사람들

보수와 진보

퇴계 선생은 진리를 원칙으로 생각했고,
율곡 선생은 진리를 화합으로 생각했다.
촛불은 뜨겁고 동시에 밝다.
퇴계는 뜨거운 면을 취했고,
율곡은 밝은 면을 취했을 뿐이다.
어느 한쪽만 옳은 것은 아니다.
보수와 진보가 그렇다.

김훈,
연필로 사실을 쓴다

20여 년 전 어느 맥줏집에서 김훈 작가의 노래를 들었다. '고향의 그림자'라는 옛날 노래인데 부르기 쉽지 않은 곡이다. 그의 노래는 구성지며 단아했다. 몇 년 후 '칼의 노래'가 새로운 문장가의 탄생을 알렸다.

우리의 정서를 구구절절 엮으며, 정곡을 찌르는 수식어로 꽉 찬 김훈의 글. 그의 작업실은 바로 그 단어들을 연필로 파내어, 원고지 벨트 위에 나란히 올려놓는 막장과 같다. 요즘의 글은 일상적인 소재의 막중함을 바탕으로 전개된다.

일산에 있는 그의 작업실에서 질문을 시작했다.

최 반갑습니다. 김훈 작가님의 하루 일과는 어떻게 되나요?

김 저는 요즘 불면증이 있어서 8시쯤 일어납니다. 오전에 운동을 2시간 반쯤 해요. 점심을 먹고 대개 2시부터 일을 시작합니다. 하루에 3~4시간 일을 하고 더 이상 일을 안 해요. 야근은 절대로 안 합니다. 젊었을 때 너무 야근을 많이 해서 이제 밤에 일하면 능률도 안 오르고, 저녁때는 대개 집에서 쉽니다. 일할 때는 글을 쓰거나 책을 보거나 자료를 찾는데, 자료는 후배들을 시켜서 찾게 해요. 자전거는 먼지가 많아서 못 타고, 제가 국선도 3단이라 동네 도장에 가서 국선도를 해요.

최 그동안 쓰신 글들의 주제는 무엇이었나요?

김 처음에는 관념적이고 추상적인 주제를 가지고 썼어요. 칼의 노래까지도 상당히 그랬어요. 칼의 노래에는 충효 사상은 없고 실존과 죽음, 이런 것들이 주제였지요. 이후에는 내 글이 일상의 구체성으로 다가왔어요. 나이를 먹으면서 현실로, 삶을 통과해 나온 자의 언어로써 글을 써야겠다고 생각했어요.

최 컴퓨터를 안 하는 것은 잘 알려져 있는데, 신문이나 TV, 잡지는 보시나요?

김 네, 신문은 보는데, 하루에 15분 정도예요. 제목만 보고 특별히 관심 있는 기사는 읽고, 근데 저는 구태여 신문을 읽을 필요는 없어요. 왜냐하면 신문이라는 게 20년 전에 하던 소리를 똑같이 하고 있어요. 저는 제목만 봐도 이 사람들이 무슨 소리를 하겠거니 하고 다 알아요. 하하. 지금 언론들은 사실에 입각한 순수한 저널리즘으로 존재하는 것이 아니에요. 그런 시절은 한 20년 전에 벌써 다 지나갔어요. 지금 언론들은 그 당파성을 선전하는 선전 매체예요. 우리가 북한 언론을 폄하할 때 북한 선전 매체라고 하듯이, 지금 남한 언론도 적대하는 이념의 세력을 비판하는 선전 매체예요.

최 TV는 보시나요?

김 TV는 밤에 좀 보는데 제일 좋아하는 게 동물 프로예요. 뉴스건 드라마건 인간이 나와서 떠드는 건 보기가 싫고, 제가 좋아하는 건 패션쇼예요. 여자들 패션쇼, 아름답잖아요. 남자들 패션쇼도 좋고… 뉴스는 밤 12시 뉴스 조금 봐요.

최 지금 신문들은 어떤 특정 사실에 대한 사설도 서로 정반대로 쓰고 있지요.

김 자기네 이념에 매몰되어 가지고 한쪽만 보는 거지요. 인간의 현실에서 무슨 일이 벌어지고 있는지를 몰라요. 경주마들이 옆을 못 보게 눈가리개 하듯이 자기네 이념의 스펙트럼 안에 들어오는 것만 보고, 그러한 언어로 그걸 써요. 언론뿐 아니라 그런 적대하는 세력들이 서로 부딪치기 때문에, 우리나라는 지금 질식할 것 같은 답답한 세상이 되었어요. 통합적 비전이 보이지 않고 아귀다툼과 욕지거리, 악다구니, 거짓말 이런 걸로 날이면 날마다 와글와글 해요. 그런데 지금 젊은이들은 이러한 이념의 대립에서 벗어나고 있는 것 같아요. 지금 한류 열풍이라는 것도 어떤 이념의 스펙트럼이 전혀 없어요. 근데 늙은 사람들만 어떤 이념에 갇혀서 아귀다툼하고 있는 거지요. 젊은 사람들은 점점 벗어나고 있어요.

최 젊은 사람이라 함은 어떤 연령대를 말하는 건가요?

김 40대 미만이 아닐까요. 제가 지금 72살인데 많이 산 거지요. 젊은이들은 점점 그런 추세로 갈 거예요. 기성세대는 어느 한 편을 쓸어 내는 것을 정의라고 생각해요. 저쪽 진영을 없애야 한다는 건데, 정말로 무지몽매한 거예요.

최 작가님은 자신을 실패한 언론인이라고 한 적이 있지요?

김 네, 지금도 그렇게 생각해요. 1973년에 기자 생활 시작했는데 1974년에 박정희 대통령이 긴급조치를 선포했어요. 1972년에 선포한 유신만 가지고는 안 되니까, 그 시절 전체가 무너진 거지요. 시대가 무너졌기 때문에, 전체적으로 실패한 거지요. 물론 그 시대를 저항한 언론인들도 있었어요. 그것까지를 포함해서 언론은 하여튼 실패한 거예요. 그것을 지금의 언론사들이 인정하지 않지요.

최 작가님은 오래전 어느 잡지와 인터뷰에서 '페미니즘'을 부정적으로 생각한다고 했는데 지금도 같은 생각인가요?

김 지금은 그렇게 생각하지 않는데…. 하지만 당시에 내가 거짓말을 안 했다는 것은 다행이라 생각해요. 그런 일로 상당히 곤욕을 치른 것은 사실인데 어쨌든 거짓말 안 한 것을 큰 다행으로 생각해요. 지금은 그렇게 생각하지 않지만, 그때 나의 마초이즘, 이것은 사실이에요. 내 본성에 그게 있는데 어떻게 그걸 거짓말을 하겠어요. 거짓말을 하느니 박해를 받아야 한다면 받아야지요. 그래서 저는 지체 없이 다니던 회사를 떠났어요. 사과도 안 하고, 추호도 머뭇거리지 않고, 하루도 뭉개지 않고 깨끗이 떠났어요. 다시는 안 돌아왔지요. 그러니까 잘 해결된 거예요. 깨끗하게….

최 작가님의 글은 전체적으로 밥벌이에 대한 말이 많이 나옵니다.

밥벌이의 어려움, 비루함 등이 나오는데 지금은 인기 작가로서 밥벌이 문제는 전혀 없겠지요?

김 네, 지금은 밥을 먹습니다. 제가 중학교 때는 우리나라가 최빈국이었고 대학을 66년에 갔는데 필리핀에서 원조를 받았어요. 장충체육관이 그 원조로 지은 거예요. 어렸을 때 뒷산에 올라가면 굶어 죽고 얼어 죽은 사람들의 시체들이 있었어요. 대학교 다닐 때 저의 꿈은 소설가가 되겠다거나, 이런 낭만적인 생각은 전혀 없었고, 오직 밥을 벌어먹어야겠다는 생각뿐이었어요. 친구들도 비슷했는데 그 시대의 특징은 무서운 빈곤과 독재 정치의 억압이었어요. 여기서 어떻게 탈출하느냐가 우리 청춘의 사명이었지요. 이후 우리는 밥에 관한 한 찬란하게 성공했어요. 밥이 넘치는 시대가 되었지요. 그 과정에서 우리는 엄청난 비리와 모순과 차별을 저지른 거예요. 밥 먹는 나라를 만드는 과정에서…. 그것이 우리 사회의 베이직에 깔려 있는 거예요. 그 토대 위에 지금 또 먹이 피라미드가 올라서고 있는 거지요. 요새는 제가 글을 써서 밥을 먹고 있지만, 우리 시대의 빈곤의 문제가 해결된 것은 아니에요. 국민 소득 3만 달러가 되면 이 문제가 해결될 줄 알았지만, 빈곤의 문제는 더 구조화되고, 제도화된 거예요. 우리 어렸을 때는 보편적 가난이었는데, 지금은 양극화 속의 가난이에요. 이것은 우리가 아무리 돈이 많아도 해결 안 돼요. 시장의 자유화 속에서 벌어지는 양극화지요.

최 그래서 '헬조선'이란 말이 생겨난 건가요?

김 그렇지요. 저는 헬조선, 금수저, 갑질 이런 말들이 생겨난 것을 아주 다행이라 생각해요. 젊은이들이 우리의 문제점을 제대로 보고 저항하기 시작한 것이지요. 그들의 이 사회에 대한 보복이 저출산으로 나타나는 거예요. 그중에서 가장 큰 문제는 '갑질'일 거예요. 해방 이후 갑질의 뿌리는 유구한 거지요. 정권을 잡은 자의 갑질, 빈부 사이의 갑질, 상급자와 하급자의 갑질, 연장자와 연소자의 갑질, 이런 것들이 자꾸 쌓이니까 젊은이들은 견디기 힘들고 애를 안 낳는 거예요.

최 작가님은 어려서는 독실한 가톨릭 신자였지요?

김 네, 어려서 노기남 주교님 복사도 하고, 돈암동 성당 복사장이었어요. 지금은 제가 신앙인이 아니예요. 세례명은 있고 성당은 부활절이나 성탄절에 가끔 가요. 신부님이 오라면 가끔 가고… 신자는 아니지만.

최 『흑산』이라는 소설에는 가톨릭 이야기가 많이 나오지요?

김 네, 그렇지만 그 소설에서 신앙은 별로 작동이 안 되었지요. 그 당시 사회에 대한 이야기였어요. 제가 흑산에서 쓰고 싶었던 것은 주로 배교의 문제였어요. 천주교 박해 시절에 많은 사람이 순교했는데 그보다 더 많은 사람이 배교했어요. 하느님을 배반하고, 고문에 의해 배교한 거지요. 정다산 같은 사람은 아주 적극적으로 배교했지요. 가톨릭 신자 300명을 밀고했어요. 물론 정다산이 모두 직접 한 건 아니지만. 그 소설에 잠깐 나오지만… 저는 하느님이 계신다면 배교한 사람도 다 천당에 갈 수 있다고 생각해요. 왜냐하면 죽도록 고문당하는데, 그래서 하나님을 안 믿겠다고 배교하고, 나

와서 비루한 삶을 살아가는데… 나는 그러한 사람도 천당에 갈 수 있어야만, 하느님이 비로소 완성되는 게 아닌가 싶었어요. 그래서 신부님에게 어떻게 생각하냐고 물었더니, 내 생각하고 반대인 모양이에요.

왜 그렇게 신부님은 너그럽지가 못한가 싶더라고요. 하하.

최 이 방, 작업실 이름이 뭔가요?

김 '풍화암'요. 허무하게 지은 거지요. 바람처럼 없어져 버리겠다는 뜻이지요. 이념이나 사상, 모든 글들이 다 바람처럼 사라지는 암자예요.

최 만약 다음 생을 살 수 있다면 어떤 삶을 살고 싶은가요?

김 다음 생은… 없는 게 제일 좋은데, 있다면 책이나 글이 없는 나라에서 살고 싶어요. 기타 하나 들고 노래나 하면서 살고 싶어요. 한대수처럼.

최 한대수 씨의 '행복의 나라'가 떠오르네요.

너무 글을 쓰는 작업이 힘들어서 그런가요?

김 그런 거보다 책이나 글이라는 것은 불완전한 세계의 모습이지요. 완성된 세계에서는 음악이나 시간, 이런 것들이 존경받는 예술이겠지요. 음악은 공간과 문자가 필요 없으니까요. 언어가 순수성을 상실하면 타락하는 것이고 썩은 언어로는 민주주의가 안 되는 것이지요. 민주주의는 소통의 바탕 위에서 가능한데 작금의 현실은 말을 할수록 더욱 단절되고 있어요. 지금 단절이 거의 완성되었어요. TV 토론을 봐도, 토론에 의해서 내가 변해야 하는데, 악다구니만 쓰고 서로 적대하는 언어만 쏟아내고 있어요. 토론이 끝나면 자기의 이념이 더욱 완강해지는 거지요.

최 네, 그래도 균형 잡힌 토론은 그것을 보는 시청자들의 안목을 넓히는 데 좀 도움이 되지 않을까요?

김 시청자들도 저 사람이 내 편인가부터 따지지요. 이상한 단어들을 쓰는 게 문제예요. 일례로 목선이 넘어왔을 때도 신문에서 '목선이 동해 바다를 휘젓고 다녔다' 이렇게 썼어요. 10m밖에 안 되는 목선이 어떻게 동해 바다를 휘젓고 다닐 수가 있겠어요. 또 '경찰이 시위군중을 마구 때렸다'라고 쓰는데 마구 때리는 것이 어떻게 때리는 건지 모르겠어요. 반 죽여놨다는 소리인지 알 수가 없어요. 국회에서 하는 말 보면 진짜 한심하지요. 정치적 언어의 특징은 뻔뻔함이에요. 거짓말을 뻔뻔하게 하면서, '이게 정의다'라고 말하지요.

최 죽음에 대해 쓴 소설이 『화장』인데 영화로도 나왔지요. 작가님은 자신의 묘비에 뭐라고 쓰는 게 좋을지 생각한 적이 있나요?

김 글쎄, 뭐 화장해서 수목장이나 해야지…. 인간은 자기의 죽음에 대해서 말할 수 없어요. 죽은 사람은 자기가 죽은 것을 알 수가, 경험할 수가 없기 때문이지요. 죽는 게 한심한 게, 지가 죽었다는 것도 모르는 거예요. 하하. 그러니까 그게 뭔지를 모르겠어요. 무섭지요. 지난번에 친구들 죽어서 화장하는 거 가 봤더니, 컨베이어 시스템이 되어 가지고, 뼈가 한 되 반이 나오는데 가족들에게 봉투에 담아서 나누어 주더군요.

최 한국 경제의 큰 책임을 맡고 있는 재벌 2~3세들, 이분들에게 하고 싶은 말씀이 있나요?

김 우리나라 재벌들, 지금은 거의 3세들의 시대가 되었지요. 그들이 항상 정부에 바라는 것은 기업 하기 좋은 나라를 만들어 달라는 겁니다. 주로 규제 완화에 관한 이야기지요. 지금 우리나라 산업 현장에서 안전사고로 죽는 사람이 1년에 2400명 정도입니다. 전쟁도 아닌데 1개 연대 병력 규모가 매년 사고로 죽는 거예요.

최 건설 현장에서, 비계공 같은 분들이 사고가 많지요?

김 비계공은 추락이지요. 그뿐만 아니라 폭발, 매몰, 압착, 중독, 질식 이런 거예요. 비계공들은 1년에 300명 정도 죽어요. 그 이유는 비계를 설치할 때 엉성하게 하기 때문이지요. 사실 비계 설치는 기술적으로 어렵거나, 돈이 많이 드는 일이 아닌데도 허술하게 하는 거예요. 한 번 쓰고 철거하는 일회용이고 하청업자들, 재하청업자들이 하기 때문에 신경을 안 써요. 마음만 먹으면 잘할 수 있는데 마음을 안 먹어. 여하튼 전체적으로 내년에도 또 2400명 죽어야 해요. 여기서 사고가 발생, 즉 누가 죽으면 대기업도 책임이 있는데,

대개 판례를 보니까 5백만 원 정도의 벌금을 내요. 그리고 사망자에 대해서는 일용직이기 때문에 보상이 없고 위로금만 주는 거예요. 위로금은 회사 마음대로 봉투에 넣어서 주면 그만이지요. 이런 문제를 우리나라 기업이 스스로 해결해야 된다고 생각해요. 이런 문제를 제기하는 것은 반기업적이 아니고 친기업적인 거예요. 오히려 기업을 튼튼하게 하는 것이지요. 2400명이 죽는 것을 방치하지 않아야 기업 하기 좋은 나라가 되는 거잖아요. 현재 재벌 2~3세들은 이런 인식이 별로 없어요. 문제가 생겨도 하청업자들 책임이니까 더 그런 것 같아요. 이런 일이 많을수록 '반기업' 정서가 커지고 기업 하기 어려워지는데 재벌들이 조금만 신경 쓰면 이런 반기업 정서를 줄일 수 있는 거예요. 국민들에게 '언론이 반기업 정서를 조장한다' 뭐 이런 이야기를 하는 것보다 기업들이 이런 문제를 스스로 해결해 나가는 것이 더 중요하다고 생각해요. 저는 이런 것을 재벌이나 기업가에게 당부하고 싶어요. 그럼 기업 하기 좋은 나라가 되는 거지요.

최 북한 문제에 대해서 우리 사회가 역시 첨예하게 의견이 갈리는데, 남북의 장래를 어떻게 보시나요?

김 글쎄요, 그건 너무 어려워서 모르겠어요. 다만 통일을 너무 서둘지 말고, 적대행위를 중지하고, 경제협력부터 시작해서 시간을 두고 신뢰를 쌓는 것이 좋겠어요. 지금처럼 갑자기 판문점에서 누가 만나서 사진 찍는다고 해서 통일이 다가오는 것은 아니라고 생각해요. 6.25전쟁은 끔찍한 전쟁이었고 전투 방식은 '멸절 주의'였어요. 전투 목적을 달성하면 전투를 중지하는 게 아니라 주민까지 씨를 말리는 전쟁이었어요. 국군과 인민군이 서로 반대편 주민들을 학살했고 민간인들도 좌우로 나뉘어서 서로 죽였어요. 우리나라 재래적 농촌사회가 '인의예지'가 작동되고, 화목한 공동체였다는 주장은 완전히 거짓말이라는 게 6.25전쟁으로 입증된 거예요. 그 안에 엄청난 증오와 적대감이 쌓여 있었어요. 폭발만 안 했을 뿐이지요. 이런 이야기가 연세대 박명림 교수의 책에 잘 나와 있어요. 전쟁 연구하는 학자예요. 통일을 말할 때 이런 것들을 어떻게 해소할지가 문제지요. 70년이 지났지만 지금 남한 사회도 해방 공간의 좌우 대결에서 별로 진화하지 못한 거라고 생각해요. 방식이 조금 달라졌을 뿐이지 아직도 좌우 이념의 굴레에서 벗어나지 못하고 있어요.

최 우리나라의 젊은 소설가 지망생들에게 어떤 말을 해 주고 싶은가요?

김 현실에 입각한 글을 쓰라는 말을 해주고 싶어요. 사실에 뿌리를 둔 인간의 일상성, 이런 것들을 잘 들여다보는 게 중요해요. 나이를 먹으니까… 책이 별로 중요하지 않다는 생각을 하게 돼요. 책보다는 사람이나 사물을 들여다보는 게 훨씬 더 중요하구나 싶어요. 인간은 책에서 배운다고 하지만, 간접적인 거지요. 사람, 사건, 사물이나 사태를 통해서 더 크게 배울 수 있지요. 책에서는 글자를 배우기 때문에 책으로 배우는 자들은 세상에 대해서 굼뜨게 돼요. 직접 반응을 못 해요. 공부 잘한 고위 관리들이 책에서 본 대로 하려고 하니까 잘 안되고 답답해요. 젊은이들도 책보다 현실을 더 들여다보는 게 중요하다고 생각해요.

최 작가님은 어떤 책들을 보시나요?

김 저는 사실에 근거한 책들, 기록, 보고서, 다큐멘터리, 논문, 역사를 읽어요. 현실에 바탕해서 쓴 글들이지요. 소설이나 시는 나올 때마다 보는 게 아니고 연말쯤 돼서, 올해 뭐 중요한 게 나왔나, 한꺼번에 몰아서 봐요.

최 이번 산문집 '연필로 쓰기'도 역시 어휘나 단어 구사력이 탁월한데 어떻게 해야 그런 문장을 쓸 수 있나요?

김 제 글을 좋다는 사람도 있고 좋지 않다는 사람도 있어요. 남이 뭐라고 하든 저의 글이 그렇게 될 수밖에 없는 필연성이 있는 거예요. 그렇게 될 수밖에 없고, 달리는 할 수 없는 거예요. 우선 자기 자신에게 간절한 것을 쓰면 돼요. 오류를 범할 수 있다는 것을 두려워하면 안 돼요. 그냥 가야 돼요. 나는 나를 표현하기 위해서 글을 쓰는 것이지, 어떤 보편적 진리를 말하기 위해서 쓰는 것이 아니에요. 인간의 언어라는 것은, 어떤 신문의 칼럼이 좋아 보이지만 그와 정반대로 써도 훌륭한 글이 돼요. 거기서도 당당한 논리를 세울 수 있지요. 그런 글을 가지고 어떤 보편적 진리를 쓴다고 하면 안 될 거예요. 우리나라 신문의 사설도 그 회사의 당파성을 선전하는 거예요. 글을 잘 쓴다는 것은 결국 자기에게 간절한 대로 쓸 수밖에 없는 것이지요. 거기에 약간의 오류가 있다고 하더라도 그대로 갈 수밖에 없어요.

최 퇴고를 많이 하십니까?

김 잘 써지는 글은 퇴고할 필요가 없어요. 어렵게 쓴 글은 퇴고를 해요. 뭔가 처음부터 잘 못 된 거지요. 대개 글을 쓴 다음에는 더 이상 들여다보질 않아요. 지겨워서…

최 그런 간절함으로 글을 쓴다는 게 일종의 극한 작업 아닌가요?

김 그렇지요. 힘들지요. 수다를 떨지 않아야겠다는 것이 내 원칙이에요. 문장을 줄이고, 문장 안에 전압이 있어요. 전압.

최 전압?

김 볼트, 볼티지가 들어 있어야 돼요. 읽는 사람이 전기 오르는 것처럼 찌릿찌릿하게…. 이런 것은 글을 자꾸 줄이면 전압이 약간 발생해요.

최 마지막으로 지금 구상하고 있는 작품이 대개 어떤 건지 좀 알려주세요.

김 저는 앞으로 장편 소설 3편 정도를 더 쓰면 끝날 것 같아요. 3개로 내 생애를 끝내도 좋다고 생각해요. 자연사하든지, 일할 수 없는 상황이 되든지 불을 보듯 뻔한 거지요. 앞으로 우리 시대의 문제를 쓰고 싶어요. 약육강식의 문제라든지, 말이 서로 통하지 않는 문제… 말이 서로 엇물리지 않고 겉돌잖아요. 우리나라는 히어링이 안 돼요. 듣는 사람이 없어요. 모두 자기 말만 하고 남의 말을 듣지를 않아요. 국회에서 보세요. 누가 어떤 문제를 제기하면, 그것에 대한 답변은 안 하고 딴소리해 버리지요. 절대 문제의 본질에 대해서는 답변 안 해요. 엉뚱한 딴소리 해요.

최 그것도 대단한 기술이지요. 하하.

김 그래서 그런 것들을 좀 써 보고 싶어요. 우리 시대의 가장 큰 문제는 말의 문제예요. 약육강식의 문제, 언어의 타락, 이런 것들을 쓰고 싶어요. 이런 것들이 시대의 문제지요.

최 김훈 작가님, 오늘 좋은 말씀 감사합니다.

김 고맙습니다.

스티븐 호킹,
우주에 여신도 있을까

드디어 호킹 박사가 작심한 것 같다. 그는 최근 "우주는 신이 창조하지 않았고 무에서 만들어졌다"고 말했다. 약 30년 전, 호킹 박사를 한국에 처음 초청했을 때의 발언과는 달랐다. 호킹 박사는 당시 블랙홀 이론을 정립함으로써 명성을 날릴 때였다. 루게릭병에도 불구하고 그가 이룬 과학적 업적은 감동이었다.

그때만 해도 서울에 신체가 불편한 분들을 위한 시설은 물론, 그들이 타는 자동차도 거의 없던 시절이라 호킹 박사가 탈 차도 삼성 병원에 부탁해 특별 지원을 받았다. 그는 컴퓨터 음성 합성기를 통해 자신의 의사를 전달한다.

1985년, 위독한 상황에서 기관지 절개술을 받고 회복되었는데, 그 후 목소리를 거의 잃었고, 학회나 세미나 연설 때는 통역을 대동해야 했다.

그는 컴퓨터 화면에서 빠르게 옆으로 지나가는 알파벳을 보고, 원하는 단어를 재빨리 손가락으로 누르면서 하나의 문장을 만든다.

이 문장을 컴퓨터가 음성으로 합성해 내는 것이다.

이런 방식으로 1분에 열 단어 정도 말할 수 있다.

강연할 때는 미리 원고를 만들어 정상적인 속도로 진행하지만, 강연 후 질문에는 간단한 대답에 몇 분씩 걸리기도 한다.

1990년 9월, 실제로 그를 만나 보니 휠체어에 기댄 몸통과 팔다리가 축 늘어져 애처로웠다.

입을 약간 벌리고 눈이 쑥 들어간 퀭한 모습인데, 바로 그 눈으로 어두운 우주의 신비를 보고 있는 것이다.

컴퓨터가 설치된 휠체어에 앉아 있는 그의 모습은, 고난을 극복한 위대한 정신 그 자체였다.

호킹 박사의 그날 일정은 신라호텔에서 세미나를 하고 만찬으로 이어지는 계획이었다.

먼저 호텔 잔디밭에서 그에게 몇 가지 질문을 했다.

최 박사님은 아인슈타인 이후 최고의 과학자로 인정받고 있다. 어떻게 생각하는가?

호 나는 내가 감정과 욕구를 느끼는 보통 인간이라는 것을 안다. 아인슈타인 역시 그랬을 것이다. 하지만 사람들은 영웅을 원하고 아인슈타인에게서 신화를 만들어 냈다. 사람들은 나한테서도 그런 신화를 만들어 내려 애쓴다. 그렇지만 나는 아인슈타인에 훨씬 미치지 못한다.

최 신체적 제약에도 불구하고, 대단한 과학적 업적을 이룬 비결이 있는가?

호 내 몸은 내 명령을 거부하나, 내 정신의 상상력을 막을 수는 없기 때문이다.

최 우주에 다른 지적(知的) 생명체가 존재한다고 생각하는가?

호 우리와 가까운 데는 아니더라도 우주의 다른 어느 곳에 아마도 지적 존재가 있으리라고 생각한다. 그렇더라도 공상과학 영화에 나오는 모습과 같다고는 생각하지 않는다. 자연은 우리보다 훨씬 상상력이 크다.

최 학생 때부터 바그너의 오페라에 심취했는데, 특히 좋아하는 작품은?

호 바그너 음악에 귀를 기울이면 아름다움과 힘이 넘친다. 내가 좋아하는 바그너의 작품은 〈니벨룽의 반지〉다.

그에게 잠시 휴식 시간을 준 후 예정된 세미나를 개최했다.

호킹 박사의 많은 팬들과 한국의 물리학자들은 물론, 유명 정치인들도 대거 모여들어 그의 인기를 실감했다. 세미나가 시작되기 전 맨 앞, 주최 측 자리에 앉아 있는데, 필자의 아내 바로 옆에 안경을 쓴 어떤 점잖은 분이 와서 앉는다.

미리 나눠 준 자료를 읽고 있는 그 사람에게 아내가 질문한다.

"이 자료를 영어로 다 읽으실 수 있으세요?"

"네…."

"그럼 호킹 박사의 이론도 무슨 말인지 이해하세요?"

"네…. "

"대단하시네요!"

그는 가벼운 미소만 지었다. 곧 호킹 박사가 휠체어에 실려 연단으로 나오는데, 이분이 앞으로 나가 호킹을 소개한다. 그날의 통역을 맡고 호킹의 책도 번역한 서울대의 김제완 박사였다.

세미나가 끝난 후 자리를 옮겨 저녁 만찬을 했다. 당시 대권 주자들인 YS, DJ 등도 참석했다. YS는 "최 사장, 호킹 박사 초청 참 잘했어요."라고 격려해 주었다. DJ는 학구파답게 블랙홀에 관한 질문을 한 후 호킹과 사진을 여러 장 찍었다.

식사가 시작되자 옆에 앉은 남자 간호사가 음식을 나이프로 잘게 썰어서 입에 넣어 준다. 와인도 한잔하더니 '맛은 있는데 향은 좀 약하다'고 컴퓨터로 말한다. 그 말을 듣고 나도 한잔 마셔보니 정말 그런 것 같았다. 다른 부분의 감각이 정상이 아니라서 미각이 매우 예민한 듯했다. 간호사가 준 음식을 다시 우물우물 목으로 넘기는 데 시간이 꽤 걸린다. 동석한 사람들이 식사를 먼저 끝내고, 좀 무료하게 앉아 있었다. 식사 후 몇 가지 과학적인 질문에 대한 대답 역시 컴퓨터에서 찾은 단어를 나열해 문장을 만든다. 너무 힘이 들어 보여서, 질문하는 것이 폐를 끼치는 느낌이었다.

정치인들은 디저트를 먹지 않고 먼저 일어났고, 자연스럽게 대화가 줄어들었다.

모든 공식 일정이 끝난 후 호킹 박사에게 오늘 행사에 불편한 점은 없었는지 물어보았다. 대답 대신 의외의 질문이 30초쯤 후, 그의 컴퓨터에서 흘러나왔다.

"왜 오늘 저녁 식사에 한국 여성이 아무도 안 왔느냐?"

그러고 보니 10여 명이 식사하는 테이블에 여성은 한 사람도 없었다. 그의 놀라운 질문에 대답할 말을 잊었다. 그날 호킹의 관심은 블랙홀이나 정치인들과의 대화보다는, 저녁 식사 자리에 한국 여성이 있기를 기대했었다. 미처 생각하지 못한 우주의 법칙인가! 다음에 한국에 오시면 반드시 여성들도 초대하겠다고 말하고 나서 몇 가지 질문을 했다.

최 박사님을 보니 팡세를 쓴 파스칼이 생각난다. 그도 평생 병약한 몸으로 많은 업적을 남겼는데 그에 대해 어떻게 생각하느냐?

호 파스칼이 얼마나 건강이 나빴는지는 모르지만, 그의 생각은 위대하다.

최 파스칼은 당대의 천재였고 독실한 가톨릭이었다. 박사님은 태초에 우주를 창조한 신이 있다고 생각하는가?

호 대답하기 어려운 문제다. 있다고 하면 아마 내 책이 잘 안 팔릴 것이고, 없다고 했다가 있으면 나중에 큰일 아닌가.

최 박사님은 하나님을 믿는가?

호 내가 하나님을 믿는다고 말하면, 모든 사람들이 내가 자신들이 믿는 하나님과 동일한 하나님을 믿는다고 주장할 것이기 때문에 말하기 어렵다.

나의 질문은 계속되었다.

최 병원 치료는 잘 받고 계신가?

호 처음 발병했을 때 좀 받았는데 그 후에는 거의 안 간다.

최 그럼 어떻게 하는가?

호 현대 의학으로 고칠 수 없는 병인데 병원에 갈 필요가 없다. 감기에 걸리거나 몸이 아플 때는 가지만 이 병으로는 가지 않는다.

최 루게릭병을 앓으면서, 위대한 과학적 업적을 쌓은 박사에게 경의를 표하며, 어려움을 극복한 어떤 비결이라도 있는가?

호 21살에 이 병에 걸렸지만 아직까지 살아 있다. 아마 내가 천문학 연구에 대한 의지가 강해서 내 삶이 연장되는 것 같다.

최 앞으로 어떤 분야를 더 연구할 계획인가?

호 아직 블랙홀에 대해 모르는 것이 너무 많다. 계속 블랙홀에 대해 연구할 것이다.

더 이상 질문을 하기 미안했다. 이미 나는 그를 너무 혹사했다.

휠체어를 타고 숙소인 신라호텔 엘리베이터에 타자, 컴퓨터를 열심히 작동해 그가 소리를 낸다.

"이제 나는 탈출이다."

생각해 보니 내가 그를 며칠 동안 세미나와 만찬으로 가두어 놓았던 것이다. 나는 그의 과학적 이론은 이해하지 못하지만, 며칠간 옆에서 본 그는 세심하고, 인내심 많고, 유머가 많은 사람이었다. 호킹 박사는 천체 물리학자로서 위대한 업적을 남기고, 루게릭병 발병 55년 만인 2018년 3월 타계해 우주로 탈출했다.

만약 그가 우주에서 신을 만나 식사를 했다면 "왜 오늘 여신은 안 왔느냐?"고 질문했을까….

30년 전 호킹 박사를 초청한 것은 영광이었다.

강동석,
바이올린 소리의 보석

어느 유럽 영화에 나올 것 같은 미소년의 이미지, 바이올리니스트 강동석 선생을 아주 오랜만에 만났다. 70을 앞두고 있지만, 동안의 용모와 순박한 분위기는 여전했고, 음악적 내공이 더욱 쌓인 것을 어렴풋이 느낄 수 있었다.

어려서부터 신동으로 알려진 세계적 바이올리니스트지만, 서울 스프링 페스티벌의 예술감독으로 일한 지난 17년이 그에게 범상치 않은 무게를 더해 주었다. 그는 평소에는 조용한 편이지만, 무대에 서면 베토벤 협주곡에서는 베토벤, 드뷔시 소나타에서는 드뷔시의 바이올린 소리로 청중을 매료시키는 현의 마술사, 연주하는 곡마다 그 곡에 가장 잘 어울리는 색깔을 뽑어 내는 바이올린의 보석이다. 그가 화려한 솔로 연주자로 오랜 세월 세계 무대를 휩쓴 후, 이제 고국의 실내악 발전을 위해 서울 스프링 페스티벌을 조직하고 17년째 지속하고 있다. 한국 음악계를 위해 고맙고 다행한 일이다.

서울 스프링 페스티벌의 고택(古宅) 음악회에 참석한 다음 날 강동석 선생을 만났다. 바이올리니스트로서 세계를 누빈 후, 자신이 해야 할 일을 알고, 거기에 전념하는 음악가의 모습은 음악만큼 아름다웠다.

최 강동석 선생님 안녕하세요. '서울 스프링 페스티벌'이 올해로 17년째입니다. Seoul Spring Festival에 대해서는 잠시 후에 이야기 나누기로 하고 먼저 어린 시절로 돌아가 볼까요. 몇 살 때부터, 어떤 계기로 바이올린을 시작하셨나요?

강 대개 비슷하겠지만, 부모님이 음악을 좋아하셨어요. 저의 누나가 피아노를 먼저 했습니다. 저도 처음에 피아노를 배우다가 곧 바이올린으로 바꾸었어요. 대여섯 살 무렵입니다.

최 혹시 부모님이 음악을 하셨나요?

강 음악을 좋아하시고 아버님이 기타를 하셨는데 취미로 하신 정도입니다.

최 중학교 때 미국으로 유학을 가셨지요. 어떤 계기로 갔고 누구에게 배우셨나요?

강 사실 1960년대에는 한국 음악 수준이 지금과는 달라서, 멀리 바라보고 나가려면 일찍 갈수록 좋았기 때문에 열세 살 때 미국으로 갔습니다. 처음에 줄리아드 예비학교에 들어가서 갈라미안 선생에게 배웠고, 그 후에 커티스에서 공부했습니다. 그때도 선생님은 갈라미안이었지요. 당시 서울에서 녹음테이프를 먼저 그분께 보내서 심사를 받았는데 다행히 합격했습니다.

최 그때 보낸 녹음테이프가 어떤 곡인지 기억이 나시나요?

강 잘 기억은 안 나는데 아마 파가니니 협주곡이 아니었나 싶습니다.

최 어린 나이에 그렇게 어려운 곡을 보내셨군요. 강동석 선생님은 바이올린 콩쿠르에 많이 나가지는 않았으나 나간 콩쿠르는 모두 입상하셨지요. 캐나다 몬트리올, 벨기에 퀸 엘리자베스, 영국 칼 플레쉬 콩쿠르 등에서 이름을 날렸는데 스물한 살 이후부터는 콩쿠르에 나가지 않았습니다. 무슨 이유가 있으셨나요?

강 네, 몇 번 안 나갔지만, 음악을 놓고 서로 경쟁하는 자체가 자연스럽지 못해서 별로 좋아하지 않았어요. 콩쿠르 분위기도 연주회와는 다르고요. 그래서 일찍 그만두었지요.

최 미국에서 프랑스로 건너간 것은 언제, 어떤 계기로 가셨는지요?

강 엘리자베스 콩쿠르 입상한 후 심사위원이었던 메뉴인 선생이 파리의 매니저를 소개해 주셨어요. 그러다 보니 자연스럽게 파리에서 활동을 많이 하게 되었고, 이후 활동무대가 파리로 옮겨졌습니다. 아무래도 미국보다는 유럽이 전통이나 역사가 더 깊어서요.

최 가족 이야기 좀 해 주세요. 결혼은 프랑스인과 하셨는데 음악 하신 분이지요?

강 네, 제 아내가 피아니스트입니다. 바이올린 하는 제 친구가 있었는데 아내가 그녀의 친구였어요. 제 연주회에도 오고, 자연스럽게 만나게 되었어요.

최 부인이 프랑스 크렛데이 음악원 교수였지요?

강 네, 프랑스는 정부에서 하는 좋은 콘서바토리가 많이 있습니다. 파리와 리옹 콘서바토리가 유명하고 크렛데이는 파리 근교에 있는 학교입니다. 거기서 피아노를 가르쳤습니다.

최 그동안 상당히 많은 음반을 녹음하셨는데 특히 프랑스 작곡가들의 곡이 많습니다. 드뷔시, 라벨, 생상스, 풀랑크 등 프랑스 작곡가들은 독일 작곡가들과 비교하면 어떤 특색이 있을까요?

강 글쎄요, 상당히 다르지요. 그림으로 말하면 프랑스 음악은 인상파 화가들과 비슷하다고나 할까요. 식사로 말하면 디저트와 비교할 수 있을지요. 좀 자유롭고, 화려하고…. 독일 음악은 메인 코스처럼 논리적이고 무겁다고 볼 수 있겠지요.

최 혹시 그런 곡들이 더 맞는다고 생각하거나 더 좋아하시나요?

강 그렇지는 않고요, 라벨이나 드뷔시도 좋고 베토벤도 좋지요. 식사하는데 애피타이저부터 디저트까지 다 먹어야 좋은 것처럼 다 좋습니다. 하하.

최 제가 유명 지휘자 '푸르트벵글러'를 참 좋아했었습니다. 강동석 선생님의 녹음을 보고 그가 바이올린 소나타도 작곡한 것을 알았어요. 들어보지 못했는데 언제 서울 스프링 페스티벌에서 연주해 주시면 좋겠습니다.

강 아쉽게도 그의 곡은 너무 길고 어려워서 프로그램에 집어넣기가 쉽지 않습니다. 푸르트벵글러는 당대의 유명 지휘자였지만, 본인은 작곡가로 더 인정받고 싶었던 것 같습니다.

작품들이 진지하고 연주하기가 까다롭지만, 참 좋습니다.

최 그렇군요. 이제 서울 스프링 페스티벌(Seoul Spring Festival of chamber music) 이야기를 해 보실까요? 올해로 17년째 계속하는 것도 대단하고, 그동안 세계적 음악가들이 많이 참여해 서울 스프링 페스티벌의 공연 수준이 그야말로 세계적입니다. 그동안 연주한 곡 중 세계 초연도 많았는데 17년간 몇 곡 정도 연주하셨나요?

강 정확히 세어보진 않았지만, 800여 곡 정도일 겁니다. 그중에는 그동안 여러 번 연주한 곡도 있지요. 이런 실내악 페스티벌이 새로운 곡을 알리기 참 좋은 기회입니다. 실내악 페스티벌에서 연주하는 곡들을 선정할 때, 곡 자체는 참 좋은데 별로 알려지지 않은 곡들을 많이 소개하려고 노력합니다. 어떤 면에서는 이런 곡들을 알리는 것이 연주가의 의무라고 생각합니다. 하지만, 너무 안 알려진 곡들이 많으면 청중들이 거리감을 느끼기 때문에 유명한 곡들을 중간에 잘 배치하는 것이 중요합니다. 또 별로 알려지지 않은 곡이라도 처음 듣기에 편하고 좋은 곡들을 고릅니다.

최 음악 감독의 역할은 곡 선정과 그에 따른 연주자 섭외가 가장 중요한 일이 되겠군요.

강 네, 그렇습니다. 특히 서울 스프링 페스티벌에서는 매년 연주의 주제를 정하고, 매일 연주하는 곡들도 주제를 정해서 하고 있습니다. 그런 면에서 연주자들도 매일의 연주에 더 신경을 쓰고 있습니다.

최 올해의 주제는 '첼리시모'인데 어떤 의미인가요?

강 브라보를 강조할 때 '브라비시모' 라고 하듯이, 첼로 음악을 중심으로 연주회를 해서 첼리시모라고 했습니다. 올해의 주제는 첼로이고 그래서 첼로 연주가 많습니다.

최 이번에 강동석 선생님이 연주하는 곡들은 멘델스존 피아노 트리오 1번, 차이콥스키 현악 6중주 (플로렌스의 추억) 등 잘 알려진 곡도 있지만 J. Raff의 피아노 트리오도 있습니다. Raff는 어떤 작곡가인가요?

강 아버지가 독일인, 어머니가 스위스인인데 거의 독학으로 음악 공부를 했다고 합니다. 처음에는 리스트의 개인비서로도 있으며 리스트, 바그너 쪽의 음악을 추종했는데 나중에는 브람스 쪽의 음악도 하면서 어느 한쪽에 치우치지 않았어요. 그러다 보니 양쪽에서 다 배척받으면서 작품도 별로 알려질 기회 없이 고생을 많이 했다고 합니다.

최 마치 요즘 정치 이야기를 듣는 것 같습니다. 하하. 당시 음악도 바그너와 브람스을 중심으로 한 음악가들의 파벌이 있었지요. 서울 스프링 페스티벌의 음악 감독을 하시면서 어떤 점이 제일 애로사항이랄까 힘든 일인가요?
강 재정 문제가 제일 힘듭니다. 다른 음악 관계는 어려워도 직접 제가 할 수 있지만, 재정 문제는 한계가 있습니다. 재정이 잘 뒷받침되어야 계속 잘할 수 있으니까요.
최 서울 스프링 페스티벌의 이름에서 알 수 있듯이 서울시에서 지원받지요?
강 네, 처음에는 지원이 많았는데 여러 변화도 있고 해서 요즘은 많이 줄었습니다. 다른 쪽에서도 고맙게 도와주시는 분들이 계십니다.
최 서울 스프링 페스티벌은 실내악 축제인데 음악에서 실내악이라는 분야는 어떤 분야인가요?
강 실내악이 음악가들에게 참 중요합니다. 음악의 핵심이랄까요. 실내악을 통해서 음악의 본질을 배울 수 있고, 솔로에서는 불가능한 여러 악기 조합과 레퍼토리를 즐길 수 있지요. 운동으로 말하면 농구나 축구처럼 단체 게임인데, 저도 학생 때 실내악을 배우면서 음악에 관한 공부를 많이 했습니다. 실내악은 특히 하모니가 중요해서 다른 사람의 소리를 잘 들으면서 때로는 자신의 주장도 펼치는, 음악가들에게는 여러모로 공부가 되는 훈련입니다. 청중들도 더 다양성 있는 음악을 감상할 수 있고요. 외국에서는 작은 도시라도 실내악 축제가 많이 있는데, 한국은 좀 그런 면이 부족해서 제가 꼭 실내악 축제를 하고 싶었어요.

최 네, 참 잘하셨어요. 한국의 실내악 운동은 일찍이 몇몇 분들이 개척하셨지만, 좀 더 본격적으로 시작한 것은 1986년 당시 시향 악장이던 이택주 선생을 중심으로 안동혁, 김용배 선생 등이 예음 클럽을 조직해 10여 년간 해설을 곁들인 실내악 연주를 했습니다. 비슷한 시기에 대농그룹의 후원으로 박은희 선생이 한국 페스티벌 앙상블을 설립해 실내악 육성에 많은 기여를 하였지요.

강 네, 당시 최원영 회장님의 예음 클럽 활동을 저도 잘 기억하고 있습니다.

최 감사합니다. 그리고 서울 스프링 페스티벌 프로그램 중 특이한 장소에서 하는 음악회가 있더군요. 윤보선 전 대통령의 고택(古宅) 마당에서 하는 야외 음악회로서 올해 두 번 연주에 표가 모두 매진 되었지요.

강 네, 음악도 좋지만, 야외의 특별한 장소에서 해서 더욱 인기가 있습니다.

최 저도 어제(5/2) 가 봤는데 오랜만에 참 좋은 곳에서 멋진 연주 감상했습니다. 6시 이후 약간 쌀쌀했으나 파란 하늘에 하얀 구름이 그림처럼 떠다니며 그만하면 날씨가 좋았어요. 레퍼토리가 다양하고 연주자들이 모두 각 분야의 정상급 연주자들이었지요.

강 네, 보통 음악회처럼 안 하고 어떤 샘플을 맛보듯이 한 악장씩 가벼운 곡목들 위주로 했습니다.

최 라벨의 네 손을 위한 피아노 곡인〈어미 거위〉를 시작으로 베토벤의 호른 소나타, 라프의 피아노 트리오, 칼리보다의 오보에 곡,

망고레와 디앙의 기타 곡, 드보르자크의 현악 4중주 〈아메리칸〉, 포퍼의 〈4대의 첼로를 위한 곡〉 등 많이 알려진 곡들과 그렇지 않은 곡들이 잘 섞여 있는, 감동적이고 수준 높은 공연이었습니다. 특히, 드보르자크의 〈아메리칸〉은 프로그램에 4악장만 있었는데, 2악장도 해 줘서 보너스 같았어요. 예전에 참 많이 들은 곡입니다.

강 드보르자크의 현악 4중주 〈아메리칸〉은 신세계 교향곡과 함께 가장 잘 알려진 곡이지요. 체코의 민속 음악이 한국 사람들의 정서에 잘 맞는 것 같습니다.

최 네, 드보르자크의 첼로 협주곡을 포함하여 〈신세계〉 〈아메리칸〉 등 그를 대표하는 곡들이 모두 그의 미국 생활 중 고향을 그리며 만든 음악들이었지요. 어제는 드보르자크의 〈아메리칸〉이 현악 4중주가 아니고 5중주였습니다. 또 한 연주자는 바로 나무 위 참새였지요.

강 하하. 간혹 참새 소리가 좀 많이 날 때가 있습니다.

최 참새 소리가 참 절묘하게 들렸습니다. 2악장도 그럴듯했고 4악장은 경쾌해서 특히 잘 어울렸어요. 하하. 드보르자크가 들었어도 미소 지었으리라 생각합니다. 고택의 오른쪽에 있는 교회에서 6시에 울리는 종소리도 재미있었어요. 사회자가 연주 도중 종소리가 나오지 않게 프로그램에 신경을 쓰느라 수고가 많았지요. 또 J. 크로이체르의 플루트 트리오도 특이한 곡으로 플루트, 바이올린, 기타 3중주인데 예정에 없이 듣게 되어 앙코르 공연 같아서 좋았습니다. 정말 여러 가지로 기억에 남을 감동적인 공연이었습니다. 다만 한국의 고택 정원 연주의 정취를 살리는 취지에서, 황병기 선생의 가야금이나 한국 가곡을 한 두 곡 넣었으면 어땠을까, 하는 생각이 잠시 들었습니다.

강 네, 좋은 말씀이네요.

최 강동석 선생님은 몇 년 전까지 연세대에서 10여 년을 가르쳤는데 학생들에게 어떤 면에 중점을 두고 가르쳤나요?

강 한국 학생들이 참 잘하지만, 외국 학생들보다 자기의 개성이나 주장이 좀 약한 거 같아요. 학생들이 공부도 많이 하고 선생님 말씀을 잘 듣는 건 좋은데, 음악에 있어서 자기의 개성이나 창의력을 잘 살리는 게 매우 중요합니다. 무조건 열심히 하기보다는 개성 있는 음악, 그런 면을 좀 강조했지요.

최 강동석 선생님에게 음악이란 무엇인가요?

강 저에게는 음악이 저의 인생이지요. 음악가에게 음악은 직업이 아니라 열정이랄까, 소명이 되어야지, 그렇지 않으면 제대로 음악을 할 수 없다고 생각합니다. 음악이 인생의 전부는 아니지만, 음악이 없으면 사람들이 얼마나 힘들겠어요. 세계적으로 전쟁이나 큰 재앙이 있을 때 음악이 더 많이 연주됩니다. 메뉴인 선생도 2차 대전 때는 하루에 몇 번씩 연주하셨지요. 음악은 힘든 사람들을 위로해 주는 꼭 필요한 마음의 식량입니다.

최 그렇게 음악을 소명으로 하다 보면 음악에 대한 회의감이나 연주가 너무 힘들다는 생각은 별로 없으시겠네요?

강 아닙니다. 항상 느끼지요. 하하. 연주가 만족지 못할 때는 상당히 침울해질 때가 있어요. 하지만 음악 자체가 좋으니까 극복됩니다. 사실은 행복한 사람이지요. 자기가 좋아하는 것을 하면서 먹고 살 수 있으니까요.

최 늘 무대에서 연주하는 음악가는 어찌 보면 무대 위에서 불가사의한 공연을 보여 주는 마술사의 경지고, 동시에 평생 음악 한길을 파는 구도자의 삶을 살고 있습니다.

강 네, 지금 유명 연주자들이 꼭 연주를 잘해서라기보다는, 오랜 세월을 무대 위에서 자신의 음악을 잘 표현할 수 있었기에 연주가로 남을 수 있었습니다. 평소에는 연주를 아주 잘하는데 무대에만 서면 실력을 발휘하지 못하는 사람도 있고요. 여하튼 연주자의 생활은 참 어렵고 외로운 길입니다. 언뜻 무대에서 보면 화려하게 보이지만, 연주 여행을 하다 보면 처음 가 보는 도시에서 만나는 사람도 없이 혼자 연습만 해야 하는 외로운 삶이지요.

최 그런 스트레스 많은 연주 여행에서 건강관리를 어떻게 하시나요?

강 건강에 늘 신경은 쓰지만, 특별히 하는 일은 없고 요즘은 많이 걷습니다.

최 지금 연주하는 바이올린은 '스트라디바리우스'지요?

강 네, 아들 스트라디 악기로 합니다.

최 스트라디바리우스와 과르네리우스는 어떤 차이가 있나요?

강 차이가 있지요. 스트라디는 안정된 환경에서 93세까지 장수를 누렸고 평생 바이올린을 천 개 넘게 만들었어요. 아들도 아버지와 같이 악기를 만들었지요. 과르네리는 굴곡이 심한 인생을 살았고 별로 장수하지 못해서 백 개 정도밖에 못 만들었지요. 그러다 보니 과르네리우스는 작품의 질이 고르지 않다는 평도 좀 있습니다. 사실, 스트라디바리우스는 대부분 독특한 소리가 있어서 연주자가 마음대로 컨트롤 하기가 쉽지 않습니다. 과르네리우스는 독특한 소리는 아니지만, 연주자가 잘 길들이면 자기 소리를 만들 수 있고요. 또 스트라디는 여성적, 과르네리는 남성적이라고 평하기도 합니다.

최 2012년 프랑스 문화예술공로 훈장 슈발리에(knight)상을 받았는데 어떤 상인가요?

강 프랑스 기사 상(knight)이라고 하는데 프랑스 예술 분야에 기여한 사람들에게 준 상이지요.

최 앞으로 한국에서 주는 실내악 육성에 대한 상을 받으셔야겠어요.

강 하하. 감사합니다.

최 오늘 다시 뵈니 강동석 선생님은 세계적 바이올리니스트 이전에 음악의 기쁨 속에서, 음악의 삶을 사는, 진정한 음악인으로 많은 예술가들의 귀감이 된다고 생각합니다. 실내악은 연주자들도 서로 좋아서 하는 음악이니, 앞으로 더욱 많은 연주자가 참여해, 내년 18회 서울 스프링 실내악 페스티벌에는 더욱 많은 청중이 음악을 즐길 수 있기를 바랍니다. 아까도 음식 얘기를 하셨는데 실내악은 한식, 양식, 일식, 중식을 모두 즐기는 것과 비슷할지도 모르겠습니다. 17년간 한국 실내악 발전에 공헌해 주신 노고에 감사드리며 내년 연주회에서 좋은 음악과 함께 다시 건강하고 반갑게 만나기를 고대하겠습니다. 오늘 좋은 말씀 감사합니다.

강 네, 감사합니다.

마이클 잭슨,
김포매립지에서 함께 노래하다

2019년은 '마이클 잭슨'이 세상을 떠난 지 10년이 되는 해였다. 많은 추모 행사가 있음직 했지만 그렇지 못했다. 얼마 전 공개된 다큐멘터리 '리빙 네버랜드' (Leaving Neverland) 가 찬물을 끼얹었다.

미국 독립 영화제에서 상영된 영화 '리빙 네버랜드'는 마이클 잭슨에게 어렸을 때 성추행을 당했다고 주장하는 30대의 두 남자 이야기이다. 이 영화에 따르면 마이클은 어린 두 소년에게 부적절한 행위를 하게 하고 보석을 선물로 줬다고 한다.

이에 대해 마이클 잭슨 재단은 '20년 전 무죄를 받은 사건에 다시 불을 붙이는 터무니없고 한심한 시도'라고 비난했다.

그의 아동 성추행 문제가 불거진 것은 1993년 '이반 챈들러'에게 소송을 당하면서부터이다.

이반은 자기 아들 '조디'가 마이클에서 성추행을 당했다고 주장했으나 조디는 이후 자신의 블로그를 통해 모든 것을 아버지가 시켜서 했다고 발표했다.

이들은 부자지간에 법정 다툼을 했고 아버지 이반 챈들러는 2009년 11월 5일 자택에서 자살한다. 그의 자살은 같은 해 6월에 사망한 마이클 잭슨의 죽음에 양심의 가책을 받았기 때문으로 보는 사람이 많았다.

마이클 잭슨은 20세기 가장 영향력 있는 아티스트 중 한 사람이었다. 음악, 안무, 패션에 걸쳐 기념비적인 족적을 남긴 최고의 아이콘이다. 마이클 잭슨은 오디오와 비디오의 세계를 함께 평정한 가장 창의적인 엔터테이너였다. 게다가 그의 삶에는 인종 문제, 얼굴 성형 문제, 아동 성추행 루머등이 확대 재생산되어 수많은 이야기가 전해 오고 있다.

마이클은 평화를 사랑하고 자선활동을 많이 했으며, 특히 전 세계의 고통 받는 어린이들을 기억하자는 뜻으로 팔에 완장을 차기 시작했고, 이것이 그의 트레이드 마크 겸 패션이 되었다.

1997년 가을, 지인의 소개로 마이클 잭슨의 집에 가게 되었다.

산타바바라 북동쪽에 있는 '네버랜드'(Neverland)라는 대 저택으로 땅의 넓이가 여의도의 3배 정도다. '네버랜드'는 동화 '피터팬'에 등장하는 상상의 섬으로 아이들만 사는 곳이다. 'Never getting old land'에서 나온 말로서 거기 사는 사람들은 결코 늙지 않는다.

과연 소문대로 Neverland 안에는 동물원이 있고 기차가 다니고 있었다.

마이클이 주거하는 본채와 몇 개의 게스트 하우스, 수영장, 댄스 스튜디오, 영화관, 기차역 등이 있는 별천지였다.

기차역의 이름은 마이클이 엄마의 이름을 따서 '캐설린 역'으로 지었다. 그녀는 독실한 '여호와의 증인' 신도였고 마이클도 한때는 신도로서 활동했었다. 캐설린 역에는 따끈따끈한 빵과 커피가 늘 준비되어 있었다.

처음 둘러 본 네버랜드에는 라마, 기린, 타조 등 어린이가 좋아할 만한 동물들이 자유롭게 돌아다녔다. 본관 앞 넓은 호수에는 백조들이 유유히 떠 있는 동화 속 환상의 나라였다.

동물을 관리하는 사람들만 수십 명 되는데 귀한 동물은, 한 마리에 사육사가 한 사람씩 붙어다녔다. 간혹 동물들이 네버랜드 밖으로 튀어 나가서 동네 사람들이 소송을 건다는 말도 들었다.

나는 본관 옆의 게스트 하우스에서 묶었는데 마이클 잭슨과 절친한 리즈 테일러가 올 때마다 머무는 별동 건물이었다.

마이클 잭슨의 첫 인상은 수줍음이 많은 청소년 같았다.

하지만 악수하는 그의 손은 크고 단단했다. 그는 백인이 되고 싶어서 피부를 벗기는 박피 수술을 했다는 소문이 있었다.

사실은 피부병의 일종인 백반증으로 평소에도 긴팔 옷과 마스크를 착용한다.

나를 만날 때 다행히 마스크를 쓰고 있지는 않았다.

여러 번의 성형으로 코가 안 좋은 상태라는 루머가 있어서 유심히 봤다.

그래서 그런지 코가 살짝 이지러지고 있는 기분이었다. 계속 쳐다보기가 민망했다. 가장 특이한 부분은 그의 큰 눈인데 깊은 슬픔을 간직한 눈이었다. 피터 팬에 나오는 장난꾸러기 요정의 눈도 그 안에 언뜻 있었다.

나는 그의 음악 세계를 잘 모르고 열성 팬도 아니었지만, 가까이서 보니 마이클 잭슨이 누구인지 어렴풋이 알 것도 같았다.

그는 표현하기 어려운 복합적인 존재였다.

남자도 아니고 여자도 아닌 느낌, 백인도 아니고 흑인도 아닌 얼굴, 천사와 유령이 같이 어울려 노는 분위기, 어른과 아이를 수시로 넘나드는 정신 세계….

이 모든 것들이 마이클 잭슨이라는 한 사람 안에 있었다. 그의 팬들이 왜 그를 그토록 우상화하고 그의 음악에 매료되는지 약간 이해가 되었다.

네버랜드의 본관 식당은 열린 주방(Open Kitchen)으로 항상 요리사 2~3명이 대기하면서 음식을 주문하면 곧 만들어 주었다.

마이클과 함께 네버랜드 안에 있는 영화관에서 그의 공연 실황을 보았다.

그는 자신의 과거 공연을 여러 번 보면서 계속 노래와 동작들을 분석하며 메모를 했다.

팝의 제왕은 천부적 재질뿐 아니라 엄청난 땀방울로 만들어진 것을 알 수 있었다.

그의 팬들에게 미안하지만, 극장에서 본 마이클의 공연이 무엇이었는지 기억이 나지 않는다.

어두컴컴한 극장 안에서 하얀 종이와 작은 몽당 연필로 분주히 메모를 하는 마이클의 옆 모습만 희미하게 떠오른다.

그는 대부분 우울한 얼굴이었고 손님들과 별로 대화를 즐기지 않았다.

그의 운전기사는 마이클이 집에서 클래식 음악을 주로 듣는다고 했다

마이클의 안내로 들어가 본 그의 침실은 나를 놀라게 했다.

바닥과 벽까지 온통 인형으로 가득 차 있는 것이었다.

방문을 여는 순간 크기와 색깔이 다른 수 많은 인형의 눈들이 동시에 나를 바라보았다.

뭐라 표현할 수 없는 느낌이었다.

방을 나와서 몇 가지 질문을 했다.

최 이 아름다운 네버랜드에 어린이들이 단체로 자주 놀러 오나요?

MJ 그렇게 하고 싶지만 여러 법적 제제가 있어서 어렵습니다.

최 당신의 다른 노래는 잘 모르고 옛날 노래 'ben'과 'I will be there'를 좋아합니다. 맑고 가늘고 호소력 있는 목소리에 약간 흔들리면서 아름다운 바이브레이숀이 매력적입니다.

MJ 고맙습니다. 혹시 음악을 하시는지요?

옆에 있던 지인이 필자가 플룻을 했다는 설명을 했다.

MJ 나도 플룻을 좋아합니다.

최 당신은 철저한 채식주의자라고 들었는데 그런가요?

MJ 그렇습니다. 한국 음식 중 비빔밥을 좋아합니다.

최 한국에 당신의 팬이 대단히 많습니다.

우리가 초청할 테니 한국에 꼭 오시기 바랍니다.

MJ 가능한 빠른 시일 안에 가보고 싶습니다.

마이클 잭슨은 몇 년 전부터 한국에서 공연하고 싶어했다. 여러 대형 기획사가 그의 공연을 추진하기 위해 정부 허가를 신청했었다. 하지만 당시 김영삼 정부는 공연에 따른 외화 반출량이 엄청날 것이고, 마이클 잭슨의 춤이 너무 자극적이라며 공연을 불허했다. 기독교 장로인 김영삼 대통령이 그를 좋아하지 않는다는 소문이 있었다.

더욱이 당시 그의 '아동 성추행' 루머가 언론에 한참 시끄러울 때였다. 마이클 잭슨은 한국에서의 부정적 이미지를 없애기 위해 한복을 입고 사진도 찍었으나 YS정부에서는 공연을 할 수 없었다. YS가 직접 그의 공연을 불허했는지는 확실치 않지만, 결과적으로 마이클 잭슨은 DJ의 대통령 당선에 1등 공신이 되었다.

15대 대선 직전인 1997년 11월 21일 국민회의 김대중 후보를 방문한 마이클 잭슨의 사진이 신문 1면에 일제히 나왔다. 그의 팬들은 환호했고 DJ의 이미지를 예술적이고 부드러운 인물로 탈바꿈하는데 크게 공헌했다.

필자가 마이클을 만난 목적은 당시 동아건설의 김포 매립지 개발을 위해 그를 한국에 초청하기 위함이었다. 몇 달 후 잭슨이 처음으로 한국에 왔다. 그의 사생활 문제가 다시 언론에 불거져 심기가 편치 않을 때였다.

한국의 힐튼 호텔에 여장을 풀자 그의 팬들이 호텔 밖에 진을 치기 시작했다. 그런데 마이클이 어디를 가던 그의 매니저가 그와 한시도 떨어지지 않는데 그 정도가 너무 심했다. 심지어는 화장실 바로 앞에까지 따라가서 서 있을 정도였다. 감옥의 죄수가 따로 없었다. 키가 크고 잘 웃지 않는 흑인 매니저는 마이클이 다른 사람을 만나는 것을 극도로 싫어했다.

얼마 후 이 매니저와 마이클이 결별하게 되지만 당시 마이클은 이 사람의 눈치를 일일이 보며 야단맞는 강아지처럼 행동했다. 무슨 큰 약점을 잡힌 건 아닌지 불쌍한 생각이 들 정도였다. 5살 때 데뷔 한 후 매스컴에 둘러 쌓이고, 주위 사람들에게 24시간 보호 아닌 보호를 받으며 얼마나 힘든 삶을 살고 있는지, 비밀스러운 한 단면을 엿보는 것 같았다.

당시 동아는 김포 매립지에 큰 희망을 걸고 있었다. 동아는 다른 공사 다 안 해도 그 땅만 가지고 있으면 아무 문제가 없었다. 서울에서 가까운 위치에, 개발 가능성이 무한했기 때문이다. 도착 다음 날 마이클 잭슨을 데리고 김포 땅을 돌아 보았다.

그가 묵고 있던 서울 힐튼 호텔에서 50분만에 도착한 후, 인천공항이 바로 지척인 것을 설명해주니 많은 관심을 보였다.

마이클 잭슨과 동아가 공동으로 사업을 추진하고, 외국 투자은행 자금을 유치하여, 이 넓은 단지를 어떻게 활용할지에 대해 구체적 방법까지 의논하였다.

우리는 큰 봉고차로 매니저와 경호원 등 7~8명 정도가 늘 같이 이동했다. 마이클과 내가 마주 보고 앉아서 사업에 대한 이야기를 하며 서울로 돌아오던 중 그에게 'Peter Paul and Mary'의 노래를 좋아하냐고 물었다.

내가 그들의 팬이라고 하니 자기도 아주 좋아한다면서 어떤 노래를 좋아하냐고 되물었다. 'Puff'를 좋아한다고 하자 그는 갑자기 작은 소리로 노래를 부르기 시작했다. 'Puff the magic Dragon ~'로 시작하는 이 노래는 어느 해변가의 어린 소년과 그

바다에 살던 용에 대한 동요같이 아름답지만 슬픈 노래다. 가늘고 맑은, 남자인지 여자인지, 어른인지 아이인지 모르는 노래 소리가 자동차 안에서 작게 들리기 시작하는데 너무 매혹적이었다.

FM 라디오에서 나올 법한 아름다운 노래가 분명히 그의 입을 통해 흘러 나오고 있었다. 이 노래를 신나게 부르는 마이클의 모습은 진한 감동이었고, 네버랜드의 피터팬을 좋아하는 어린 소년의 모습 그대로였다. 나도 조금 후에 같이 흥얼거리며 2절까지 따라 불렀고 차 안에 있던 다른 사람들은 손뼉을 치며 박자를 맞추었다.

그날 이후 나는 '한국에서 나 말고 마이클 잭슨과 듀엣 한 사람 있으면 나와보라고 해!' 하는 농담을 했다.

그날 저녁 서울 장충동에서 동아 최원석 회장 주최로 만찬이 있었다. 마이클은 술을 안 마시지만, 이 날은 기분이 좋은지 '로마네 콘티'에 입술을 살짝 대었다. 채식주의자인 그를 위해 신라호텔에서 산채 비빔밥과 고기 안 넣은 마파두부도 준비 했다.

김포 매립지를 한국 정부가 용도 변경해 준다면, 이곳을 한국의 최고 관광명소로 만드는 데 힘을 합치겠다는 의사를 확실히 밝혔다. 우리는 모두 의기 투합하여 대단히 즐거운 시간을 보냈다. 마이클 잭슨을 접대하는 자리라서 아무도 노래는 하지 않았고, 그에게 노래 한 곡 해 보라고도 못 했다.

원래 김포 매립지는 박정희대통령이 1970년대 초에 동아 창업주 최준문 회장에게 매립 공사를 하도록 강요한 땅이다. 아산 매립지는 현대에, 김포는 동아에 회사의 자체 자금으로 일단 농업 단지를 조성하라는 지시가 있었다. 당시에도 박정희 대통령은 이 땅에 농사를 지을 수 없는 것을 알고 있었다.

김포는 서울의 관문이라 여기에 미국의 디즈니랜드 같은 대규모 관광 시설을 집어넣고 국제화 된 도시로 만드는 것이 최선이었다. 이것은 위치로 보나 그 땅의 성질상 대단히 합당한 발상이었다. 그 땅은 낮은 바다를 메운 땅이라 소금이 너무 많이 나와서 도저히 농사는 질 수 없는 곳이었다.

IMF가 발생하자 동아는 단기 자금경색을 막지 못했고, 정부와 채권단에서 전 건설부 장관을 회장으로 파견하였다. 새 회장은 취임하자마자 김포 땅을 모두 헐 값에 여기저기 팔아버렸다. 정부는 이 땅이 팔리자 기다렸다는 듯, 대부분 형질 변경을 허가하여 다른 용도로 개발을 허가해 주었다. 지금의 청라단지다.

2005년, 아동 성추행 혐의에 대한 무죄 판결을 받은 후 마이클 잭슨은 'This Is It'이라는 콘서트 시리즈를 통해 화려한 컴백을 준비하고 있었다. 이 콘서트는 영국 런던에서 2009년 7월부터 2010년 3월까지 50회 진행될 예정이었다.

전 세계의 팬들은 열광했고 백 만장의 표는 판매 4시간만에 모두 매진 되었다. 마이클은 이 공연의 연습을 위해 너무 과로한 나머지 잠을 잘 수 없었다. '프로포폴'은 우유빛의 수면 마취제로 대장 내시경을 할 때 많이 사용된다. 순간적으로 수면에 떨어지는 장점이 있으나 반드시 병원에서 적당량을 투입해야 하고 습관성 마약의 일종으로 분류된다. 불면증이 심해지고 어떠한 경구약도 듣지 않으면 이 우유빛 약의 유혹을 받는다.

마이클 잭슨은 2009년 6월 25일 오후 2시 프로포폴 부작용으로 인한 심장마비로 사망했다. 한국에서도 종종 유명 연예인들이 불법 프로포폴 주사로 구속되고, 모 재벌은 병원에서 이 주사를 여러 번 맞았는데 위법성이 있는지 조사를 받기도 했다.

LA 경찰은 잭슨의 주치의 '콘래드 머레이'를 살인 용의자로 지목했고, 머레이는 2급 살인죄로 2011년 9월 유죄 판결을 받는다. 머레이는 마이클의 집에 상주하며 한 달에 150만 불의 보수를 받았다. 마이클은 프로포폴을 맞으면 소변을 보러 화장실을 갈 수 없기 때문에, 머레이는 그에게 소변줄을 부착했다. 머레이의 법정 진술에 의하면 프로포폴에 중독된 마이클을 다른 약으로 재우려 했으나, 그의 강요로 할 수 없이 주사했다는 것이다. 그는 마이클이 프로포폴 쇼크로 사경을 헤맬 때 1시간을 허비한 후 구급차를 불렀다. 본인도 피곤해서 화장실에서 자고 있었다고 진술했으나 여러 의문이 제기되었다. 결국 주치의는 징역 4년을 선고받고 의사 면허도 박탈당했다.

마이클 잭슨의 죽음은 세계적인 주목을 받았으며, 여러 방송국에서 추도식을 생중계 했다. 사망 직후 그를 기리기 위해 미국 의회에서는 정치인이자 목사인 재시 잭슨의 주도하에 국회의원들의 묵념이 있었다.

필자는 마이클 잭슨이 갑자기 약물 과잉 복용으로 세상을 떠났다는 소리를 듣자, 이상하게 한국에서 그를 철저히 감시하던 키가 큰 매니저의 얼굴이 떠올랐다.

마이클은 5살부터 아버지의 강요로 노래를 부르고 춤을 춰야 했다. 그의 춤 중에 좀 외설스러운 동작은, 어쩌면 어려서 스트립 바까지 가서 노래하며 돈을 벌어야 했던, 마이클의 뇌리에 남아 있는 무언가가 표출된 것이 아닐까도 생각한다. 모차르트의 아버지가 자식을 강훈련한 것처럼 마이클도 어렸을 때는 아버지가 만든 기계적인 천재라고 할 수 있었다.

하지만 그는 당시 뿌리 깊었던 인종 장벽을 무너뜨리며 흑인의 성공적인 사회 진출을 이룩한 선구자였다. 또한 대중음악에 시각적 요소를 부각시키며 음악 산업을 뒤집어 놓았다. 그의 대표적 율동인 '문 워크'나 '중력을 거스르는 댄스' 등은 지금 봐도 압권이다.

마이클 잭슨은 20세기 문화사에서 가장 중요한 인물 중 한 명으로, 영원한 팝의 제왕으로 남을 것이다. 아버지로부터, 매니저로부터, 언론으로부터 풀려난 마이클 잭슨이 그의 우상 '피터 팬'을 만나러 간 지 10여 년이 되었다. 네버랜드도 부동산 개발업자에게 팔려서 이름이 바뀌었다.

김포 매립지에서 서울로 올 때 그와 차 안에서 같이 부르던 노래 ' puff the magic dragon lived by the sea~'(바닷가에 Puff 라는 마술 용이 살고 있었네~) 라는 가사만 허공을 맴 돈다.

마이클 잭슨이 어린 소년일 때 부른 'Ben'을 다시 듣고 싶다.

윤이상,
베를린 집에서 처음이자 마지막으로

윤이상 선생은 항상 고국을 잊지 않았다. 북한과 오랫동안 친밀한 관계를 유지했지만, 그는 남북한을 모두 고국으로 생각했던 민족주의자였다.

예음 문화재단에서 그의 귀국을 거의 성사 시켰는데, 예기치 못한 장애가 발생하여 귀국도 무산되고, 친필 악보들을 한국으로 가져오지도 못했다. 참으로 안타까운 일이었다.

임원식 선생과 독일에 있는 윤이상 선생 댁을 방문한 것은 1993년 11월 하순 어느 늦가을 무렵이었다. 을씨년스러운 회색빛 도시 베를린의 오후는 간간이 눈발이 날리고 있었다. 낮은 담장 집 현관에 들어서자 동그란 은테 안경을 쓰신 부인이 친절하게 맞아주셨다.

거실로 들어가니 장작이 반쯤 타고 있는 벽난로 옆, 누런 가죽 소파에 앉아 있던 윤 선생이 천천히 일어나 나에게 두 팔을 벌려 포옹식 인사를 하신다. 이런 식의 인사가 익숙하지 않았지만 따스한 환대의 뜻이라 생각했다. 바로 옆의 자리를 권한 후 선생이 천천히 입을 열었다.

그의 목소리는 힘이 없고 갈라져 있었다.

"나는 최사장이 여기 오기를 오래 기다렸습니다. 〈객석〉을 보면서 누가 이런 좋은 잡지를 만들고 있는지 궁금했어요." 하셨다. 사실 이분을 만나러 오기까지의 과정은 순탄치 않았다. 당시 남북대화의 물꼬를 여는 상징적인 행사로, 세계적인 작곡가 윤이상 선생을 한국으로 초청하는 작업을 몇 년간 은밀히 진행하고 있었다.

특히 윤 선생과 오랜 교분이 있는 임원식 선생이 중요한 역할을 하셨다. 하지만 안기부를 비롯한 정부 관리들의 반대 의견이 거세었다. 당시 시각으로 본다면 윤선생의 그간 행적에 문제가 많았던 것도 사실이었다.

김일성 주석의 전폭적인 지원 아래 〈윤이상 교향악단〉과 〈윤이상 음악연구소〉를 북한에 설립한 것은 예술가로서 할 수도 있는 일이었다.

하지만 친북 성향이 강한 범민련 의장직을 유럽에서 맡은 일은, 지나친 정치적 활동으로서 귀국에 걸림돌이 되었다. 사실 김일성 주석은 윤 선생에게 각별히 공을 많이 들였다.

동백림에서 자신을 납치하여 감옥에서 모진 고초를 겪게 한 한국 정부에 반하여, 본인을 높이 평가해주고, 매년 생일 선물까지 독일로 공수하는 정성이라면, 인간적으로 북한에 기우는 마음을 돌리기 어려웠을 것이다.

이 부분에 대해 비판이 많았지만, 정치를 떠나 한국이 낳은 세계적 작곡가로서, 남북 화합의 차원에서 초청을 추진하고 있었다. 정부 내에 찬반양론이 있는 가운데 당시 이홍구 총리께서 적극 지원해 주어서 우리가 하는 일이 탄력을 받게 되었고, 윤이상 선생도 동경에서 모든 정치적 활동을 중단한다는 발표를 하면서 한국 정부와 물밑 교섭을 계속하고 있었다.

나는 윤 선생에게 먼저 건강이 어떠신지 물었다. 긴 소파에 약간 비스듬히 앉은 선생은 거동이 불편하고 얼굴이 좀 부어있는 듯 보였다.

"내가 심장이 좀 안 좋습니다." 라며 말꼬리를 흐리는데 옆에서 부인이 "요즘 날씨도 춥고 얼마 전부터 부쩍 건강에 더 신경을 쓰십니다." 라고 거드신다.

세월이 30년 가까이 흘렀지만 졸지에 독일에서 납치되어, 한국 법정에서 무기징역을 선고받고, 2년이 넘는 수감 생활 중 머리를 감방 벽에 부딪쳐, 자살 시도를 할 정도였으니 그 육체적 정신적 후유증이 심할 수밖에 없을 것이다.

박정희 대통령이 이룩한 경제적 업적도 크지만, 윤이상 선생을 외국에서 불법 납치하여 고문하고 종신형을 선고한 일은 지나친 일이었다.

결국 세계적인 예술가들 200여 명이 들고 일어나, UN 인권위원회에 공동탄원을 해서 무기징역 형을 일단 유기징역으로 감형하게 되었다.

서명한 예술가들은 스트라빈스키, 카라얀, 클렘펠러, 리게티, 스톡하우젠 등이었다.

윤 선생이 "최 사장은 음악을 한다지요?" 하고 물어서 "flute을 좀 합니다." 했더니 당신의 flute곡을 언급하며 언제 한 번 불어보라고 하신다.

"얼마 전에 〈가락〉이라는 악보를 봤는데 연주하기는 물론이고 듣기도 쉽지 않습니다." 했더니 허허 웃으며 "자주 들으면 그렇지도 않습니다." 하신다.

소파 옆 탁자에 최근 발행된 객석을 미리 준비해 놓고, 필자에 대해 어느 정도 아시는 것으로 봐서, 우리의 방문을 오래 기다리셨다는 것이 인사로만 들리지는 않았다.

윤 선생은 오랜 동지 임원식 선생에게 강한 믿음이 있었다.

동백림사건으로 검찰에서 사형을 구형받고 계속 재판이 진행될 때, 윤 선생을 아는 사람 중 유일하게 임 선생이 재판에 출석하셨다.

"윤이상은 음악가이지 절대 빨갱이가 아니다." 라고 증언하고 그 후 15년 형으로 감형될 때까지 구명을 위한 서명운동을 하여 재판에 적지 않은 도움을 주셨다. 지금 생각하면 별로 어려운 일이 아닌 것 같지만, 그 당시 아무도 나서지 않는 살벌한 상황에서, 대단한 용기와 예술가로서의 자부심이 없으면 할 수 없는 일이었다.

윤 선생이 독일로 돌아간 뒤에도 임 선생은 기회가 있을 때마다 윤이상 작품을 지휘하였으며, 베를린 교향악단에서 객원 지휘자로 초청했을 때에도 그의 작품 '무악'을 첫 곡으로 지휘했다.

윤 선생의 부인도 같이 옥고를 치러서 임 선생에 대한 신뢰가 강하신 것 같았다.

잠시 서로 안부 인사를 나눈 후 한국 초청 일정과 윤 선생의 친필 악보를 예음문화재단에 기증하는 협의를 시작했다.

윤 선생이 먼저 붉은 글씨의 '절대비밀'로 시작하는 메모지를 필자에게 건네 주었다.

한문이 많고 손으로 쓴 글씨라서 자세히 읽는데 약간 시간이 걸렸고 내가 먼저 입을 열었다.

"친필 악보에 대한 결심을 해주셔서 대단히 감사합니다."

"내 악보 중 1980년 이전 것은 출판사 소속이고 그 이후 것은 내 소유지요. 사실 내 소유의 곡들이 훨씬 더 음악적 원숙성과 국제적 평가가 좋은 곡들입니다. 이 악보들 만이라도 내 고향이 있는 남한 땅에 영구히 보관되었으면 합니다. 그리고 이 일은 당분간 절대비밀로 해 주세요"

'북한당국과 이 문제를 상의 하셨느냐?' 는 말이 입 안에서 맴돌았다.

"알겠습니다. 저희가 선생님의 뜻이 잘 이루어지도록 최선을 다하겠습니다."

"내가 한국 감옥에 있을 때 임 선생만 나를 도와줬어요."

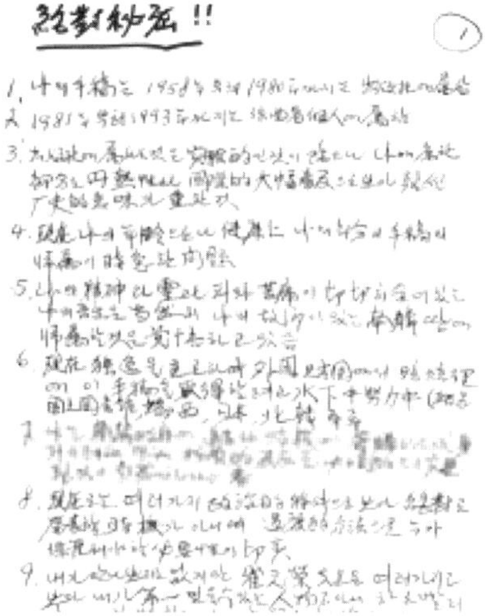
絶對秘密 !!

이렇게 말하면서 임원식 선생을 물끄러미 바라보는 그의 눈빛이 따스했다. 임 선생이 겸연쩍은 듯 씩 웃었다. 두 분의 나이 차이가 2년이지만 친구처럼 막역한 사이라는 것을 느꼈다.

윤선생이 시선을 나에게 돌렸다.

“요즘 내 건강이 별로 좋지 못해요…. 이 악보 문제를 하루 속히 매듭짓고 싶소이다.”

나와 임 선생의 눈빛이 마주쳤고 윤 선생이 계속 말했다.

“최 사장과 임 선생이 한국에서 논의한대로 해주면 고맙겠어요.”

윤 선생이 예음에 친필 악보를 기증하는 조건으로 사전에 제시한 내용이 있었으나 그 자리에서 언급하지는 않으셨다.

윤이상 선생은 악보 건과 별도로, 한국에 '윤이상음악연구소' 설립을 위한 구체적 제안을 하셨고, 필자도 귀국 후 실행계획을 세워 이를 알려드리기로 했다.

아래는 윤 선생이 친필로 쓰신 연구소 설립 제안이다.

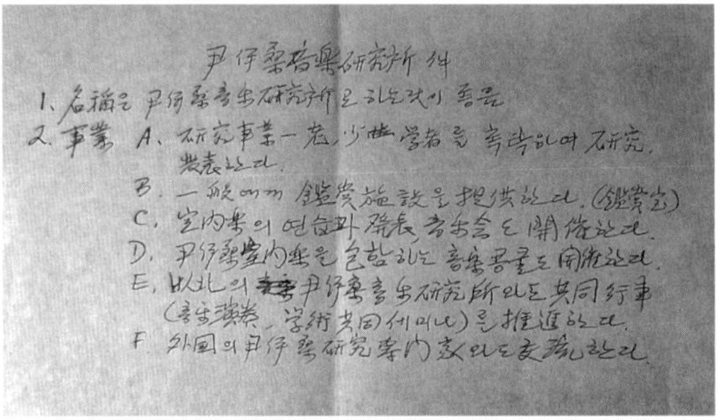

尹伊桑音樂研究所 件

1. 名稱은 尹伊桑音樂研究所로 하는것이 좋음

2. 事業 A. 研究事業一切, 少壯學者를 청탁하여 研究 發表한다.

B. 一般에게 鑑賞施設을 提供한다. (鑑賞室)

C. 室內樂의 연습과 發表, 音樂會도 開催한다.

D. 尹伊桑室內樂을 包含하는 音樂콩쿨도 開催한다.

E. 以北의 尹伊桑音樂研究所와도 共同行事 (音樂演奏, 學術共同세미나)를 推進한다.

F. 外國의 尹伊桑研究專門家와도 交流한다.

윤이상 음악연구소 건

1. 명칭은 윤이상 음악연구소로 하는 것이 좋음

2. 사업

a. 연구 사업 일절, 젊은 학자를 청탁하여 연구 발표한다.

b. 일반에게 감상시설을 제공한다(감상실).

c. 실내악의 연습과 발표, 음악회도 개최한다.

d. 윤이상 실내악을 포함하는 음악 콩쿠르도 개최한다.

e. 이북의 윤이상음악연구소와도 공동 행사(음악연주, 학술공동

세미나)를 추진한다.

f. 외국의 윤이상 연구 전문가와도 교류한다.

윤이상 선생을 만나러 갈 때만 해도 필자는 선생님께 어떤 곡을 작곡해 달라고 의뢰할 생각이었다. 에둘러 이야기를 꺼내 보았으나, 이미 위촉받은 곡이 너무 많다고 하셔서, 필자가 부탁드리려던 곡은 다음 기회로 미루게 되었다.

아마 그때 위촉받으셨어도 완성을 못 하셨겠지만, 필자가 생각했던 곡은 남북한의 평화를 위한 '한반도 평화 협주곡'으로, 바이올린과 첼로의 이중 협주곡이었다.

브람스의 더블 콘체르트를 염두에 두고, 바이올린은 남한 연주자가, 첼로는 북한 연주자가 연주하는 형식이면 좋겠다는 생각이었다.

3시간쯤 대화를 나눈 후 저녁을 댁에서 같이 하자는 권유를, 윤 선생이 피로해 보여서 사양하고, 대신 곧 서울에서 맛있는 음식을 대접하겠다고 하며 자리에서 일어났다. 윤 선생은 그 특유의 포옹식 인사를 하면서 곧 서울에서 만나자고 하셨다.

이때만 해도 이게 처음이자 마지막 만남인지는 몰랐다. 동그란 얼굴의 부인께서 문 밖까지 나와서 정중히 배웅을 해주셨다.

이후 한국 정부와 계속 진행 사항을 의논하면서 독일에 예음문화재단의 김용현 상무를 보내 실무적인 일을 추진하도록 했다.

그 동안 윤선생은 한국의 남도창을 서양 음악에 접목 시켜보려는 의욕으로 〈월간객석〉에 좋은 글을 기고 해주시면서 귀국 후의 음악 활동에 대한 구상을 하고 있었다. 연구에 참고 하시라고 안숙선 명창의 CD도 몇 장 보내드렸다.

드디어 1994년 9월에 한국에서 윤이상 음악 축제를 열고, 이에 맞추어 귀국하기로 최종 일정이 잡혔다. 공항에 도착하면 당시 경원대학 부속병원 앰브란스차로 고향 통영을 방문하고, 다음 날 청와대로 가서 김영삼 대통령을 만나는 일정까지 확정 되었다.

윤 선생을 직접 모시러 음악 축제 며칠 전에 예음의 김용현 상무가 베를린으로 떠났다.

건강이 좀 걱정은 되지만 이제 비행기만 타고 오시면 된다. 귀국을 앞 둔 하루 전 독일에서 김 상무로부터 전화가 왔다. 갑자기 돌발사태가 발생하여 윤선생의 귀국이 어렵다는 것이다.

어떤 돌발사태인지 전화로 말을 하기는 곤란하다고 하였다.

후에 알려지기로 이 초청이 무산된 것은 한국 정부가 윤 선생에게 그간 행적에 대한 지나친 사과를 요구했고 이를 윤 선생이 거절했기 때문이라는 말이 있었다.

사실 당시 김영삼 정부가 출범 초기보다는 대북 강경 기조로 돌아서고 있었던 것은 사실이다. 그러나 당시 정부가 요구한 사과 내용은 윤 선생의 체면을 살릴 정도의 문구로 충분히 합의가 되어있었다.

윤 선생이 일본에서 정치 활동에 손을 떼겠다고 발표했던 일도, 쌍방의 암묵적 합의 하에 진행 되었던 일이다. 무엇보다 윤 선생 자신이 건강이 별로 안 좋은 상태에서 만년을 고향에서 보내고 싶은 마음이 간절했었다.

예음의 김 상무가 독일에서 돌아왔다. 출국 하루 전 윤 선생을 만났더니 돌연 모든 일정을 취소한다고 하면서, 대단히 미안하다는 말을 최 사장에게 간곡히 전해 달라고 하셨다는 것이다.

사연인즉 어젯밤 북한사람 몇 명이 베를린에 와서 윤 선생을 만났는데, 그들이 하루 만에 윤선생의 마음을 어이없게 돌려 놓았다는 것이다.

당시 외국에 살고 있던 윤 선생의 가족에 대한 모종의 협박을 했고, 만약 귀국을 강행한다면 심지어는 내일 귀국 할 비행기에 폭탄 설치 계획이 있다는 말도 했다는 것이다. 김현희가 KAL기를 폭파한 사건이 아직 국민의 뇌리에 많이 남아있을 때였다.

이후 서울에서 여러 경로를 통해 다시 귀국을 간곡히 설득해 보았으나 결국 윤선생은 고향에 오는 것을 포기했다.

북한사람들의 협박이 어디까지 사실인지 정확히 알기는 어렵지만, 그동안 북한과의 관계가 여러모로 너무 깊었던 것이 아닌가 하는 아쉬움이 상당히 컸다.

반면에 윤이상 선생이 남과 북 사이에서 억울해했던 일도 있었으니 1990년, 본인도 모르는 사이에 '범민련의장'으로 지명되었던 사건이다.

당시 윤 선생은 북한에서 범민족 통일 음악회를 열심히 준비하고 있었고, 독일에 가서야 자신이 범민련 의장이 되어있었다는 사실을 알게 되었다.

너무 어이없는 사실에 분노했고 한술 더 떠서 당시 독일의 범민련 측에서는 윤 선생에게 조선노동당 입당을 강요하며 압력을 가하고 있었다.

결국 윤 선생이 나중에 김일성 주석을 직접 만나서, 범민련 의장직은 물론 노동당 입당을 강요하면 앞으로 김주석하고는 인연을 끊겠다고 선언했다. 주석께서 나를 아낀다면 내가 이런 정치적 일들에서 손을 떼고 순수 음악가로만 남게 해 달라고 요청했다.

윤 선생의 단호하고 설득력 있는 호소에 김주석이 지시하여 범민련에서 나올 수 있었고, 공산당에도 가입하지 않을 수 있었다.

그의 작품 중 비교적 잘 알려진 초기 가곡 5곡은 소프라노 윤인숙 선생의 녹음으로 (강충모 선생 반주) 1990년부터 제작이 시작되었다. 녹음 도중 윤이상 선생을 일본, 프랑스, 독일 등지에서 직접 만나, 곡에 대한 상세한 설명을 윤인숙 선생이 듣고, 세밀히 수정한 다음 1994년에 CD 음반으로 나오게 되었다.

윤이상 선생은 자신의 작품 발표에 대해 완벽주의를 고수하는 작곡가였다.

필자가 윤 선생의 음악에 대한 평가를 감히 언급하기 어렵지만, 독일 유학 이후 세계적 작곡가들을 사사하셨음에도 불구하고, 유럽 현대음악의 맥을 잇거나 일반적 인간의 희로애락을 직접적으로 표현한 작품은 거의 없다는 것이 대부분 음악인들의 생각이다.

그보다는 우주와 교감하는 느낌이랄까, 동양사상을 기반으로 도교적인 초월적 흐름이 작품 전체에 깔려 있는 듯하다는 것이다.

윤이상 선생은 스스로 이렇게 말했다. "비록 내가 '쇤베르크'나 '알반 베르크'의 음악을 공부했지만 그들의 12음계만 따라서 했었다면 지금의 작곡가 윤이상이 아니라 그저 그들의 수제자로 남았을 것이다."

작곡가 윤이상은 음악을 매개로 동양과 서양을 잇는 중개자로서, 동양 철학을 서양 음악에 녹여내어, 독자적인 음악 체계를 형성한 음악가이다. 그는 당시 현존하는 세계의 5대 작곡가 중 한 사람으로 평가받았다.

아래는 윤 선생님이 직접 밝힌 자신의 음악 세계에 대한 설명이다.

"나의 음악 세계를 간단히 규정하자면 이거지요.

무에서 출발해 결국 무로 돌아가는 과정에서 감지되거나 혹은 감지될 수 없는 어떤 세계를 포착하는 것이 예술이라고 보는 겁니다.

서양에서는 어떤 작곡가가 어떤 작품을 썼다고 하지만, 나는 음악은 이미 음악가가 존재하기 전부터 자연 속에 흐르고 있다고 생각합니다."

윤 선생은 루이제 린저와의 대화를 책으로 낸 적이 있는데 그 제목이 『상처 입은 용』이었다.

귀국이 좌절되자 이 책 제목이 다시 떠 올랐다.

그 후 세월이 흘러 정권이 몇 번 바뀌면서 한국에서 윤 선생에 대한 몇 가지 사업이 합법적으로 추진되고, 고향 통영에는 그의 기념관까지 정부에서 거액을 들여 설립했으니 격세지감이 있다.

윤 선생은 통영에서 어린 시절을 보내고 일본에서 공부하고 국내에서 교편을 잡고 작곡 활동을 하였다. 40이 다 된 나이에 더 공부하기 위해 조국을 떠났고, 북한에 한 번 다녀온 후, 독일에서 한국 정보부에 납치되어 수감생활을 하고, 다시 독일로 가 독일 시민이 되었다.

그 후 북한을 여러 번 방문 하였으나 한국은 한 번도 오지 못했다. 우리가 추진한 귀국이 마지막 기회였으나 그것이 무산된지 약 1년 후 선생은 베를린에서 파란만장한 일생을 마치게 된다.

그는 현재 북한과 독일에서 그리고 반대도 있지만, 한국에서 세계적인 음악가로서 그의 업적을 기리는 음악제가 열리고 있다.

세 국가에서 동시에 기념하며 추모를 하는 음악가는 윤이상 선생이 유일하지 싶다.

펜은 칼보다 강하다는 말이 있다.

예술은 아니, 음악은 펜이나 이데올로기보다 강한 것인가….

고국에 돌아와 묻히고 싶었으나 그 꿈이 좌절된 '상처 입은 용, 윤이상 선생'.

그의 귀국을 한때 추진했던 사람으로 안타깝고 애석한 마음을 지금도 금할 수 없다.

인터넷 세상이 된 요즘 '민족주의자'라는 말의 해석도 많이 변했는데, 당시 윤 선생의 민족에 대한 개념은 다음과 같았다.

'정치 이데올로기는 길게 보면 활엽수처럼 계절에 따라 무성하고, 착색되고, 낙엽이 지는 것이지만, 민족은 창공처럼 엄숙하고 영원한 것이다.'

윤이상 선생이 들어보라고 하신 fluet곡 〈가락〉을 다시 한번 들어 봐야겠다.

후기) 윤이상선생의 유해가 2018년 2월25일 부인의 손으로 고향 통영으로 돌아왔다. 같은 날 통영시에서 반대집회도 있었다.

빌리 브란트,
설악산에서 정치에 대하여

독일의 '빌리 브란트' 하면 떠 오르는 두 가지가 있다.

첫 번째는 동독을 비롯한 공산국가를 향한 '동방정책'으로서 독일 통일의 기초가 된 그의 외교 노선이다. 브란트는 1969년 총리 취임 연설에서 "독일에는 두 개의 국가가 존재한다. 독일 민족은 협력해야 한다."라고 선언했다. 동독을 정상적인 국가로 인정한다는 뜻으로 '동방정책'의 출발점이 됐다.

브란트는 '독일에는 두 개의 국가가 존재하지만 두 국가는 서로 다른 나라가 아니고, 그 관계는 특수한 것'이라고 정의했다. '서독이 독일을 대표한다'는 과거 아데나워 정부의 서방 정책을 뒤집는 것이었다. 화해와 공존으로 통일 정책의 가닥을 잡은 브란트는 이후 거침없이 동방정책을 실행했다.

두 번째는 사진의 형태로 기억되는데, 브란트가 1970년 12월

7일 폴란드를 방문하여 서독의 총리로서 무릎을 꿇은 흑백사진이다.

찬비가 내리는 날, 폴란드 수도 바르샤바의 유대인 기념비를 찾은 그는, 헌화한 뒤 한 걸음 물러난 후 돌연 차디찬 시멘트 바닥에 무릎을 꿇었다. 그리고 약 30초간 양손을 맞잡고 머리를 숙였다. 바로 '세기의 사죄'라는 유대인 기념비 참회였다.

당시 언론들은 "무릎을 꿇은 것은 한 사람이었으나 일어선 것은 독일 전체였다"고 높이 평가했다. 전범 독일 총리의 진심 어린 사죄였고, 이 사죄는 전 세계를 사진으로 감동시켰다.

이듬해인 1971년 10월 그는 노벨 평화상을 받았다. 의심 어린 눈초리로 서독을 바라보던 유럽이 브란트의 사죄 이후 움직이기 시작했다. 미국 소련 영국 프랑스 등 제2차 세계대전 전승 4개국이 '동 · 서독 현안은 독일 내부 문제'라는 내용의 베를린 협정을 1972년 체결한 것이다. 돌발적으로 보이는 사과와 화해의 제스처는 동구 유럽의 여러 나라에도 신뢰를 주었고, 그는 총리를 그만둔 후에도 유럽 정치의 리더로서 계속 활약했다.

빌리 브란트를 시사저널에서 초청했다. 당시 주필이었던 박권상 선생이 독일 유수 언론인 '디 차이퉁'의 정치부장이었던 '버트람'을 통하여, 브란트 초청 가능성을 타진하였다.

처음에는 '한국의 큰 신문사가 불러도 안 갔는데 가겠느냐'라며 회의적으로 반응했다. 하지만 그는 얼마 뒤 '브란트 총리가 한국의 민주화 과정에 관심이 많다'며 상당히 희망적인 말을 전해 왔다.

박주필이 5월 초 서베를린에서 열린 IPI(국제의원총회)에 가서 기조 연설을 한 브란트를 직접 만나, 어려운 초청을 성사시켰다. 시사저널 창간호가 나오기 며칠 전 브란트가 한국에 왔다. 일종의 국빈이었다. 1주일 동안 머무르며 청와대와 판문점, 설악산을 방문했다.

당시 노태우 대통령은 북방 정책과 남북 문제 등을 주제로 청와대에서 브란트와 1시간 넘게 환담했다. 서베를린 시장과 서독의 총리를 지낸 그는 동서 화합, 대화와 소통 등의 상징이었다. YS와 DJ, JP 등이 브란트와 따로 만나고 싶다며 필자를 찾았다.

그는 누구와도 개인적 만남을 원치 않았고, 우리는 정치인들을 동시에 초청하는 만찬을 플라자 호텔에서 열었다.

예상대로 만찬은 대성황이었고, 3김씨를 비롯하여 얼굴을 알 만한 정치인들이 대거 참석하였다. 브란트와 사진을 찍으려고 줄을 서는 상황이 발생했고, 대충 교통정리만 30분이 넘게 걸렸다.

YS는 브란트 바로 옆에 은은한 미소를 지며 계속 서 있었고, DJ는 동방정책에 대해 간단한 대화를 했고, JP는 오래전 베를린에서 그를 만났다며 반갑다고 너털웃음을 웃었다.

브란트 수상은 장거리 여행에 좀 피곤한 모습이었고, 만찬 내내 담배를 많이 피웠다. 체구는 크지만 배가 좀 나온 편이고 얼굴에 표정 변화가 별로 없었다.

다음 날은 강영훈 총리의 오찬이 롯데 '메트로폴리탄'에서 있었고, 오후에는 '동방정책과 한국의 남북문제'라는 주제로 세미나를 개최하였다.

브란트가 '독일과 한국의 통일 전망'에 대한 발표를 간단히 했다. 그는 당시 독일이 곧 통일 된다고는 전혀 생각하지 않았다.

여건이 많이 성숙했으나 앞으로 10년 정도는 걸릴 것이라고 했는데, 그가 한국을 떠난 후 2주 만에 베를린 장벽이 무너졌다.

역사는 이렇게 평생 독일 통일의 기초를 놓은 사람에게도 전혀 예측할 수 없게 흘러간다. 당시 베를린 장벽이 무너지도록 동독과 소련이 방치한 것은, 고르바초프의 지시가 잘 못 전달 된 실수였다는 설이 있었으나 여하튼 10년이 2주로 앞당겨진 것이다.

한국의 통일에 대해서는 앞으로 오래 걸릴 것이니 서두르지 말고, 가능한 일부터 하나씩 해나가야 한다는 것이 그의 조언이었다. 그의 발언 후 기자들의 간단한 질문이 있었고, 77세 노정치인의 건강을 위해 세미나를 끝내고 쉬시도록 했다.

다음 날은 판문점을 다녀온 후 오후에 설악산으로 향했다. 날씨가 좋아서 헬리콥터를 타고 설악 파크호텔에 도착하니 브란트의 얼굴에 화색이 돌았다. 서울에서 정치인들과의 공식 만찬과 세미나에서 해방된 것이다. 마침 설악의 단풍이 한창이었고, 청명한 한국의 가을 하늘에 브란트가 매료되었다.

당시 시사저널 창간호가 막 인쇄되고 있었기 때문에 박주필 대신 내가 설악에 동행했다. 나도 온 정신은 창간호에 쏠려 있었지만, 국빈 대우를 해주는 입장에서 다른 사람을 시킬 수는 없었다.

저녁을 한식으로 대접한 후 커피를 마시면서 질문을 했다.

"총리님, 어제 세미나에서 한국의 통일에 대해 언제쯤 될 것 같다는 구체적인 시간은 말씀 안하셨습니다. 독일이 적어도 10년은 걸릴 거라고 하셨으니 한국은 아무래도 더 걸리겠지요? "

'알고 보니 이 젊은 발행인도 기자였군' 하는 얼굴로 나를 물끄러미 바라본 후 입을 열었다.

"내가 남북한 문제에 대해 자세히는 모르지만 적어도 20년은 걸릴 것이고, 어쩌면 30년 정도로 생각하는 것이 좋을 것이요."

"한국이 통일될 때 제가 또 총리님을 초청 할 테니 그 때까지 건강하시기 바랍니다."

덕담을 건네자 그가 미소를 지었고 좀 더 구체적인 질문을 했다.

"한국의 정치인 중 총리님과 교류가 있는 분이 있으신가요?"

그가 담배를 한 대 피워 물고 대답했다.

"오래전 내가 서베를린 시장을 할 때 박정희 대통령을 만난 적이 있어요. 김대중씨는 사회주의 민주화 연맹을 통하여 알고 지내는 사이지요."

브란트가 DJ의 노벨상 추천에 서명했다는 사실을 당시에는 몰랐었다.

"총리님은 키징거 기독 민주당과의 연정 내각에서 외교 장관으로 있을 때부터 동방정책을 세우셨고, 총리 취임 후 더욱 확고히 추진하셨는데 힘든 점도 많으셨지요?"

"다른 당이나 외부의 비판 보다는 내부가 흔들리는 것을 조심했어요. 어떤 문제에 대해 서로 의견이 많이 다를 때에도 나는 우리 당의 인간적 결속을 중시했지요."

나는 고개를 끄덕인 후 계속 질문했다.

"총리님은 60년을 정치인으로 사셨는데 이 땅의 정치 지망생들에게 한 말씀 해 주세요."

잠시 생각하는 듯 하더니 그의 좌우명이라 할 만한 말을 했다.

"정치는 서로 다름을 인정하는 것으로부터 시작하는 것이지요."

몇 가지 개인적 질문을 더 한 후 설악파크호텔 지하에 있는 나이트 클럽에 가시겠냐고 물었더니, 대답과 함께 자리에서 벌떡 일어났다. 나이트 클럽은 시끄러운 노래가 고막을 자극했고 조명이 현란했지만, 브란트는 따로 준비된 방에서 양주를 꽤 많이 마신 후 무대에 나와 흥겹게 춤도 추었다.

방으로 돌아와서는 무대에서 춤을 추는 한국 여성들이 아름답다고 관심을 보였다. 동방정책에서 여성 정책으로 방향이 바뀌는 저녁이었다.

다음 날 아침 나는 막 인쇄 된 시사저널 창간호를 브란트 총리와 한 장 한 장씩 같이 넘겼다.

빌리 브란트는 1913년 사생아의 사생아로 태어났으며 17살에 사민당에 입당, 일찍이 정치의 길로 들어섰다. 1933년 나치가 권력을 장악하자 그는 노르웨이로 망명하여 나치 독일과 투쟁했으나, 독일군에게 붙잡혀 포로가 된 후 극적으로 탈출했다.

브란트는 노르웨이가 나치의 점령하에 들어가자 스웨덴으로 이주했고, 독일 국적을 박탈당한 후 노르웨이 국적을 취득해서 군인으로 계속 싸웠다. 이러한 젊은 시절의 어려움에도 불구하고 브란트는 정치가로서 성공했다.

그는 1992년 사망할 때까지 31년간 서독 연방의회 의원이었고, 1957년부터 9년간 서베를린 시장, 1966년부터 3년간 외무부장관, 1969년부터 5년간 서독 총리를 역임했다.

브란트는 1971년 노벨상 수상 연설에서 "전쟁이 결코 정치의 수단이 돼서는 안 된다"라며 평화에 관한 확고한 믿음을 재천명했다. 하지만 그의 동방정책은 대내외적으로 심한 반발에 부딪쳤고, 많은 사민당 의원들이 급진적인 동방정책에 반대해 기독교연합으로 가담했다.

그럼에도 불구하고 브란트는 72년 총선에서 사민당에 압도적

승리를 안겨주며 2차 임기에 들어갔으나, 74년 측근의 간첩 스캔들로 돌연 총리직을 사임했다.

1990년 독일 통일을 실행에 옮긴 콜 총리는 브란트의 동방정책에 가장 큰 공을 돌렸고, 이 후 그는 독일 통일의 아버지로 평가받는다.

그러나 '빌리 브란트'라는 인물에 대한 평가는 간단치 않다.

정치인으로서는 친화력이 있었지만, 인간 브란트는 약점이 많고 냉정한 인물이었다. 그는 누구에게도 쉽게 마음을 열지 않았고 지나친 술 담배와 우울증, 여성 문제 등이 계속 따라 다녔다.

그러나 정치인 브란트는 현실적 실용주의를 바탕으로 분단된 독일의 화해 정치를 구현하였고, 소통과 설득의 진정성을 통해 유럽의 정치 문화를 한 단계 끌어올렸다. 정치인을 정치꾼과 정치가로 구별할 수 있는 명확한 장면이다.

작금의 우리 정치인들 대부분은 흑백논리의 편가르기, 내로남불의 안면몰수로 일관하고 있다. 대한민국의 빈부 격차는 더욱 심해지고 서민 경제는 점점 더 어려워지고 있다. 사회적으로 지금 이 나라는 분열로 치닫고 있으며, 미래를 이끌 정치 지도자가 보이지 않는 불안과 혼돈의 시대가 계속 되고 있다.

공영 방송이 정권에 따라 계속 대변인 노릇을 하니, 그 반작용으로 우후죽순처럼 개인 방송들이 생겨났다.

일부 순기능은 있지만, 편파적이고 자극적인 가짜 뉴스가 범람하고, 증오와 저주를 취재원으로 삼는, 불량 방송이 판을 치는 어이없는 시대가 되었다.

2019년은 브란트가 설악산에서 '한국 통일이 30년쯤 후에는 되지 않겠느냐'는 바로 그 해이다.

베를린 장벽이 갑자기 무너지듯이 휴전선이 어느 날 뻥 뚫릴 것 같지는 않다.

대포나 기관총의 위협은 줄어들었는지 몰라도, 국제정세는 더욱 복잡해졌고 핵무기의 위협은 상존하고 있다.

그러나 휴전선의 지뢰 하나가 제거되는 것도 작은 발자국이니 만큼, 우리는 인내를 가지고 기다려야 한다.

앞으로 설령 또 30년이 걸릴지라도 올바른 방향으로, 평화적으로 우리 민족이 통일되어야 하지 않겠는가.

빌리 브란트가 고개를 끄덕일 것이다.

이우근,
사랑은 나와 다름을 사랑하는 것

이우근 변호사, 그는 30여 년간을 판사로서 수많은 재판을 했고, 오케스트라를 지휘한 음악가이고, 중앙일보 극동방송 등 여러 매체에 글을 쓰는 칼럼니스트다. 또 신학 대학원을 나온 명예 신학박사로서 가히 이 시대의 르네상스적 인물이라 할 수 있다.

지금도 변호사로서 왕성한 활동을 하는 그를 역삼동에 있는 사무실로 찾아갔다.

오전부터 겨울비가 부슬부슬 내리는 날씨였으나 길은 별로 막히지 않았다. 약속 시간보다 조금 일찍 도착한 필자를 반가이 맞아 준 그는 푸근한 느낌이 들면서도, 활화산 같은 힘을 간직한 변호사의 모습이었다. 길지 않은 만남이었지만, 인터뷰를 끝내고 나니 그의 내면에 뜨거운 불뿐만 아니라, 세상을 비추는 환한 빛도 보였다.

이우근 변호사와 만나면 누구나, 주위를 즐겁게 만드는 그의 경쾌한 유머 감각에 매료된다.

최 안녕하세요. 이우근 변호사님, 오늘 이렇게 나와 주셔서 감사합니다. 먼저 판사의 판결에 관한 질문을 좀 드리겠습니다. 변호사님은 중앙지방법원장을 하시는 등 30여 년간 판사로서 수많은 재판을 하셨습니다. 재판 건수는 엄청 많고 기록은 방대한데, 판사의 판결에 가장 중요한 요소는 무엇일까요?

이 재판의 판결은 어떤 결론을 내는 것이 구체적으로 타당하냐를 생각함과 동시에 그것이 법적 안정성을 저해하지 않아야 한다고 합니다. 즉, 법적 안정성과 구체적 타당성이 조화돼야 한다는 건데, 다소 추상적인 이야기입니다. 제 생각에는 무엇보다 사실관계를 얼마나 실체에 가깝게 파악하느냐가 가장 중요합니다. 그러나 기록에 나타난, 법정에서 볼 수 있는 사실관계는 그 실체의 반도 안 되는 경우가 많습니다. 특히 변호사를 해 보니까 그런 경우를 많이 알 수 있었어요. 결국, 법원은 어찌 보면 실체에서 좀 떨어진 사실을 가지고 판결하는 경우가 많습니다. 그래서 기록도 세심히 봐야 하고 당사자들의 주장에 귀를 잘 기울여야 합니다. 영어로 재판 심리(審理)를 hearing이라고 하는 이유가 있습니다.

최 변호사 생활을 10여 년 하셨는데 만약 지금 다시 판사가 되어 재판을 한다면, 어떤 점을 더 잘 보실 수 있을까요?

이 당사자들의 법정 구술 진술을 더 충실히 듣겠습니다. 워낙 재판

이 많고 검토할 기록이 많으니까 사실 판사들이 법정에서 피고인들의 말을 잘 듣지 못합니다. 저도 마찬가지였습니다.

최 재판 건수가 일 년에 보통 300건이 넘지요?

이 네, 더 많다고 봐야지요. 훨씬 많습니다. 이제 다시 판사가 되어 재판한다면 피고인에게 '이 재판에서 꼭 하고 싶은 말을 한마디 하십시오'라고 하고 그 말을 경청하겠습니다. 특히 변호사를 해 보니까 절실히 그런 생각이 듭니다.

최 변호사님은 오케스트라를 지휘하실 정도로 음악에 조예가 깊습니다. 서울 내셔널 오케스트라를 지휘하면서, 베토벤의 〈피아노 협주곡 황제〉 브루흐의 〈콜 니드라이〉 등 많은 곡을 지휘하셨지요. 음악에서 지휘자는 어떤 사람인가요?

이 오케스트라에서 소리를 내지 않는 유일한 사람이 지휘자입니다. 수많은 악기의 소리를 들어야 하는데, 결국은 하모니라고 생각합니다. 서로 다른 선율들을 어떻게 조화롭게 만드느냐 하는 것이 지휘자의 사명이지요. 그래서 저는 단원들에게 다른 파트의 소리를 잘 들으면서 자기 파트를 연주해 달라는 말을 자주 합니다.

최 변호사님은 사법연수원 수석교수 시절에 〈사법연수원가〉를 작곡하셨습니다. 제가 들어보니까 힘차고 멜로디가 수려한 느낌을 받았습니다. 어떤 과정으로 이런 곡을 작곡하셨나요?

이 당시 연수원장님께서 저에게, 사법연수원도 대학원 과정인데 교가가 있으면 좋겠다고 하셔서, 가사와 곡을 공모했었습니다. 충분히 알려지지 못했는지 응모 곡이 별로 없어서, 당시 시를 쓰시던 교수 한 분이 작사를 하시고 제가 곡을 만들었고, 응모 상금은 받지 않았습니다. 저로서는 큰 영광이었지요.

최 언제 작곡하셨고 작사를 하신 분은 누구셨나요?

이 2000년에 있었던 일이고 시를 쓰신 분은 김용호 변호사님입니다.

최 변호사님은 중앙일보, 극동방송 등 여러 매체에서 칼럼이나 수필을 오랫동안 쓰셨습니다. 고등학교 때부터 문예반에서 교지를 만들며 시와 소설을 쓰셨지요. 변호사님에게 글쓰기란 무엇인가요?

이 어떻게 보면 주제넘은 일이라고 볼 수 있는데, 사르트르가 이런 말을 했습니다. "글쓰기는 자신의 시선으로 타인을 지배하려는 욕구다." 또 후설의 현상학을 빌려서 "의식이 차단되어 지향이 없어지면 의식은 무로 돌아가고 그것이 존재다. 거기서 선택한 자유가 글쓰기다."라는 말도 했지요. 깊은 사유이긴 하지만 저는 별로 공감하지 않습니다. 저에게 있어서 글쓰기는 거울 아닌가 생각합니다. 즉 타자를 지향하는 것이 아니라 나를 지향하는 반사경 같은 것, 결국 나를 반추하는 작업이라고 생각합니다.

최 변호사님은 신학 대학을 나오시고 어려서는 목회자가 꿈이었다고 들었습니다. 그동안 쓰신 저서의 제목들이 참 좋은데 다음과 같습니다. 불신앙 고백, 바보가 그리운 시대, 사랑은 왜 낮은 곳에 있는가, 톨레랑스가 필요한 기독교 등입니다. 이 중에 '톨레랑스가 필요한 기독교'라는 책은 어떤 책인가요?

이 말씀 중에 저는 학교 다니면서 사실 목회자가 되려는 생각은 없었습니다. 다만 신학은 꼭 하고 싶었습니다. 처음 대학 지원서를 낸 학과가 신학과였는데 당시에 담임선생님에게 야단맞고 학과를 바꿨습니다. 하하. 그리고 '톨레랑스가 필요한 기독교'는 출판사에서 지은 제목인데 제가 그냥 수락했습니다. 저는 '반추하는 신앙' 이렇게 할까 했는데 출판사 의견을 따랐습니다. '사랑은 왜 낮은 곳에 있는가' 는 어느 시인의 말을 빌린 겁니다만, 저서라기보다는 중앙일보에 연재한 칼럼을 책으로 묶은 거지요.

최 '사랑은 왜 낮은 곳에 있는가'는 중등 교과서에 실리기도 했지요?

이 중학교 3학년 국어 교과서에 실렸는데 저로선 아주 영광입니다. 또 언론인 클럽에서 상도 받았는데 책은 잘 안 팔리더군요. 하하.

최 변호사님은 2020.6~2020.8 두 달 동안 전광훈 목사님 후임으로 한기총 대표회장 직무대행을 하셨습니다. 어떻게 이 일을 하게 되셨고 어떤 경험을 하셨나요?

이 당시 전광훈 목사님이 한기총 대표회장 직무가 정지되었어요. 교단 내부의 문제로 법원에서 그런 결정을 내렸는데, 담당 재판부에서 저에게 부탁을 해서 맡게 되었습니다. 다행히 짧은 기간이었습니다. 석 달 남짓했었는데 어려운 일이었지요.

최 어떤 일을 하신 건가요?

이 당시 한기총 재정 상태가 나빠서 건물 임대료도 내기 힘든 상태였지요. 그런 문제 좀 정리하고, 전광훈 목사님이 한기총 대표회장 사표를 내서 저의 임무가 끝났습니다. 저도 곧 사표를 냈지요. 전 목사님이 하시는 일은 그분의 생각이니까 그대로 존중하지만, 과연 그 일이 한기총과 연관되는지는 의문이었지요.

최 마지막 질문입니다. 대선이 며칠 안 남았습니다. 이번 대선은 특히 결과를 예측하기 어렵고, 좌우 대립이 극으로 치닫고 있습니다. 전체적으로 어떻게 보시나요?

이 원내 제1당, 2당의 후보가 모두 법조인인데, 두 사람 다 형사 사건 피의자이지요. 물론 무죄 추정의 원칙으로, 혐의를 단정할 수는 없지만…. 법조인이면서 피의자…. 당착의 모습입니다. 저는 많은 국민이 선거를 포기하지 않을까 걱정입니다. 플라톤이 '투표를 포기하는 것은 변변치 않은 사람의 지배를 받겠다는 것이다'라는 말을 했습니다. 좋은 사람을 뽑기 전에 나쁜 사람이 뽑히면 안 된다는 의미 같습니다. 얼마 전 어느 후배가 투표를 포기하겠다고 해서 '투표장에 가서 백지를 내더라도 투표장에는 가라'라고 했는데, 이런 말을 하면서도 마음이 씁쓸합니다.

최 말씀을 듣다 보니 이제 한국 정치가 정치적 선악의 개념보다 서로 다름을 인정하는 개념으로 좀 변화하면 좋지 않을까요.

이 아주 필요한 말씀인데 결국 인문학적 소양의 문제라고 생각합니다. 틀림과 다름은 엄격하게 구별되어야 합니다. 하지만 우리는 일상 용어에서도 다름과 틀림을 잘 구별 못 하고 쓰고 있습니다. 다르다는 것은 사회가 그만큼 다양하다는 뜻입니다. 사랑한다는 게 뭘까요? 나와 다르기 때문에 사랑하는 거 아닙니까. 다름을 사랑하지 못하면 자기만 사랑하는 나르시시즘에 빠지게 됩니다. 다름을 인정하지 못하면 건전한 사회로 발전하기가 어렵습니다. 저는 정치적으로는 좌우가 다 있어야 한다고 생각합니다. 좌가 없으면 우도 없는 것이고, 우가 있어야 좌도 있는 것이지요. 다만, 어느 한쪽이 자신들을 보수라 이름하고, 어느 한쪽은 진보라 이름하는데 그것은 적절치 않습니다. 지금 우라고 하는 사람들이 보수의 품격 있는 가치를 지켰느냐, 의문이거든요. 지금 좌라고 하는 사람들이 진보적 행태를 했는지, 퇴보적 행태가 더 많았는지 의문이거든요. 결국, 상대방을 틀렸다고 주장하면 자기 눈이 틀린 것입니다.

다름이 풍성할수록 사회도 다양성이 충만하게 되겠지요. 그런 면에서 정치하는 분들도 기본적 인문학적 소양이 더욱 필요하다고 생각합니다.

최 이우근 변호사님, 오늘 귀한 말씀 고맙습니다.

더욱 건강하시기 바랍니다.

이 오늘 여기까지 와주셔서 감사합니다.

백건우,
쇼팽의 녹턴으로 우리를 위로하다

피아니스트 백건우 선생, 사람들은 그를 '건반 위의 구도자(求道者)'라고 말한다. 얼마 전 부인 윤정희 선생의 안타까운 알츠하이머 소식에 그의 팬들은 우울하다. 위로를 받는 대신, 오히려 쇼팽의 녹턴으로 담담히 우리를 위로해 주는 백건우, 그는 피아노를 치는 철학자다. 그가 우리에게 말한다.

"우리 모두 인생의 구도자입니다."

백건우의 쇼팽 녹턴 음악회가 12월 7일 예술의 전당에서 있었다. 녹턴 21곡 중 12곡을 인터미션도 없이 1시간 20분 넘게 들려주었다. 어느새 70이 넘은 백건우의 피아노는 여전히 청중의 몰입을 담보했다.

연륜에 따른 예술적 기품에 아직도 넘쳐나는 에너지가 놀라웠다. 며칠 후 서초동 식당에서 와인 한잔을 하며 담소를 나누었다.

최 그동안 살아온 피아니스트로서의 삶을 스스로 어떻게 생각하시나요?

백 처음 뉴욕에서 공부할 수 있었던 것이 행운이었고, 유럽에서 활동할 수 있었던 것도 그렇고, 이후에 이념의 장벽이 무너지면서 동구라파, 러시아, 중국에서 활동할 수 있었던 것도 참 시대를 잘 만난 것 같아요. 또 한국에서 많이 가르치지는 않았지만, 음악을 통해서, 음악을 함께 나눌 수 있어서 보람 있었지요. 사실 동양인으로서 서양에서 활동하기는 참 힘든 시대였는데 고비를 잘 넘기고, 전체적으로 저는 만족하는 편입니다.

최 피아노 연주를 본격적으로 하신 지가 얼마나 되었나요?

백 네, 뉴욕에 간 것이 60년이 되지요.

최 너무 스트레스가 많고 힘들어서 피아노를 그만치고 싶은 생각은 없었나요?

백 있지요. 있지요. 외국에서 혼자 싸우다 보니까 너무 힘들어서,

이제 그만할까 하는 생각을 할 때도 있었지요. 그런데 참, 음악이, 음악이 나를 안 놨든지, 내가 음악을 안 놨든지…. 둘이서 헤어질 수가 없었어요. 하하, 사랑이라는 게 그런 건가 봐요. 헤어지려고 해도 헤어질 수가 없는 거.

최 평상시 건강관리는 어떻게 하시나요?

백 네, 저는 산책을 참 좋아해요. 기회만 되면 산책을 합니다. 건강에 도움이 되고, 생각하는데 도움이 되지요.

최 지난 7일 쇼팽 〈녹턴〉, 늘 그렇듯이 피아노 소리에 푹 빠지는 연주였습니다. 제 오른쪽에 앉은 어떤 중년 여성은 〈녹턴 20번〉 시작부터 훌쩍거리더니 끝까지 멈추지 않았어요. 〈녹턴〉 21곡 중 12곡의 연주 순서를 배열한 기준은 있었나요?

백 프랑스 페스티벌에서 녹턴 21곡을 다 해 보자는 제의가 있었어요. 근데 제가 보기에는 그건 좀 무리인 거 같고, 11일 녹턴 6곡을 또 하니까 우선 겹치지 않게 했고요. 녹턴이 비슷하면서도 또 다른 모습들이 있으니까, 항상 음악의 흐름을 생각하면서 튀지 않게, 그러면서 각 곡들이 서로 도움이 될 수 있는 배열을 한 거지요. 이것이 잘못되면 그 곡의 진미를 알 수 없으니까요.

최 네, 12곡의 배열이 절묘한 것 같습니다. 화려한 곡 다음에 담백한 곡이 나오고, 듣는 사람의 귀를 배려한 거지요.

백 그리고 13번 같은 곡은 워낙 드라마틱하니까 중간에 들어가기는 어렵지요. 그거 치고 나면 더 이상 칠게 없어요.

최 그래서 7일 연주회 때 앙코르를 안 하신 건가요?

백 그렇기도 하고요, 저는 앙코르를 별로 안 좋아해요.

최 그러시군요. 사실 청중들은 한 곡이라도 더 듣고 싶어 하지만, 연주자로서는 참 힘든 일이지요.

백 아니 뭐 힘든 거보다도, 앙코르라는 건 그냥 덤으로, 사람들이 좋아하는 거, 물론 그렇지 않은 경우도 있지만, 대부분 효과적이고 잘 알려진 곡으로 하잖아요. 저는 그렇게 하는 것이 별로 마음에 안 들어요. 먼저 그 프로그램 자체가 훌륭해야 하고, 그걸로 음악회에 메시지가 전달되고, 그 메시지를 가지고 사람들이 홀을 나가게 되길 원해요. 앙코르를 하면 뭔가 섞는 거 같고 그래요.

최 아, 무슨 말씀인지 알겠습니다. 7일 연주에서 쇼팽 20번 끝내고 인터미션은 아니고, 잠깐 무대 밖으로 나갔다 오셨는데, 한 1~2분 되었을까요? 왜 그러셨나요?

백 그건 음악을 감상할 수 있는 시간이, 그러니까 너무 계속 듣는 것보다 잠깐이라도 휴식을 하고 들으면 집중력에 도움이 돼요.

최 그러시군요. 청중들을 배려하는 시간이었군요. 혹시 목이 말라서 물을 마시러 들어가셨나 했어요. 하하.

백 네, 그렇게 생각할 수도 있지요. 이렇게 휴식하는 연주자가 없으니까요. 여하튼 1분 정도밖에 안되었지만, 이 시간이 듣는 분들에게는 좋은 휴식이 되었을 거예요. 80분 넘게 음악을 계속 듣는 거보다 집중력에 도움이 되지요.

최 쇼팽 녹턴 20번은 영화 '피아니스트'에서 시작할 때와 끝날 때 두 번 나오는 음악이지요. 그리고 11일 연주회 마지막 곡이 쇼팽

발라드 1번인데 이 곡도 달빛이 고요한 장면에서 독일 장교 앞에서 주인공이 치는 음악입니다.

백 네, 그렇지요.

최 영화 이야기를 하니까 윤정희 선생의 안부가 더욱 궁금합니다. 이 영화도 같이 보셨겠지요?

백 네, 그럼요….

최 참 마음이 아프고 안타깝네요. 지금은 좀 어떠신가요?

백 그래도 아직 건강한 편이에요. 알츠하이머는 아무도 어떻게 할 수가 없는 병이지요. 누구의 잘못도 아니고요.

최 산책은 좀 같이 하시나요?

백 오른쪽 무릎이 안 좋아서 잘 못 하고 있어요. 수술을 몇 번 하려 했는데 아직 못 했어요.

최 3~4년 전 뵐 때만 해도 별 이상을 못 느꼈는데 그 전부터 증세가 있었나 봐요.

백 네, 처음에는 본인도 가족도 믿기가 힘들었지요. 이 병은 시간이 지날수록 발병 속도가 빨라지는 것 같아요.

최 간혹 가족들을 잘 몰라볼 정도라고 들었는데 남편은 알아보시죠?

백 네, 그런데 … 어떤 때는 저를 바라보는 눈빛이 좀 불안해요.

최 내년 10월에 슈만 곡들을 한국에서 연주하시더군요. 그의 곡 중에서 〈트로이메라이〉, 저는 이 곡이 참 좋은데, 이상하게 제가 태어나기 전부터 들었던 곡 같아요. 슈만이 1838년에 이 곡을 만들었으니까 제 DNA 어딘지에 오래전 각인되어 있는지도 모르지요. 그동안 수많은 연주자의 트로이메라이를 들었습니다. 좀 어려운 질문이지만 이 곡, 트로이메라이는 어떻게 연주해야 하는 곡인가요?

백 음, 슈만에는 동심 같은 게 있어요. 슈만 자신이 그런 어린이 같은 순수함이 있었겠지요.

최 네, 트로이메라이가 원래 슈만의 피아노 모음곡 '어린이 정경' 중 한 곡이지요. 독일어 트라움(꿈)에서 나왔으니까 아마 '꿈을 꾸다' 정도가 되겠지요.

백 네, 슈만의 세계는 굉장히 변화가 심하고, 본인이 겪은 고통스러운 악몽의 세계와 천국의 아이들 같은, 그런 세계를 왔다 갔다 했기 때문에, 트로이메라이는 정말로 순순한 평온한, 그러한 마음을 그릴 수 있어야겠지요. 저도 그 곡을 치기가 어려워요.

최 그러시군요. 슈만은 브람스라는 후배 음악가를 세상에 널리 알리는 데 큰 공헌을 했지요. 슈만이 브람스의 클라라(슈만의 부인)에 대한 특별한 감정을 알고 있었을까요?

백 네, 아마 알았겠지요. 그런데 그것이 어쩌면 브람스가 자신의 어머니에 대한 감정과 비슷한 면도 있었을 거예요. 나이 차이도 크게 나고, 클라라가 원래 나이에 비해 굉장히 성숙했다고 해요.

최 클라라는 당시 대단한 피아니스트였고 작곡도 많이 했지요. 혹시 클라라의 곡을 하나 정도, 같이 칠 생각은 없으신가요?

백 그렇게 되면 좀 다른 프로그램이 되겠지요. 재미있는 아이디어인데… 따로 구상을 해야겠지요. 사실 클라라, 슈만, 브람스의 음악을 함께하면 재미있을 것 같네요. 삼각관계, 하하.

최 피아니스트로서 그동안 수많은 곡을 연주하셨는데 현재 가장 마음에 와닿는 작곡가는 누구인가요?

백 쇼팽, 아마 그래서 이번에 야상곡을 하는 거 같아요. 쇼팽중에서도 특별히 야상곡이 어려웠어요.

최 어려워요?

백 네, 어렵지요. 왜냐면 그 곡들이 참 예쁘고, 젊었을 때 많이 치잖아요. 근데 알면 알수록 참 깊이 있는 곡들이라 뭔가 불편했었어요.

최 불편해요?

백 네, 그거는 뭔가 곡을 완전히 소화를 못 시켰기 때문에 불편했겠지요.

최 독일 그라모폰에서 녹음까지 하셨는데 아직도 불편한가요?

백 지금은 친구가 된 느낌이지요. 그동안 노력을 많이 했지요. 사실 노력을 해도 어느 시기가 되지 않으면 그 곡들이 이해가 안 되지요. 그런데 지금은 쇼팽도 그렇고, 그 곡들을 좀 이해할 거 같아요.

최 슈만은 지금 불편한 게 없나요?

백 있지요. 항상 있지요. 슈만은 아마 나중에도 불편할 거예요. 왜냐하면 슈만 본인이 자기 자신과 불편했거든요. 스스로 컨트롤이 잘 안되고 변화가 심하고… 너무나도 따뜻한 사람이었나 봐요.

그러니까 자기 스스로 정신병원에 들어갔잖아요. 브람스는 병원에 오게 했지만 클라라는 못 오게 했지요. 그래서 클라라가 한동안 남편을 못 만나다가 슈만이 세상 떠나기 얼마 전에 병원에 찾아왔지요. 그때 슈만이 클라라를 너무나도 따스하게 쳐다봤다는 기록이 있어요. 그리고 슈만이 정신병원에 들어간 이유가 자기가 사랑하는 아내와 자식들에게 무슨 해를 입힐까 봐… 자기가 혹시라도… 그래서 짐 싸 가지고 정신병원에 간 거지요.

최 이번 윤정희 선생님의 건강 문제가, 피아노를 처음 치기 시작한 이후, 백 선생님의 인생에서 가장 큰 변화가 아닐까요? 어쩔 수 없고, 안타까운 일이지만 이런 어려움을 어떻게 극복, 혹은 적응을 하면서 본인에게도 어떤 변화나 새로운 계획 같은 것이 있나요?

백 저한테도 큰 변화가 올 거 같아요. 그동안 못 한 것들, 젊은 연주자들과 체임버 뮤직도 더 자주 하고, 젊은 피아니스트들을 좀 도울 수 있는 기회도 만들고 싶어요. 또 리코딩도 꾸준히 하면서 나름대로 제 음악 세계를 계속 키워 나가야겠지요. 이런 일을 계속하면서, 좀 더 다른 사람들과 소통할 수 있는 음악회를 하고 싶어요.

최 네, 그런 소통의 음악회가 앞으로 많이 열리기를 기대하겠습니다. 마지막으로 한국의 팬들에게 한 말씀 해 주시지요.

백 뭐, 특별히 할 말이 있나요.

사실 몇십 년 동안 가족같이 지냈는데 앞으로도 사랑해 달라는 말밖에 없지요.

최 감사합니다. 건강하시고 내년에 또 뵙겠습니다.

백 네, 감사합니다.

송상현,
평생 교수로서 권세를 멀리하다

교수들의 정치 참여가 당연시되고, 진영 논리가 난무하는 시대에 송상현 박사의 지나온 삶은 독보적이다. 아시아 지역 출신으로 ICC(국제형사재판소) 소장에 당선된 것은 하나의 역사적 사건이었다. 이후 뛰어난 업무 능력으로, 방대한 조직의 재판소를 활성화하는 탁월한 지도력을 6년간 발휘했다.

송상현 박사는 독립운동가 고하 송진우 선생의 손자이고 남재 김상협 고려대 총장의 사위다.

고매한 선비의 체취가 물씬 풍기는 그는, 조선 시대의 한 문파를 이끈 사상가의 모습이다. 이야기를 풀어 가다 보니 적극적 활동가의 면모도 강했다.

최 송 소장님, 오랜만에 뵙습니다. 국제형사재판소장을 오랜 기간

하셨으니 소장님으로 호칭하겠습니다. 건강은 어떠신지요?

송 제가 몇 년 전에 몹시 아팠어요. ICC 일로 아프리카 여러 곳을 다녀온 후, 알 수 없는 바이러스에 걸려서 혼이 났는데 지금은 완전히 회복했습니다.

최 먼저 ICC(국제형사재판소)에 대해 말씀 좀 해 주시지요. 한국에서는 인지도가 높지는 않습니다. 어떤 기관인가요?

송 인류는 세계의 평화와 안전을 위해 오랫동안 지혜를 모아 왔는데 ICC의 설립도 맥을 같이 합니다. 그동안 유엔이 국제사법재판소와 안보리의 집단안전보장이라는 두 가지 수단을 가지고 세계평화를 잘 유지해 왔지만, 유엔 시스템에서는 늘 한 가지 부족한 점이 있었어요. 바로 전쟁, 침략, 집단학살 및 반인도적 범죄를 저지른 독재자 수괴를 잡아서 응분의 처벌을 못 한 것이지요. 이러한 간극을 메꾸기 위하여 국제형사재판소가 창설되었습니다. ICC는 어떤 권력자라도 무고한 민간인을 살상하는 등 만행을 저질렀다면, 그 책임을 물어 국제 법정에서 처벌할 수 있는 국제형사재판소입니다. 국제형사재판소의 존재가 억지 효과를 주어 다시는 천인공노할 만행이 일어나지 않도록 세계 평화 유지를 위해 설립되었지요. 대량 학살이 발생할 때마다 임시로 재판소를 설치하면, 경비와 시간이 엄청나게 들 뿐만 아니라 일시적 효과뿐이니까요. 영구적인 국제형사재판소를 설치함으로써 전쟁 책임자들을 신속하게 처벌하자는 것입니다. 이에 따라 1998년 국제적 기본조약이 이루어져, 4년 만에 60개국의 비준으로 2002년 7월 1일 국제형사재판소가 문을 연 것입니다. ICC는 유엔과는 전혀 별도의 국제기구로서 앞으로 두 기구가 협력하여 세계평화에 훨씬 더 기여할 것으로 봅니다.

최 북한 지도층들의 만행도 처벌할 수 있나요?

송 북한은 ICC 회원국이 아니어서 김정은을 제소하려면 유엔 안전보장이사회의 회부결의가 필요한데 중국이 거부권을 행사하여 반대하겠지요. 국제 사회에서는 북한의 인권이나 독재 문제는 아직 크게 부각하지는 않고 있습니다. 오히려 시리아의 아사드 같은 사람을 처벌해야 한다는 여론이 더 많지요. 물론 현실적으로 이런 사람들이 집권하고 있는 동안은 방법이 없지만, 실각한다거나 망명하면 ICC에 압송해서 재판할 수 있습니다. 아프리카의 독재자 여러 명을 이렇게 재판하고 단죄했지요.

최 중국이나 미국도 ICC의 회원국인가요?

송 중국도 회원이 아니고 미국은 ICC 설립부터 오히려 방해했고 회원국이 아닙니다. 왜냐하면 미국이 가입하면 우선 부시 대통령이 이라크를 침공한 문제 등이 거론되어 기소될 가능성이 높기 때문이지요.

최 6년간 소장으로 계시면서 ICC를 어떤 방향으로 이끌어 가셨나요?

송 ICC의 목표가 '형사 정의를 통한 지속적 평화 구현'입니다. 그러나 ICC는 피고를 처벌하고 끝내는 게 아니고, 피해자들에게 경제적 지원과 정신적 치료까지 해 줍니다. 즉 죄 있는 자를 처벌하는 응보적 정의에서 전쟁이나 학살 피해자를 위한 치유적, 회복적 정의까지 실현하는데, 이러한 패러다임으로 재판소의 운영 방향을 전개한 것에 큰 보람을 느낍니다. 국제기구 중 세계적 첨단을 간다고 자부합니다. 저의 초대 비서실장이 네덜란드 4선 의원이고 한 당의 당수를 하다가 온 유명 현지 여성이었는데 어디 가면 저보다 제 비서를 사진 찍는 사람들이 더 많았지요. 두 번째 비서실장은 옥스퍼드에서 법학을 공부하고 여러 나라의 대사를 역임한 영국 외교관이었지요.

최 힘든 일도 많으셨지요?

송 네, 생명의 위협을 무릅쓰고 아프리카의 분쟁 지역을 몇 차례 방문해 피해 마을을 돌아보며 그들을 위로하고 현지 실정을 직접 파악했습니다. 전세 낸 유엔 비행기가 50년 넘은 고물이라 언제 떨어질지 모르고, 같이 뜨는 헬리콥터는 한 번 밀림에서 떨어지기도 했지요. 의사와 간호사 및 통역 외에 경호원이 평균 열다섯 명 따라붙고 1.5리터 생수 1,000병과 기관총도 50문을 항상 가지고 다닙니다. 콩고, 우간다, 중앙아프리카 등지에서는 반군들이 마을 주민들의 손, 발, 코나 귀 또는 입술을 자르는 일이 비일비재합니다. 현지에는 사지를 잃은 전쟁 피해자들이 워낙 많아서 ICC는 의수족 제작소를 세우고 이를 장착하여 자활하도록 도왔습니다. 반군들은 밤에 마을에 와서 12~13세 아이들을 납치해 세뇌 교육과 사격 훈련을 시킨 후, 다시 마을에 와서 그들의 부모를 죽이라고 한 후 인육을 먹게 할 정도로 잔인합니다. 아이들이 다시는 마을로 못 돌아가게, 배신 못 하게 하려는 것인데 우리는 상상도 못 할 일이지요. ICC는 모든 피해자에게 의료 봉사와 직업 훈련을 기본적으로 제공하고, 소년병 출신 청소년에게 인간의 존엄과 생명의 고귀함을 교육하고 생업의 기초를 마련해 줍니다. 강간 피해자의 트라우마 극복을 돕고자 심리 상담과 치료 프로그램도 운영하지요.

최 송 소장님은 서울 법대 재학 중 행정, 사법고시 양 과에 합격했는데도 평생 학자의 길을 걸으셨습니다. 어떤 철학이나 인생관이 있어서 그리하신 건가요?

송 제가 미국에서 박사학위 받고 돌아온 후 여러 길을 선택할 수 있었습니다. 귀국 후 상담한 선배 교수들이 한결같이 "내 꼴을 봐라. 교수만 하지 말고 아무거나 해라"고 했지요. 그래도 저는 저의 임명신청이 기각된 후 1년을 기다리다가 서울 법대 교수로 들어갔는데 말들이 많았어요. "저 사람은 뭔가 문제가 있는데 감추고 있다. 그렇지 않으면 판검사 안 하고 대학에 올 리가 없다"라며 주위에서 수군거리는 소리가 들렸어요. 저는 아랑곳하지 않고 교수 시작할 때부터 어려운 사람들을 돕기 시작했어요. 당시에는 도움을 필요로 하는 그룹이 노인, 어린이 아니면 장애인이었는데 한국의 전통적인 효 사상에도 부합하는 것 같아서 처음에 노인들을 돕기 시작했는데 계속 의심의 눈초리로 보면서 송 아무개는 곧 국회의원 나가려고 한다는 소문이 나더군요. 저를 순수하게 보는 사람이 거의 없었어요. 지금도 세상은 비슷하겠지요. 노인 돕는 일에서 어린이 돕는 일로 바꾸었습니다. 어린이는 유권자가 아니니까. 지금 28년째 한국 유니세프를 돕고 있고 현재는 회장 일을 하고 있는데 그 전부터 시설을 퇴소한 고아를 거두는 중간의 집, 베트남의 라이따이한에게 기술을 가르치는 프로그램, 그리고 한국 백혈병어린이 재

단 등에서도 오랫동안 일했어요.

최 정부의 요직을 하실 기회도 많으셨지요?

송 제가 상당히 여러 번 출사를 요청받았습니다. 대법관, 헌법재판소 재판관 등은 여러 번 접촉이 있었고 사정수석, 내무장관, 법무장관, 국무총리 제안도 받았지요. 만약 제가 박근혜 대통령 말기에 국무총리직을 수락했으면 황교안 씨는 총리가 안 되었고 한국의 정치지형이 좀 달라졌겠지요.

최 관직에 나가는 것도 나라와 국민을 위해 할 수 있는 일인데 왜 끝까지 고사하셨나요?

송 절친한 친구가 저에게 이렇게 물어봤습니다.

"솔직히 말해 봐라. 그런 제안이 올 때 마음이 약간은 흔들리지 않았었나?"

"아니 전혀, 조금도"

"어떻게 그럴 수가 있지?"

"나는 평생 두 가지 일에 큰 영향을 받았네. 첫 번째는 고하 송진우 할아버지가 암살당하신 충격, 트라우마가 너무 커서 '정치 쪽은 쳐다보지도 말자'라는 다짐을 아버지와 항상 하곤 했지. 실은 아버지도 장면 내각 때 장관직 제의를 거절하셨었네. 장면 총리가 아버지의 담임 선생이었는데 아버지를 너무 좋아하셨어."

"그건 이해가 되지만, 이후 오랜 세월이 흘렀는데 생각이 바뀔 수도 있었지 않았을까?"

"두 번째는 장인어른인 김상협 총장이 총리를 할 때 그 옆에서 그림자 보좌를 하면서 권력의 민낯을 적나라하게 보았지. 총리직도 실권은 하나도 없으면서 퍽 힘든 자리더군."

이런 대화를 했습니다.

최 네, 그러셨군요. 고하 선생의 암살 사건에 대해서는 아직도 배후가 밝혀진 바가 없지요? 주범인 한현우는 구속된 후 6.25 때 탈옥해 일본으로 망명했습니다.

송 할아버지의 암살 배후에 대해서는 여러 가지 추측이 난무하고 확인된 것은 없지요. 할아버지는 스케일이 커서 일부러 공산당 사람들을 동아일보에 채용하셨지요. 박헌영, 김준연 등이 기자로 있었지요. 그뿐만 아니라, 북풍회, 화요회 계통의 좌파 인사들을 모두 한민당으로 포용하셨는데, 암살당하신 후 구심점이 없어지자 대부분 탈당했어요. 김구 선생도 암살당하고 이후 6.25가 모든 것을 덮어 버렸습니다. 임정 요인들이 귀국 후 명월관 환영식에서 있었던 에피소드가 있습니다. 45년 11월 23일에 임정 요인들이 고국으로 돌아옵니다. 이분들은 국내 소식에 어둡고 경제적으로 극도로 어려웠지요. 고하 선생이 환국 지사 후원회를 만든 후 당시 900만 원을 모금하여 전달합니다.

최 김구 선생에게 직접 주셨나요?

송 돈은 조완구라는 임정 재정부장이 받았다고 해요. 그러고는 하는 말이 "국내에서 목숨 부지한 사람은 친일 안 했으면 어떻게 살아남았어. 앞으로 다 숙청해야지" 하니까 옆에 있던 설산 장덕수가 "나 같은 사람도 숙청되겠네?" 하니 임정 출신인 해공 신익희가 "어디 설산 자네뿐인가"라고 했답니다. 이어서 "돈을 어찌 걷었는지는 모르나 친일파 돈도 많을 텐데…."라고도 했습니다. 이들은 모두 일본 유학생 동문들이었지요. 분위기가 나빠지자, 고하가 꾹 참다가 "여러분들이 객지에서 헛고생하셨구려. 이제 해방이 되었으면 중지를 모아서 새 나라를 세울 생각을 해야지, 지금 서로 싸우면 되겠소? 나라를 세워서 세금을 받으면 깡패, 사기꾼, 매춘부가 낸 돈도 있는 법입니다." 이렇게 해서 논쟁은 잦아들었지만 분위기가 계속 어색했을 겁니다.

최 동아일보의 손기정 선수 일장기 말소 사건에 대해, 고하 선생이 만류했다는 기록이 어디에 있던데 사실인가요?

송 네, 말하기 참 조심스러운 부분인데, 당시 인쇄소에 가서 일장기를 없앤 사람은 이길용 체육부 기자였어요. 제가 어렸을 때 6.25전쟁 이후 납북되신 그분의 부인께서 우리 집에 와서, 일장기를 지운 것은 당시 사장인 고하 선생의 지시에 의한 것이라는 말을 여러 번

했습니다. 유감스럽게 내부 사정으로 정확하지 않은 이야기가 기록되었지요.

최 고려대 김상협 총장께서 사위인 송 소장님에 대한 신뢰가 컸었지요?

송 아내와 결혼하기 전부터 세배도 가고 그분의 지도를 받았었지요. 한국은 반도이므로 앞으로 바다로 적극 진출해야 한다며, 해상법을 공부하라는 말씀에 따라 제가 그 분야를 전공으로 하게 되었습니다.

최 김상협 총장님이 5공화국에서 총리를 하신 것은 의외였는데요.

송 총리로 징발당하신 셈이지요. 하하. 고대 총장 마치고 다음 날 외국을 나가려고 가족들끼리 식사를 하는데 누가 갑자기 찾아왔어요. 장세동 씨였어요. 장인어른이 전두환 전 대통령과 안면이 있었습니다. 유신 이후 계속된 긴급조치 중 7호가 고려대를 상대로 선포한 건데, 당시 장인이 총장이셨지요. 군대가 진입하여 텐트치고, 밤에 군인들이 기숙사로 들어가, 학생들 옷을 벗기고 마당에 엎드리게 하고, 식당에 들어가서는 냉장고에 있는 고기를 다 꺼내다 먹었습니다. 당시 현장 지휘관이 전두환 대령인데 그때 총장을 만난 겁니다. 5공화국 정권이 정통성이 약하니 장인의 명성을 이용하려고 했던 것이 아닌가 짐작해요.

최 이후 아웅산 사태로 그만두셨지요?

송 네, 노신영 안기부장에게서 아웅산 사태를 보고받은 장인이 바로 중앙청으로 가셨지요. 이후 사표를 내셨는데 받지를 않는 거예요. 국무총리가 무슨 잘못이 있느냐면서. 도저히 안되겠어서 당시 실세인 이학봉 씨와 제가 담판을 한 일도 있지요. 도덕적 책임이라는 것이 있는데, 이런 사태에 집권 세력의 핵심이 아닌 총리가 책임을 지고 물러나는 것이 가장 간단한 방법이라고 주장했지요. 이런 일들을 바로 옆에서 보다 보니까 총리직도 허울뿐이라는 것을 느꼈어요. 평생 공부한 전공을 활용하여 나랏일을 하면 좋지만, 공연히 정치 근처에 얼씬거리면 안 된다는 것이 제 철학이 되었습니다.

최 후배 법조인들에게 한 말씀 해 주시지요.

송 세계가 많이 바뀌었으니 전 세계를 무대로 좌표를 정해서 정진하기를 바랍니다. 한국 법조인의 우수성은 세계가 인정하는데 외국어가 안 돼서 좀 답답한 면이 있습니다. 바깥세상을 잘 보면서 진취적으로 나아가면, 우리 법조인들의 능력이 더욱 열매를 맺을 수 있겠지요.

최 마지막으로 앞으로 어떤 일을 하실 계획이 있으신지요?

송 ICC 임기를 마치면서 네덜란드 외무장관이 환송 만찬을 열어 주었습니다. 이때 네덜란드 왕의 훈장을 수여하면서, 저에게 귀화 요청을 정식으로 하더군요. 그러면서 "12년간 하는 일을 보니 당신처럼 여러 나라 상황을 다각도로 정리하여 파악하고 있는 사람은 드물다. 우리는 당신의 국제정치 감각, 판단력, 리더십과 실천력을 잘 보아 왔다.

앞으로 당신의 경험을 네덜란드 정부에서 활용하고 싶은데, 우선 외무부 상임고문으로 5년간 있어 달라"는 겁니다. 물론 정중히 사양하고 바로 귀국길로 올랐지요. 한국에서 이런 기회가 있다면 몇 배 더 나라를 위하여 노력하면서 이런 경험을 좀 나누고 싶습니다. 현재는 인류의 보편적 가치인 인권, 법의 지배, 민주주의, 자유, 정의, 평화, 기후변화 등의 증진을 위하여 노력한다는 전제하에 유엔의 지속 가능한 발전 목표(SDG), 그중에서도 특히 열여섯 번째 목표인 평화롭고, 공정하고 포용적 사회를 구현하고자 여러 국제기관이나 세계 지도자들과 긴밀하게 협의하고 있습니다.

최 귀한 말씀 감사합니다.

송 반가웠습니다.

박준영,
갯벌을 되살린 진정한 목민관

젠틀하고 따스한 인간미가 풍기는 박준영 전 지사를 만났다.

그가 전남 민선 도지사 10년 동안 가장 역점을 두었던 일은 환경친화적 농업이었다. 주민들로부터 존경받는 지사였던 그는 지금도 전남에 있는 유기농 업체를 주위에 열심히 소개한다. 유기농 쌀, 김치, 김, 천일염 등으로서 박준영 전 지사는 환경문제에 전문가적 지식이 있는 유능한 전남의 세일즈맨이다.

약속한 장소에서 그를 기다리는데 약속 시각 5분 전 문자가 왔다. 지방에서 지하철을 타고 오는데 5분 정도 늦을 것 같다는 내용이다. 잠시 후 박준영 전 지사가 부드러운 웃음을 띠며 방으로 들어왔다.

최 박 지사님, 와 주셔서 감사합니다. 먼저 2000년 6월 15일 남북공동선언 당시로 돌아가 보고 싶습니다. 지사님은 당시 김대중 정부의 청와대 대변인으로서, 남북공동선언의 5가지 항목을 TV에서 직접 발표하셨지요. 그때의 모습이 지금도 제 기억에 있습니다.

역사상 처음으로 남북 정상이 만나서 발표한 남북 공동선언의 다섯 가지 항목 중 처음 두 항목이 아래와 같습니다.

1 남과 북은 나라의 통일문제를 그 주인인 우리 민족끼리 서로 힘을 합쳐 자주적으로 해결해 나가기로 했다.

2 남과 북은 나라의 통일을 위한 남측의 연합제와 북측의 낮은 단계의 연방제 안이 서로 공통성이 있다고 인정하고 앞으로 이 방향에서 통일을 지향해 나가기로 하였다.

이 공동선언은 당시 상황으로 볼 때는, 남북이 서로 양보하면서 최선을 다한 합리적 선언이라고 생각합니다. 물론, 연합제와 낮은 단계의 연방제가 무엇을 뜻하는 것이고, 그 안에 어떤 의도가 숨어 있느냐, 라는 문제는 차치하고라도, 일단 남북의 대화는 희망적이었지요. 특히 공동선언에 포함되지는 않았지만, '북한의 김정일 위원장이 적당한 시기에 서울을 방문하겠다'라는 마지막 문구는 엄청난 파급력이 있었습니다. 남북 화해를 위해 환영을 해야 한다는 여론이 많았지만, 일부에서는 그가 서울에 오면 암살해야 한다는 주장도 있었지요. 당시 김대중 대통령과 김정일 국방위원장의 소통이 어느 정도 가능했기에 이런 공동 선언문이 나왔을 것입니다. 이후 이러한 선언이 결국 무산되었는데 그 이유는 무엇이라고 생각하시나요?

박 네, 김대중 대통령께서 "내가 김 위원장보다 나이가 많은데 민족 문제 해결하기 위해 여기까지 왔습니다. 이제 나보다 젊은 위원장님이 서울에 꼭 와야 하지 않겠습니까?"라면서 초청을 했고 김 위원장이 선선히 받아들였지요. 당시 국제적으로 제네바 합의가 이루어지며 북한의 경수로 발전을 지원하기로(핵무기 개발은 제외) 했습니다. 상당히 고무적인 분위기였지요. 이 계획이 틀어진 가장 큰 외적 변화가 미국 대선에서 부시가 당선된 것입니다. 그는 당선 직후 북한 등 몇 나라를 악의 축이라 규정했지요. 클린턴 때만 해도 미국의 정책은, 남북 대화는 남한 정부가 주도하고 미국은 지원만 하는 것이었어요. 하지만 사실은 이런 정책도 한계가 있습니다. 한국은 휴전의 당사자가 아니기 때문인데 정전으로 가려면, 어차피 국제법적으로도 휴전 협정에 사인한 미국과 중국이 나서야 합니다. 한편 내부적으로 남북 관계가 악화한 이유 중 하나는 대북 송금 특검 때문이었습니다. 노무현 정권 내내 북한과 대화 한번 없다가, 대선 몇 달 전 휴전선 넘어가서 정상회담을 했는데 마침 제가 얼마 후 북한에 가게 되었어요. 그때 만난 북한 사람들의 말을 그대로 옮긴다면 "우리는 민족문제 해결을 위해 정상회담을 했는데, 노무현은 우리가 돈을 벌기 위해 한 것처럼 국제 사회에서 까발렸소"라고 하더군요.

최 그로부터 23년이 지났지만, 남북관계는 아직도 오락가락하고 있습니다.

박 네, 안타까운 일입니다.

걱정스러운 점은 최근 윤 대통령이 종전선언 제안을 허황된 가짜 평화 주장이라고 했지요. 심지어 종전선언을 주장하는 사람들을 반국가 세력이라고 했습니다. 윤 대통령이 잘하는 일도 많지만, 이번 발언은 좀 지나친 감이 없지 않습니다. 남북 관계는 너무 좋다고 환호해도, 너무 안된다고 분노해도 안 되는 문제입니다.

최 윤석열 정부는 대북 강경책을 밀고 나가고 있고, 미국은 한국군의 전시작전통제권을 가지고 있고, 북한은 태평양으로 미사일을 발사하고 있으니 답답한 국면입니다. 개성공단 폐쇄나 금강산 관광 중단도 아쉬운 면이 많고요. 하지만 이런 상황에서도 어떤 돌파구가 나오지 않을까요?

박 네, 그야 알 수 없지요. 하지만 남북관계는 독일과 다른 점이 크게 두 가지가 있습니다. 독일은 동서독 간의 전쟁을 치르지 않았고, 당시 서독은 브란트 수상이 동방정책을 수립한 이후 동독에 대한 정책이 일관되게 변함이 없었습니다.

최 1953년 7월 27일 포성이 멈춘 이후 70년간, 한반도는 북한의 도발이 끊이지 않았습니다. 대한항공 폭파나 아웅산 테러는 오래전 일이라 하더라도, 21세기 들어서만도 천안함 폭침, 연평도 폭격, ICBM 발사 등을 했지요. 휴전이 종전으로 바뀌면 좋은 것인데 '종전 협정이 이루어지면 다음 단계는 바로 미군 철수로 이어질 것이고, 그것이 북한의 목표다'라는 우려로 종전을 반대하는 사람도 많습니다.

박 네, 당연히 그런 걱정을 할 수 있지요. 김대중 대통령이 김정일 위원장과 만났을 때, "한반도는 통일 후에도 미군 주둔이 필요하다고 생각하는데 위원장님 생각은 어떠신가요?"라고 물었습니다.

이에 놀랍게도 김 위원장이 "사실 북쪽의 아라사(소련), 동쪽의 일본, 서쪽의 중국은 한국을 침탈한 적이 있는 나라지만, 미국은 멀리 떨어진 나라고 영토적 욕심이 없으니, 통일 이후에도 미군 주둔이 오히려 세력균형에 도움이 된다고 생각합니다" 라고 동의했습니다. 김 대통령이 "그런데 왜 계속 미군 철수를 주장해 왔습니까?" 라고 물으니 김 위원장이 "그것은 우리 인민들의 감정을 달래기 위한 겁니다. 이해해 주시기 바랍니다"라고 했지요. 미군 철수 주장은 북한 사회 내부의 결속을 다지기 위한 정치적 선전이라는 것이지요. 김 대통령은 "대한민국은 미 · 중 · 일 · 러 4대국과 최대한 좋은 관계를 유지하되, 그중에서도 결정적인 나라는 미국이고, 그것이 우리의 지정학적 운명이라는 것이 저의 평소 생각입니다"라고 대화를 이어갔습니다.

최 네, 저도 그런 이야기를 들은 기억이 납니다. 하지만 김정일 위원장의 말을 얼마나 액면 그대로 믿을 수 있을지요? DJ 자서전에 보면 임기 말에 임동원 특사를 김정일에게 보냈는데, 임 특사를 만나주지도 않은 김정일에게 크게 실망하고 섭섭했다는 대목이 나오기도 합니다. 한편 아들 김정은 위원장도 2018년 북 · 미 정상회담 조율을 위해 방북한 폼페이오 국무장관에게 "중국 공산당은 한반도를 티베트와 신장처럼 다루기 위해 미군 철수를 필요로 하지만, 나는 중국 공산당에게 당하지 않기 위해 주한미군이 필요하다"라고 말했다는 기록이 폼페이오 회고록에 있습니다. 그런데 김여정 북한 노동당 부부장은 2021년 8월 담화에서 "미군이 남조선에 주둔하는 한, 조선 반도 정세를 악화시키는 화근은 제거되지 않을 것"이라며 철수론을 또 꺼냈지요. 역사가 반복되는 것 같은 느낌입니다.

이제 다른 질문을 하겠습니다. 박 지사님은 중국의 시진핑 주석과 친분이 돈독한 사이라고 들었습니다. 시 주석이 박 지사님을 한국에 있는 오랜 친구 두 사람 중 한 사람이라고 했지요?

박 네, 시진핑 주석이 어떤 인터뷰에서 그런 말을 해서 언론의 초점이 된 적이 있습니다. 시 주석을 처음 만난 것은 2005년 7월입니다. 당시 중국 저장성의 당서기로 재임 중이던 시진핑 주석이 자매결연한 전라남도를 방문하였지요. 이후 2005년 11월과 2007년 7월 제가 다시 중국을 방문해 개별 면담을 가지면서 신뢰를 쌓아갔습니다. 2007년 시진핑 상하이 공산당 서기와 만날 때는, 상하이 대한민국 임시정부 청사의 보존 문제가 있었습니다. 당시 중국 당국은 임시정부 청사 일대의 재개발을 추진 중이었는데, 제가 한중 우호의 상징과도 같은 소중한 역사적 유물을 보존해 줄 것을 요청했습니다. 시진핑 당서기는, 그 자리에서 바로 중국 측 관계자들에게 지시하면서, "아무 걱정하지 마십시오. 지사님의 의견에 전적으로 공감합니다. 상해 임시정부 청사를 보존하도록 지시했습니다"라고 화답했습니다. 이후 2012년 4월 제가 다시 방중하여 시진핑 국가부주석과 여러 환담을 하게 되었는데 당시 시진핑 부주석은, 중국의 차기 최고 지도자로 낙점된 분위기였습니다.

최 박 지사님께서 앞으로도 시 주석과 계속 좋은 대화를 나누시면 좋겠습니다.

박 네, 작금의 한중 관계가 악화하는 모양새인데, 미력하게나마 앞으로 한중 관계 개선에 보탬이 되는 일을 하고 싶습니다.

최 시진핑 주석과 만나실 때는 주로 어떤 대화를 하셨나요?

박 저는 시 주석에게 "아시아의 평화와 발전의 관건은 남북한의 평화다. 사실 중국의 6.25 참전도 스탈린의 강요로 한 거 아니냐. 남북이 평화로워야 아시아가 평화롭다"라는 주제로 여러 이야기를 했지요.

최 오랫동안 여러 번 만나 보신 시 주석은 어떤 인물이던가요?

박 시 주석은 과묵하고 외유내강형 인물이라고 생각합니다. 중국의 오늘날에 대한 반성과 미래에 대한 강력한 계획이 있는 사람이지요. 부패 청산을 지속하고 있고, 재임 기간 중 소위 중국몽 달성을 위해 최선을 다하겠지요. 중국의 근대 역사를 보면 그들 나름대로 서양 열국에 큰 피해와 수모를 당했으니까 어느 정도 이해는 됩니다.

최 박 지사님의 전남지사 10년 치적 중 모두 인정하는 것 중 하나가 친환경 농업입니다. 어떻게 이런 일을 추진하셨나요?

박 지사 되자마자 지방을 돌아다니는데 모내기할 때 차 문을 열고 못 다닐 정도로 농약 냄새가 심했어요. 저도 전남 농민의 아들이지만, 농약 치다가 숨진 사람이 있을 정도였습니다. 어느 통계에 의하면 농약을 친 쌀을 먹은 가정에서 출산한 45만 명 중, 장애아가 8만 명이나 나왔다고 합니다. 이래서는 도저히 안 되겠다 싶어서 친환경 5년 계획을 세웠습니다. 전남 농지의 30%를 목표로 정했는데, 처음엔 과도한 목표라고 생각하는 사람들도 있었지요. 결과적으로 5년 후 34%를 달성했고 화학 비료 사용도 반으로 줄었습니다. 또한, 전라남도를 녹색의 땅 전남(Green land of 전남)으로 만들겠다는 캐치프레이즈를 내걸었습니다. 녹색의 땅이라는 것은 첫 번째가 지금 설명한 '친환경 농업'입니다.

두 번째는 '바다 경영'입니다. 전남이 한국에서 해안선이 제일 길고 해양 자원이 풍부합니다. 지도를 보시면 전남만 서해안과 남해안을 같이 품고 있는 것을 알 수 있지요. 제가 처음 부임했을 때 전남의 양식장이 600 헥터였는데 10년 후 3500 헥터로 늘어났습니다. 제가 잘해서가 아니고 공무원들은 물론 도민들이 바다 경영이라는 방침을 이해하고 협조하였기 때문이지요. 예를 들면 잘 알려진 '무산 김'이 있는데 장흥군수가 시작했지요. 원래 김은 양식 과정에서 매생이 같은 것들을 떼어내기 위해 산 처리를 하는데, 무산 김은 산 처리를 전혀 하지 않습니다. 그 대신 바다에 떠 있는 김발을 수시로 뒤집어 공기 중에 노출하면, 햇볕과 바람에 강한 김을 제외한 다른 조류는 제거됩니다. 그리고 얼마 전 신안, 보성, 순천의 갯벌이 세계유산으로 지정됐다는 소식에 감회가 새롭습니다. 이제부터 더욱 갯벌을 깨끗하게 유지하고 생명체를 보존해야 합니다. 정부에 건의한 지 10여 년, 도립공원 지정 13년 만에 국제적으로 가치를 인정받았는데 공직자와 주민 여러분의 수고가 많았습니다.

세 번째는 '신 재생 에너지 개발'이었습니다. 해상풍력을 조사해 보니 풍력은 남해안이 좋을 줄 알았는데 그렇지 않았습니다. 어느 연구기관이 연구한 결과에 따르면 해상풍력은 전북 고창에서 진도 앞바다까지가 제일 좋다고 합니다. 수도권 인구가 다 쓸 엄청난 전기가 나오는데 육지로 가지고 오는 설치 비용이 막대해서 시작하기가 어렵습니다. 그래서 제가, 정부가 나서서 설치하고 송전 통행료를 받으면 될 것이라고 했는데 아직도 연구 단계에 있습니다. 이런 일은 하려면 반드시 이 지역 주민들이 이 프로젝트의 소액 주주가 되어야 가능한데, 지금도 큰 과제로 생각하고 있습니다.

최 박 지사님은 얼마 전 '고향 쌀 먹자'라는 캠페인도 하셨지요?.

박 네, 사람들이 빵 등 밀가루 음식을 많이 먹어서 쌀 소비가 크게 줄어 쌀값이 떨어지고 쌀은 농협 창고에 쌓이고 있습니다. 밀가루 음식은 건강에 별로 좋지 않지요. 내 고향 쌀을 사 먹으면서 건강도 지키고 고향 농부도 살리자는 캠페인입니다. 정부가 수조 원을 들여 쌀을 매입하고 있지만, 저장할 창고도 부족할 것이고, 밀가루는 거의 전량을 외국에서 사들이고 있습니다.

최 오늘 귀한 말씀 해 주셔서 대단히 감사합니다.

박 네, 감사합니다.

정대철,
재소자들에게 세상을 용서하라고 외치다

화창한 5월의 어느 날, 여의도에 있는 그의 사무실을 찾았다. 국회와는 가까운 거리지만, 화려하거나 세련된 느낌은 없는 평범한 사무실이었다. 정대철 대표가 곧바로 방에서 나와 필자에게 반갑게 악수를 청했다. 호방한 풍모인 그는 대권에 가까이 갔었으나 때를 못 만난 정치인 중 한 사람이다.

정일형 박사로부터 삼대가 국회의원을 열네 번 했던 집안이고, 어머니는 막사이사이상을 수상한 한국 최초의 여성 변호사였던 이태영 여사다. 정 대표는 선이 굵은 인상이나, 이야기 속으로 들어갈 때는 코믹한 제스처와 함께, 진솔한 대화로 상대방을 편안하게 해 준다. 그의 주위에는 유능하고 심지가 굳은 인물들이 늘 포진하고 있다. 그는 어쩌면 한국 정치사에, 거의 마지막 남은 낭만적 보스 정치인이 아닌가 싶다.

최 오늘 시간 내 주셔서 감사합니다.

정 네, 감사합니다.

최 정 대표님은 과거 대선에서 선거대책 본부장을 세 번 하셨고, 그중 김대중, 노무현 후보가 대통령으로 당선된 후 두 번 구속이 되었습니다. 선거의 일등 공신인데도 오히려 옥고를 치른 것이지요. 검찰에서 정 대표님에게 뇌물을 주었다고 진술한 어느 건설업자는 몇 년 후 "사실은 검찰의 협박과 회유로 거짓 진술했다"라고 밝혔습니다. 오래전 일이지만 당시 어떤 심정이었나요?

정 정치자금법 위반을 한 것은 사실입니다. 불법을 저질렀어요. 그런데 아직도 정치자금법이란 것은 국회의원에 한정된 법입니다. 말하자면 선거에서 당 대표로 나오면 어떻게 쓰고, 대선 후보로 나오면 어떻게 쓴다는 규정이 없습니다. 이러다 보니 하나하나 정치자금법으로 걸면 다 걸리게 되어 있지요. 이회창 선배가 저를 면회 와서 "김대중 씨나 노무현 씨나 내가 여기 와 있어야 하는데 자네가 있네. 참 애꿎다"라고 위로의 말을 했습니다. 제가 정치한 지 40년이 넘었지만 20년 전만 하더라도 정치인들이 정치자금을 조달해 대선을 위해 뛰는 것은 어떤 면에서는 능력 중 하나로 치부되었었지요. 두 번째 구속된 경우는 정치적 보복이 좀 있었습니다. 제가 김대중 대통령과 경선한 것을 괘씸하다고 생각한 사람들이, 나중에 저를 정치자금법으로는 잘 안되니까 엉뚱한 뇌물로 엮어서 집어넣은 거지요. 거기 관계된 사람이 나중에 책을 내서 양심선언을 했고, 저를 찾아와서 죽을죄를 지었다고 용서를 빌었지요.

최 그래서 뭐라고 하셨나요?

정 '내가 당신 입장이라도 그러지 않았을 거라고 백 프로 장담할 수 없다. 나도 검찰에 몇 번 갔었지만, 여러 가지로 괴롭히면 견디기 어렵다. 다 이해한다. 당신이나 나나 다 운이 나빴을 뿐이다.' 이렇게 얘기했지요. 또 그 당시 담당 검사, 나중에 검사장까지 했지만, 이 사람이 나를 피해 다니더라고…. 후일 만나서 소주 마시며 '당신이나 나나 그런 정치 상황에서 다 어쩔 수 없었다'라고 했더니 눈물 찔끔 흘리고 죄송하다고 하더군요. 다른 아무 설명 없이, 다 잊어먹고, 지금은 친해요.

최 옥고를 치른 후 교정기관에 정기적으로 방문해서 재소자들에게 강연을 하신다고 들었는데 지금도 하시나요?

정 네, 나와서 즉시 교정 선교 예배에 참여했고 지금은 교정 위원까지 되었습니다. 전국에 교정기관이 54개가 있는데 계속 초대받아서 제가 감당 못 할 정도입니다. 제가 그동안 정치하느라고 많은 분에게 물질적으로나 정성이 담긴 마음의 성원을 많이 받았는데, 이를 조금이나마 돌려드리는 방법의 하나로 교정기관을 열심히 다니고 있습니다. 제주도, 장흥, 부산 등 안 가 본 곳이 없이 54곳, 거의 다 한 번씩 다녀왔고 계속 갈 겁니다.

최 여러 정치인이 이런저런 이유로 옥고를 많이 치렀는데, 정 대표님처럼 교정기관에 다시 가서 봉사하는 정치인은 별로 없는 것 같습니다. 교정기관에 가셔서 재소자들에게는 어떤 강연을 주로 하시나요?

정 최근에는 주로 마음에 대한 말을 하는데, '마음을 풀지 않고 자신의 마음을 옥죄면, 건강도 나빠지고 살기 어렵다. 세상과 화해하고 용서해야 한다. 당신이 용서도 받아야 하지만 당신도 세상을 용서해야 한다.' 이런 이야기를 제일 많이 합니다. 두 번째는 제가 기독교 신앙이 깔려 있어서 감사하는 삶에 대한 이야기도 합니다. 감옥에서 무슨 감사하는 삶이냐고 하겠지만, 이런 상황에서도 감사할 수 있어야 이런 상황을 극복할 힘이 나오는 거지요. 그래서 그런 말을 많이 해 줍니다. 감사하는 마음이 그냥 단순히 좋은 것이 아니라, 감사하는 마음이 생기면 파동이 일어나서 에너지로 되고 이것이 다른 감사하는 마음과 합쳐진다고 합니다. '감사의 힘'이라는 책을 보면 과학적 근거도 있다고 하는데, 감사의 파동이 합쳐지면 바라는 일이 잘 성취되고 건강에도 도움이 된다고 하네요. 그러니까 교정기관에 가서 용서와 감사라는 두 테마를 가지고 주로 강연하고 있습니다. 재소자들은 제가 같은 경험이 있는 사람이니까 더 실감이 나고 귀를 기울이고 듣는 것 같습니다.

최 제가 몇 년 전 수감 생활을 할 때도 면회를 와 주시고, 좋은 책도 많이 넣어 주셨지요. 감사했습니다. 그런데 얼마 전부터 밖에서 책을 넣을 수 없다고 들었습니다. 무슨 일이 있었나요?

정 네, 알아봤더니 책 안에 누가 마약을 넣은 것이 적발되었다는데 이후부터 외부에서 책을 넣지 못하게 했습니다. 하지만 이것은 만에 하나 있을까 말까 한 일인데, 그렇다고 해서 모든 재소자들이 밖에서 책을 받을 수 없다는 것은 너무 어이없는 일입니다.

최 네, 그야말로 구더기 무서워서 장 못 담그고 있군요.

정 바로 그렇습니다. 그래서 법사 의원님들과 이런 문제를 상의하고 있습니다. 그 안에서는 건강과 독서가 가장 중요한데 선진국이라는 대한민국에서 일어난 부끄럽고 야만적인 일입니다. 교정 위원의 한 사람으로서 빨리 시정이 되도록 계속 노력하겠습니다.

최 이번에는 정 대표님의 가족분들에 대한 질문을 좀 하겠습니다. 선친이신 정일형 박사님은 독립운동부터 민주화 운동까지 한국 정치사에 큰 업적을 남기시고 여야를 막론하고 정치인들에게 존경을 받으셨습니다. 이태영 여사님도 억압받던 여성들을 위해 평생 헌신하셨는데, 아들이 본 아버지는 어떤 분이셨나요?

정 변화무쌍한 세월 속에서… 그분의 인생은 시작이 이렇게 되었어요. 그분의 할아버지, 저의 증조부께서 대전에서 큰 재산을 모으셨대요. 이후 일본군과 싸우기 위해 대전을 떠나 황해도로 가서 잿섬이라는 섬을 사서 1,200명의 의병을 섬에서 훈련을 시켰다고 합니다. 종종 일본군을 습격하기도 하면서 별 희생 없이 전투를 치르다가 갑자기 장질부사가 섬에 돌아서 1200명 중 900명 정도가 희생되었어요. 이번에는 우리 조부께서 다시 의병을 300여 명 길러서 일본군과 싸우던 중 또 장질부사가 돌아서 열다섯 명 남고 다 죽었습니다. 살아남은 가족 중 어린 우리 아버지도 포함되어 있었습니다. 이후 진남포로 들어가서 밥을 얻어먹으려고 큰 건물에 들어갔는데 바로 교회였습니다. 거기서 끼니를 때우면서 교회 종을 치는 일을 시작하셨지요. 교회에서 일 잘하고 공부 잘하니까 연세대를 보내 주고 나중에는 미국 유학까지 가게 되셨지요. 돌아와서 연세대 교수로 오라는 것을 사양하고 교회를 세우셨는데, 사람들을 모아서 일본과 싸우려는 게 목적이었어요. 그러다가 미국 대학에서 공부할 때의 지도교수가 한국에 와서 아버지에게 서대문에 있는 감리교 신학대학에서 같이 가르치자는 권유에 거기 교수가 되셨어요. 하지만 일본식 성명 강요 등을 반대해서 결국 그 신학대학이 문을 닫게 되었지요. 이런 과정 중 스물한 번 체포되고 해방될 때까지 거의 6년을 감옥에서 보내셨어요. 저는 이런 선조들께서 독립운동을 하신 덕에, 저도 국회의원을 할 수 있었고 제 아들까지도 삼대가 할 수 있었다고 생각합니다.

최 네, 그러셨군요. 해방 후에는 민주화 운동에 전념하셨지요?

정 네, 민주화 운동도 오랜 시간 자기희생 속에서 하셨고, 우리 어머니도 변호사로 돈 버는 일 거의 안 하고, 가정법률 상담소를 만들어서 무료로 여자들, 주로 가정에서 핍박받는 여자들 도와주는 일로 평생을 보내셨지요.

최 마지막으로 정 대표님이 정치인으로서 앞으로 꼭 하고 싶은 일이 있으신가요?

정 음… 이제 제가 정치 현역으로 들어가기는 좀 어렵기 때문에, 제 능력이 있는 한 그동안 받은 사랑을 되돌려 주는 일을 하고 싶습니다. 사실 당대표까지 하기에는 많은 분의 도움이 있어야 했습니다. 그동안 물질적으로나 자발적 봉사로 도와주신 분들에게 조금이나마 되돌려 드리는 일을 하고 싶습니다. 제가 필요한 곳이라면 어디든지 가서 찬조 연설도 해 드리고 할 수 있는 성원을 다 하려 합니다.

최 한국 정치 세계는 서로의 대화는 실종되었고, 죽느냐 사느냐의 싸움만 있는 것 같습니다. 정 대표님께서 탁월한 소통 능력과 40여 년 쌓아 온 경륜을 바탕으로 한국 정치사에서 큰 역할을 해 주시기 바랍니다.

오늘 허심탄회한 여러 말씀, 감사합니다.

정 감사합니다.

*정대철 전 대표는 인터뷰 이후 헌정회 회장에 당선되었다.

정지석,
〈국경선 평화학교〉를 세운 퀘이커

철원 가는 길은 생각보다 오래 걸리지 않았다. 포천으로 가는 새 길이 뚫려서 강남에서 자동차로 2시간을 달리니 도착했다. 개성보다 더 북쪽에 위치한 철원, DMZ의 봄은 이미 지났고 녹슨 기찻길에 녹음이 울창했다.

평화학교를 안내하기 위해 마중 나온 정지석 박사가 온화한 미소로 필자를 반겼다. 그는 퀘이커 교도이고 국경선 평화학교 교장이며 목사님이다. 얼마 전 성공리에 마친 〈4.27 DMZ민+평화손잡기운동〉을 주도하였다.

최 〈4.27 평화손잡기〉에 대해서 먼저 말씀해 주시지요.

정 네, 공식명칭은 〈4.27DMZ민+평화손잡기운동〉입니다. 남북의 분단이 너무 길고 아파서 이제는 정치인들에게만 맡길 것이 아니라 우리 시민들이 남북 평화통일의 열망과 의지를 전 세계에 보여 주는 행사를 기획하고 실행에 옮긴 운동입니다. 이 일은 시민들의 안전과 삶에 직결되기 때문에 우리가 더 적극적으로 의사를 표현해야 하는데 어떻게 하느냐가 문제였습니다. 작년 4월 27일, 남북 정상들이 판문점에서 손을 잡은 지 1주년이 되는 날을 기념하여 DMZ 500Km의 국경선 마을에 시민들이 평화의 손잡기 운동을 하자는 마음들이 모여져서 이런 운동을 한 것이지요.

최 상당히 감격적이고 성공적인 행사로 들었습니다만 어려운 점도 많으셨지요?

정 네, 저희는 처음부터 확실히 잘된다는 믿음으로 시작했는데 막상 시작하니까 많은 시민들이 어떻게 참여해야 하느냐고 질문을 하셨습니다. 이런 관심과 행사 일정에 대한 세부적인 질문에 충분한 설명과 안내랄까, 이런 문제가 쉽지 않았습니다. 우리가 기존 조직이 있는 단체가 아니고 순수하게 시민들의 마음을 합쳐서 시작하다 보니까 그런 면에서 당황도 좀 했고 아쉬움이 있었습니다. 그보다 앞서 좀 더 근본적인 어려움은 이 일을 하자고 했을 때 주위의 반응이 별로 신통치 못했던 점입니다. 말하자면 이런 일을 하실만한 분들, 주로 지식인들인데 이분들을 만나면 "뜻은 좋은데 과연 되겠느냐"며 별로 관심이 없으셨지요. 이럴 때 힘이 좀 빠졌습니다.

최 네, 워낙 엄청난 일이라 그런 반응이 나올 수 있었겠지요. 또 반면에 이 일을 추진하는 데 같이 동참한 분들도 많이 계시지요?

정 우선 이 일은 종교적인 체험으로 말씀드리면 하나님이 원하시는 일이라는 확신이 있었지요. 하지만 실질적인 행사를 구상하고 실행하는 과정에서 저도 어떤 때는 현실감이 없었어요. 물론 몇몇 목사님들과 같이 기도하면서 계속 이 일을 추진하고 있었는데 그중 안바나바 목사님이 앞으로 모든 일어나는 일들을 영상으로 기록하면서 더욱 적극적으로 해 나가자는 권유에 다시 힘을 얻는 모멘텀이 이루어졌습니다.

최 DMZ 구불구불한 500km를 시민들이 손을 잡아 연결하려면 50만 명이 있어야 한다는데 그 정도는 아니지만 20만이 넘는 분들이 이 평화 손잡기에 동참하셨습니다. 참 많이 오셨네요.

정 저는 처음에는 100만이 오실 것으로 기대했습니다. 하하. 다만 이분들이 왔을 때 어떻게 안전하고 즐거운 행사가 되게 하느냐가 걱정이었습니다. 그러다가 참여 인원의 윤곽이 잡히면서 그 정도까지는 아니라는 것을 알았지요. 이러한 과정에서 마을 주민들의 헌신적 봉사가 이번 행사에 크게 도움이 되었습니다. 전국 각지에서 오시는 분들을 위해 영접 준비위원회를 만들고 또 어디서 어떻게 손을 잡고 서야 할지 거리에서 실측하는 등 적극적으로 도와주신 것이 이번 행사 성공의 큰 힘이었지요. 이 자리를 빌려 그분들의 헌신적 봉사에 감사드립니다.

최 이번 일로 DMZ 주위 시민들이 이런 행사에 많은 관심이 있고 동참할 의지가 있다는 것을 확인했습니다. 내년 4.27에도 계속 이러한 행사를 하실 건가요?

정 저는 그런 생각이 없고요. 그때가 되면 또 그런 뜻을 가진 분들이 하실 수 있겠지요. 다만 이 손잡기 운동이 평화의 불길 운동이라면 이 불길이 생각지 못한 다른 곳으로 번지고 있는 데 의의가 있습니다. 이번에 우리가 평화 콘퍼런스도 열었는데 여기에 이스라엘과 팔레스타인 학교 선생님들이 참석하였습니다. 또 이번에 참석한 일본 평화 단체가 며칠 전 후지산에서 평화 회의를 열면서 우리를 초청했는데 여기서 우리가 다시 제안하여 금년 12월에 이러한 평화운동을 이스라엘과 팔레스타인의 분리 장벽에서 열기로 결정했습니다. 그리고 이 회의에 참석한 파키스탄에서 오신 신부님이 인도와 파키스탄 국경에서도 이런 운동을 내년 9월에 하자는 제안을 했습니다.

최 네, 한국의 평화 손잡기 운동이 이스라엘과 팔레스타인, 인도와 파키스탄으로 퍼지고 있습니다. 이번에는 정 박사님이 교장으로 계시는 국경선 평화학교에 대한 질문을 하겠습니다.

이 학교는 어떤 학교인가요?

정 국경선 평화학교는 피스 메이커, 남북한의 평화를 만드는 사람들을 길러내기 위한 학교로서 2013년 3월 1일 개교를 했습니다.

그전에는 제가 학교에서 강의를 하면서 이러한 피스 메이커를 길러야 한다고 말만 해왔는데, 어느 순간 내가 직접 해야겠다는 각성이 들면서 미국에서 철원으로 2011년에 이사를 왔습니다. 지금 이 학교는 아직 한국의 교육 제도에는 없는 학교입니다. 대안학교도 아니고요. 제 개인적으로는 신앙 운동이라고 보고 있습니다. 그러다 보니 간혹 어떤 분들이 오셔서 조금이라도 학교 재정에 보탬이 되라고 얼마를 주시는데 현 제도상으로는 받을 수가 없었습니다.

그분들이 자발적으로 기여한 돈도 나중에 제도상으로 문제가 될 수 있다고 합니다. 그래서 얼마 전에 통일부에 사단법인으로 등록했습니다. 다음 단계로는 평생교육기관으로 등록을 해서 정식으로 교육부의 산하기관이 되려고 합니다.

최 국경선 평화학교의 뜻에 동참해 강의를 하시는 분 중 저명인사도 많이 있으시지요?

정 네, 석좌교수 중에 한완상 박사님, 서광선 목사님, 박경서 박사님 등이 있으시고요 해외의 평화학자들도 여러분 계십니다.

최 네, 알겠습니다. 앞으로 제도적인 문제가 보완되면서 국경선 평화학교의 취지에 맞는 많은 발전이 있으시기 바랍니다. 다음 질문을 하겠습니다. 정 박사님은 퀘이커 교도로 알고 있는데 퀘이커가 스스로를 부르는 공식 명칭은 Religious society of friends입니다. 어떤 의미라고 볼 수 있나요?

정 네, 이사람 들은 교단이라는 개념이 없습니다. 우리가 익숙한 개신교는 독일의 루터로부터 시작되었지만, 퀘이커는 영국의 청교도 혁명에 그 뿌리가 있습니다. 말하자면 영국 퓨리턴으로 시작 되었는데 퀘이커는 퓨리턴의 spiritual 좌파입니다.

최 spiritual 좌파가 무슨 뜻인가요?

정 여기서 좌파라는 것은 종교적 의미이고, 제도권을 싫어하는 성향을 말하는 것입니다. 어떤 제도에 종속되는 순간 영적인 자유가 손상된다는 생각을 하는 겁니다.

최 전통적 기독교로서는 놀라운 개념인데요. 교리도 일종의 제도라고 보는 건가요?

정 네, 그렇습니다. 우리는 교리를 가지고 있지 않습니다. 일반적으로 교리라는 것은 어떤 신앙단체의 방향이나 믿음의 근간을 규정하는 것이고 이것을 지키지 않으면 안 되지요. 그런데 퀘이커는 이런 교리들을 거부합니다. 만약 유일한 교리가 하나 있다면 그것은 평화입니다.

최 정 박사님이 하시는 4.27 손잡기나 국경선 학교가 모두 평화를 지향하는 단체나 운동입니다. 이러한 배경에는 퀘이커리즘의 정신이 뿌리가 된 것 같습니다. 또 어떤 면에서 퀘이커 자체는 진보적이지만 교리가 없기 때문에 보수적 기독교인들은 물론 불교나 다른 종교인들도 퀘이커가 될 수 있는 듯합니다.

정 네, 사실 퀘이커만큼 포용적인 기독교가 없다고 생각합니다. 저도 처음에는 퀘이커들을 보면서 좀 어색하고 이상했는데 이들의 포용력에 감명을 받았습니다. 이 사람들에게는 이단이라는 생각, 그런 개념조차 없습니다. 그러다 보니까 거꾸로 제도권 기독교에서 퀘이커를 약간 이단시하고 있지요. 하하.

최 지금 한국 전통 교회에서는 퀘이커를 이단으로 보고 있나요?

정 감리교나 통합 측에서는 이단으로 보고 있지 않습니다. 그 외에 근본주의 보수교회에서는 그렇게 생각하고 있을 겁니다.

최 정 박사님이 쓰신 '퀘이커리즘으로의 초대'라는 책을 여기 오기 전에 좀 봤습니다. 여기서 박사님은 '퀘이커리즘은 오랫동안 잃어버린 기독교의 원형과 본질을 상기해 준다' 라고 쓰셨는데 어떤 의

미인가요?

정 퀘이커들의 가르침은 단순합니다. Faith and practice입니다. 믿음만 있고 실천이 없는 것은 미신이고 실천만 있고 믿음이 없는 것은 단순한 행동주의라고 봅니다. 그래서 믿음과 실천의 일치를 끊임없이 추구하는데 저는 거기서 예수님을 봅니다. 예수님은 당신이 진리라고 믿었던 그 일을 세상 속에 들어와서 실천하신 분이니까요.

최 그렇게 좋은 퀘이커를 믿는 사람이 별로 많지 않습니다.

정 네, 퀘이커 교도는 아직 극소수인데 거기에는 이유가 있습니다. 우리는 전도라는 개념이 없습니다. 왜냐하면 퀘이커는 모든 사람 안에 하나님, 신성이 있다고 믿습니다. 그래서 누가 누구에게 전도한다는 것은 어려운 일이고 동시에 모든 지구촌이 교회라고 봅니다. 그렇기 때문에 어떤 일정한 교파로 집단을 이루지는 않지요. 퀘이커는 6.25가 나고 1953년에 한국에 처음 들어왔습니다. 주로 개인적으로 와서 구호 봉사와 함께 병원을 했습니다. 군산에 있는 군산병원이 바로 퀘이커 개인 의사들이 와서 시작한 겁니다. 이후 함석헌 선생이 무교회주의 신앙에서 퀘이커가 되신 분으로 널리 알려져 있지요. 또 퀘이커는 상당히 개인주의 같으나 동시에 공동체의 영성을 추구합니다. 좀 역설적이지만, 조직이 아닌 공동체에서 개인의 자유로운 영성을 보장하면서 같이 성장하는 것이지요.

최 퀘이커가 알고 보니 역사적으로 최초가 참 많습니다. 노예제도 반대부터 시작해서 전쟁 반대, 여성 투표권 보장 등 어느 사회단체보다 이런 운동을 최초로 했습니다. 군대에 가지 않는 것도 여호와의 증인보다 먼저지요?

정 네, 그래서 처음에는 영국 사회에서 퀘이커들에 대한 비판이 있었습니다. 하지만 퀘이커들은 전투에는 참여 안 하지만 전쟁터에는 갑니다. 가서 전투 못지않게 위험한 일을 하는데 예를 들면 전쟁터에서 부상 당해 쓰러진 사람들을 나르는 일 등을 합니다. 또 독일 폭격기가 런던에 폭탄을 퍼부을 때도 퀘이커들은 방공호에 들어가지 않고 나와서 폭탄의 잔해에 깔려 있는 사람들을 병원으로 운반하는 일을 했지요. 이러한 일들을 2차 세계대전에서 하니까 당시 영국 사회의 여론이 퀘이커들을 인정하기 시작했고 점점 퀘이커에 대한 인식이 좋아졌습니다. 지금도 영국에서 국교인 성공회는 줄어들고 있는데 퀘이커는 2만 명을 넘어서는 성장을 하고 있는데 주로 젊은이들이 퀘이커에 관심이 많습니다.

최 왜 젊은이들이 그런가요?

정 우선 그들은 퀘이커에서 자유로움을 느낀다고 합니다. 우리 모임은 한 시간 동안 침묵 기도를 하니까 누가 간섭하거나 이것을 따르라거나 무엇을 구하라는 지시가 없는 겁니다. 그러면서도 종교성을 체험할 수 있으니 젊은이들이 모이는 듯합니다. 다음에는 Peace, 사실 토니 블레어가 미국 클린턴의 요청으로 이라크를 폭격할 때도 퀘이커들은 격렬하게 반대했습니다. 이렇게 퀘이커의 유일한 교리랄 수 있는 평화에 대한 인식이 높아지면서 젊은이들이 모이는 것 같습니다. 사실 영국만 아니라 미국 북동부, 즉 청교도 후예들이 많은 곳에서도 퀘이커에 대한 인식이 대단히 좋은데 한국에서는 아직 좀 이상한 이단으로 여기는 사람들이 많습니다. 하하.

최 퀘이커의 침묵 기도도 특이하지만 한국교회의 통성기도도 특이합니다.

정 네, 형식으로는 정반대지요. 퀘이커 침묵의 핵심은 체험입니다. 무엇을 체험하느냐 하면 신적 체험, 신과의 만남을 침묵 속에서 하는 것입니다. 침묵 속에서 공통으로 하는 일은 waiting, 기다림입니다. 무엇을? 하나님의 음성이 들려지기를. 퀘이커의 침묵은 그래서 적극적 침묵입니다. 이것의 핵심은 mystic, 신비입니다. 통성기도하는 분들은 오순절 파인데 형식은 다르지만, 내적인 신비체험은 같다고 할 수 있겠지요.

최 퀘이커는 이 세상을 어떤 관점에서 보나요?

정 네, 이 사람들은 상당히 현실적입니다. 이 세상이 곧 죄로 멸망하고 이 땅은 영원히 가망이 없다는 그런 생각은 하지 않습니다. 그러니까 이 세상을 Original sin이 아니라 Original goodness로 보는 것이지요. 말하자면 하나님이 함께하시는 곳이라는 아주 낙관적인 생각을 합니다.

최 마지막으로 정 박사님이 미국에서 느닷없이 철원으로 오신 지 8년이 되었습니다. 그동안 여기서 지내온 느낌과 앞으로의 방향에 대해 말씀해 주시지요.

정 50이 넘어서 기도 중에 인생의 후반을 어떻게 살아야 할지 생각하면서 그 길을 찾은 게 여기였습니다. 저는 하나님께 행복하게 그리고 허무하지 않게 살고 싶다고 기도했습니다.

최 그동안에는 좀 허무하게 사셨나요? 하하.

정 하하. 네, 사실 그런 느낌이 많았습니다. 목사로 일하면서도 그러한 허무감이 점점 진하게 나타났습니다. 이때 하나님이 보여 주신 길이 여기 철원인데 처음에는 너무 엉뚱했지만, 하나님의 뜻을 확인하고 순종했지요. 제가 2011년 9월에 철원에 왔는데 그 후에는 허무한 적이 한 번도 없었습니다. 하나님께서 저에게 약속을 지켜 주셨고 저도 이곳에서의 삶을 계속 유지하려 합니다. 현재까지는 잘하고 있는 것 같습니다. 여기서의 삶을 분에 넘치게 만족하고 감사하고 있습니다.

최 네, 정지석 박사님. 오늘 인터뷰 감사합니다. 퀘이커를 한마디로 표현한다면 '좋은 사람' 동시에 '좋은 기독교인'이란 말이 있던데 정 박사님이 그런 분들 중의 한 분이 아닌가 생각합니다. 오늘의 만남을 퀘이커식의 침묵 기도로 끝냈으면 합니다.

정 네, 좋은 대화 감사합니다.

잠깐 침묵하고 마치겠습니다.

이남곡,
공자의 제자이자 인문 운동가

'전주비빔밥'으로 유명한 식당에서 비빔밥을 먹고 이남곡 선생이 살고 있는 장수로 향했다.

덕유산을 끼고 무주, 진안, 장수가 모두 계곡이 깊어서 '무진장'이라는 말이 생겼다. 그중 장수군(長水郡)은 특히 무분별한 개발에서 벗어나 여전히 깨끗한 공기와 맑은 물을 간직하고 있다.

마을의 큰길을 따라 오르다 보면 오른쪽으로 '좋은 마을'이란 작은 간판이 서 있다. 그 길을 자동차로 2~3분 오르니 깊은 계곡 사이로 집들이 몇 채 보이고, 넓은 평지에 어른 가슴 높이의 고동색 된장 항아리들이 오후 햇빛을 반짝이며 대열을 갖추고 있었다. 항아리 주인 이남곡 선생의 소탈한 웃음이 우리 일행을 벌써부터 반겨 주었다.

고희를 지낸 지 오래지만 헌칠한 자태와 인터뷰 내내 유머 감각이 뛰어난 인문 운동가였다.

최 이남곡 선생님, 반갑습니다. 여기가 '좋은 된장'을 만드는 천혜의 된장 공장이고, 선생님이 된장 공장 공장장겸 사장님이신가요?
이 하하. 요즘은 저의 아들이 운영하고 있어요.
된장은 물과 햇볕이 중요한데 여기서 10년 전부터 좋은 된장을 만들고 있습니다.
최 최근에 내신 책 〈논어, 사람을 사랑하는 기술〉을 읽었습니다. 책 제목이 좋고 공자님에 대한 새로운 해석이 많이 눈에 띄었습니다.
이 한때 저도 공자님을 '진부한 보수의 상징'이라는 거부감을 가졌으나, 논어를 공부하면서 '아집이 없는 자유인, 소통의 달인'이라는 것을 알았지요.
최 공자님이 말씀하신 '4무'와 관련이 있나요?
이 그렇지요. 4무는 무의, 무필, 무고, 무아(毋意 毋必 毋固 毋我) 인데 논어, 자한편에 나오지요. 즉 공자님은 네 가지가 없었으니 각각, 사사로이 의미를 두지 않고, 반드시 그렇다고 단정치 않고 고집하지 않고, 아집이 없다는 뜻입니다.
최 무아는 불교와도 통하는 듯합니다. 공자님은 인(仁)과 서(恕)를 강조하셨는데 용서(容恕)와 그냥 서(恕)는 어떻게 다른가요?
이 네, 어쩌면 이것이 공자 사상의 깊이를 나타내는지도 모릅니다.
서(恕)는 용서의 서와 같은 한문이지만 용서와는 다릅니다.
용서는 마음에 남는 무엇이 있지만 서(恕)는 마음에 남는 것이 아

무것도 없는 관계입니다. 그러니까 내가 옳고 너는 틀려서 내가 너를 용서하는 것이 아니지요.

최 선생님은 30대 초에 '남민전'(남조선 민족해방전선 준비위원회)에서 잠시 활동했었고, 이 문제로 4년간 옥고를 치렀습니다.
지금은 이러한 활동 중 일부가 민주화 운동으로 인정되기도 하는데, 40년이 지난 지금은 어떻게 생각하시나요?

이 저는 대학 시절에 민주화 운동과 사회 변혁 운동을 했었고, 1972년부터 농촌 지역에서 교육 관련 운동도 하였습니다. 저는 자생적 사회주의자가 되었고 당연히 친북적이었지요. 그러다가 북쪽의 개인숭배를 접하면서, 내가 생각하는 사회주의가 아니란 걸 알았습니다. 비록 남쪽이 모순이 많더라도 사회주의는 오히려 남쪽에서 이루어질 가능성이 높다고 생각했어요. 이후 유신 시대와 겹치면서 70년대 말 이른바 남민전과 연계되었습니다. 그 단체에서 비밀리에 석 달 정도 활동한 후, 제가 실수했다는 것을 알고 스스로 결별했지요. 남민전과 연락을 끊기 위해 직장도 그만두고 집에서도 떠났습니다. 저는 1년 후 국가 기관에 체포되어 남영동으로 끌려갔으나, 그들의 말을 듣고 생각이 바뀐 것이 아닙니다. 이미 남민전에서 활동한 석 달로서 충분했지요. 그들의 허점과 허상이 너무 잘 보이니까 스스로 떠날 수밖에 없었습니다. 국가보안법 위반으로 5년형을 받았는데 1년 일찍 가석방되었습니다. 이 시기를 전후하여 새로운 인간, 새로운 사회, 새로운 문명에 대해 나름대로 나아갈 방향을 모색하기 시작했어요. 당시 신영복 선생도 감옥에서 만났지요. 저는 북에 대한 모든 환상이 사라졌는데 80년대에 주체사상이 운동권에 확산되는 것을 보면서 참으로 황당했어요.

최 당시 남민전은 무장 혁명을 목표로 했었는데 어처구니없는 강도 사건으로 전모가 밝혀졌습니다.

이 네, 당시 우리 구성원이 누군지, 누가 무슨 일을 하는지 알지 못했어요. 철저한 점조직이었지요.

최 기록에 따르면 1977년 1월 남민전은 예비군 훈련장에서 총기를 밀반출해 비축하고 사제폭탄을 제작합니다. 이들 중 일부는 스스로를 의적이라고 생각하며, 1978년부터 부자들의 집에 들어가 절도 행각을 하는데 1979년 4월 D그룹 C모 회장의 자택과 동대문구 휘경동의 G모 사장 집에 침입해 3회의 강도 행위로 50여만 원 상당의 금품을 털고 경비를 단도로 찌르기도 하였습니다. 이남곡 선생님은 당시 이런 일은 전혀 모르셨지만, 이 과정에서 한 사람이 체포되면서 남민전의 전모가 드러나기 시작합니다. 당시 중형을 받은 사람 중 MB정권의 실세였던 이 모 씨, 현재 여당 국회의원 이 모 씨, 파리에서 도피 생활을 한 후 소설을 쓴 홍 모 씨도 있지요. 선생님의 그때 이름도 5년 선고받은 사람 명단에 있더군요.

이 네, 당시 제 이름은 계천(啓天)이었는데 이후 남곡(南谷)으로 바꾸었어요. 이름이 너무 커서 고생한다는 생각에 조용히 남쪽 골짜기로 내려온 거지요. 하하.

최 요즘 한국 사회의 분열이 심각합니다.

증오와 갈등이 극에 달하고 편 가르기와 진영 논리가 모든 것을 덮고 있습니다. 이런 때 공자님의 말씀이 어떤 덕이 되나요?

이 공자님은 알고 보면 대단히 폭이 넓고 자유로운 분이었지요. 〈논어, 사람을 사랑하는 기술〉 에 제일 먼저 나오는 공자님 말씀이 있습니다. '무적무막 의지여비' (無適無莫 義之與比) 라는 한문인데 "세상에 옳다고 하는 것이 따로 없고 옳지 않다고 하는 것도 따로 없고 오직 의를 따를 뿐이다"라는 뜻이지요. 저는 인문 운동의 도구로 나이 60이 넘어 처음 접한 논어를 주로 활용하고 있습니다. 조선의 지배 이데올로기였으며 조선을 망하게 한 원인의 하나로 지목되어 온 유학은 공자를 너무 왜곡한 것이었지요. 공자를 제대로 살리면 지금까지도 지속되는 사문난적(斯文亂賊)류의 편싸움에서 벗어날 수 있습니다. 지금 우리나라는 마치 TV 역사 드라마에서 보듯이 상대방을 적폐, 토착 왜구, 대깨문, 좌 빨 등의 단어를 마구 쓰면서 사문난적으로 몰아가고 있습니다. 국민의 살림살이를 위한 정치가 아니라 정권욕만 그득합니다. 촛불이 그 빛을 잃어가고 있고 현 정권에 대한 기대가 점점 무너지고 있습니다.

최 네, 이러한 암울한 현실을 극복하는 방법은 무엇일까요?

이 〈좌도우기〉의 정치를 하는 것입니다. 우리 사회의 이상이나 목표는 좌파처럼 하고 그 실행은 우파의 방법을 쓴다는 뜻입니다. 그러니까 좌우의 연정이나 합작을 하는 거지요.

최 내각책임제가 아닌데 가능할까요?

이 대통령중심제에서도 할 수 있습니다. 왼쪽의 이상을 오른쪽의 방법으로 해결하면 됩니다. 말하자면 '새 술을 헌 부대'에 담는 것이지요. 당장 대통령중심제라는 부대를 바꿀 수는 없습니다. 또 내각책임제라고 해서 '좌도우기'가 반드시 잘된다는 보장도 없습니다. 강력한 리더십이 있는 대통령이 경제 문제는 양심적이고 유능한 우파를, 양극화 해소나 복지 문제 등은 합리적인 좌파를 같은 국무회의에 앉히는 거예요. 그렇게 새 술을 담으면 되는데 저는 사실 이런 협치와 연정을 문재인 정부에 기대했었지요. 지금은 어려워졌지만, 다음에 누가 정권을 잡든지 이렇게 '좌도우기'의 마음으로 국정운영을 하면 좋겠습니다. 산업화, 민주화의 대립에서 시대 교체를 해야 하는데 이것을 인물 교체 중심으로 해야 합니다.

최 저기 벽에 걸린 족자 '이문회우 이후보인(以文會友, 以友輔仁)'은 무슨 뜻인가요?

이 '군자는 학문으로써 친구를 모으고, 친구를 통하여 인의 수준을 향상시킨다'는 뜻인데 『논어』 안연 편의 끝 문장입니다.

공자의 제자 증자의 글이지요.

최 공자님의 가르침을 종교라고 볼 수는 없겠지만, 종교와 종교의 만남이 잘 이루어지는 것이 공자님 생각이겠지요?

이 제가 종교에 대해 잘은 모르지만, 기독교나 불교 모두 예수나 석가 이후의 제자들이 기틀을 만든 것이지요. 그런 면에서 예수님이나 부처님의 생각과 많은 변화가 있었을 겁니다. 이 두 종교는 어떤 면에서는 이원론을 기초로 하고 있지요. 천당과 지옥, 선과 악 등입니다. 근본적으로 종교가 인간 의식의 향상과 과학의 발전을 인정치 못하고, 복 받고 돈 벌기 위한 종교로 머물면 앞으로 그런 종교는 점점 소멸하고 말 것입니다. 지금 유럽에서 이러한 일들이 벌어지고 있지요. 만약 종교들이 공자의 사상을 새로 배우고 포용한다면 종교끼리의 대화도 아무 문제 없을 것이고 세계평화에 크게 기여할 것입니다. 왜냐하면 종교의 본질은 아집을 벗어나는 것인데 오히려 강고한 아집, 집단 아집을 만드는 경우가 많기 때문이지요.

최 선생님께서 교회나 절에 가서 강연을 좀 해주시지요. 하하. 통일 문제에 관한 질문을 하겠습니다. 한국은 앞으로 어떤 통일을 해야 할까요?

이 우리는 월남식도 독일식도 적합치 않습니다. 월남식이라면 이북이 남한을 흡수 통일하는 것인데 이미 그런 이야기는 끝난 지 오래지요. 남남 갈등이 심해서 걱정하는 분들도 있지만 이북처럼 살 수 없는 것은 모두 압니다. 또 막말로 누가 남쪽을 송두리째 이북에 갖다줘도 받을 수가 없습니다. 중국이 홍콩도 다스리기 어려운데 이

북에 남한이 들어가면 그들의 체제가 바로 무너집니다. 반대로 남쪽이 북을 흡수 통일 할 수 있다고 생각하는 사람도 많지만 아직은 어렵습니다. 지금 탈북자 관리도 못 해서 그들이 굶어 죽는 판인데 2천만 북한 동포를 어떻게 감당합니까. 그래서 지금은 통일에 관한 이야기보다는 국가 대 국가로서 좀 더 지내면서 공존하고 협력하는 시간을 상당 기간 가져야겠지요. 이러한 방향을 반통일적이라고 비판하는 사람들이 있습니다. 민족주의자들은 한 민족이 한 국가를 이루는 것을 최상의 선으로 생각하는데 좀 더 생각해보면 한 민족이라도 두 체제에서 어느 쪽이 더 잘 되는지 비교해 볼 수도 있겠지요. 그리고 옛날 일본의 침략적인 방법이 아니라 앞으로는 아시아 연방 같은 것이 생길 수도 있습니다. 그때 남북이 서로 협력하면서 어떤 역할도 할 수 있겠지요. 이렇게 한 30년 지나다 보면 또 적절한 방법으로 통일이 되는 때가 올 것입니다. 유럽이 EU가 그래서 생긴 것이고, 인류의 보편적 가치를 위해서 국가라는 것의 정의가 바뀔 수도 있겠지요. 지금 김정은에게 우리가 걸 수 있는 희망은 그가 계몽 군주가 되는 것입니다. 자기 대에서 세속을 끊고 인민을 위해 경제 발전을 이루는 거지요. 4대 세습은 불가능할 테니 서서히 집단지도 체제로 바꾸면서 경제 발전에 전념하여 중국과 같은 발전을 이루면 본인도 큰 업적이지요.

최 마지막으로 앞으로 한국 사회 발전을 위해 한 말씀 해 주시지요.

이 우리가 지금 할 수 있는 최선의, 어쩌면 유일한 방법은 다음 대통령을 '좌도우기' 국무회의를 구성할 수 있는 인물로 뽑는 것입니다. 박정희와 김대중을 같이 품을 수 있는 대통령이 나와야 합니다. 이렇게 하면 희망이 있습니다.

최 오늘 오랜 시간 귀한 말씀 감사합니다.

이 여기까지 촌로(村老)를 찾아와 주셔서 감사합니다.

한돌,
한국의 정서를 노래한 음유시인

한돌 님을 만나러 일산에 왔다. 일산 시내 낮은 산, 벚꽃 나무가 내려다보이는 정자 밑에서 김밥과 막걸리를 먹으며 오후 내내 대화를 나누었다. 공기는 전날 내린 비로 싱그러웠고 편안한 구름이 걸려 있는 산마루에는 봄날이 지나가고 있었다.

오랜만에 만난 두 사람의 얼굴을 온화한 바람결이 감싸고돌았다. 홀로 아리랑, 조율, 개똥벌레 등 한국의 정서를 물씬 풍기는 독특한 노래를 많이 만든 한돌 님에게 최근에 출판한 책에 대해 먼저 물었다.

최 한돌 님, 반갑습니다. 얼마 전 책을 한 권 내셨지요. 책의 제목이 『꿈꾸는 노란 기차』인데 어떤 내용인가요?

한 네, 백두산 여행에 대한 일종의 기행문입니다. 하지만 사실 이

책은 한마디로 저의 반성문입니다.

최 한돌 님은 그동안 잘못한 일이 별로 없는 것 같은데 무슨 반성문인가요?

한 그동안 제가 노래를 사랑한다고 하면서 다녔는데 나중에는 노래를 배신했어요.

최 배신요?

한 네, 그러니까 노래를 하나의 도구로, 처음부터 그렇게 하려고 한 건 아닌데, 나도 모르게 게을러져서 그렇게 되었어요. 그래서 거기에 대한 반성문입니다.

최 네, 알겠습니다. 이 책의 마지막 부분에 이런 내용이 있습니다. '꿈을 사랑한다면 꿈을 잊어야 하나니 앞으로 봉우리에 오르지 않으리라. 봉우리는 올라서는 기쁨이 아니라 바라보는 슬픔이다.' 이 말에 대해 조금 더 설명을 해 주시겠어요?

한 네, 사람들은 누구나 꿈을 이루고 싶어 하고 정상에 오르고 싶어

하지요. 이런 마음이 잘못이라는 게 아니라 가만 생각해 보면, 누구든 정상에 오르면 내려와야 하는데 계속 머무르려고 하는 것 같아요. 정상에 오르는 것에 대한 집착이 부질없는 것인데 그것에 얽매여서 산 세월, 저를 포함해서, 그것이 아깝고 후회가 되는 겁니다. 또 정상에 올랐다고 쳐도 거기서 기쁨을 누리는 시간이 얼마나 되겠는가, 그것을 생각해 보면 멀리서 봉우리를 바라보는 게 더 행복하다는 생각이지요. 실제로 정상에 오르면 봉우리 전체가 잘 보이지가 않지요. 봉우리가 발밑에 있기에, 그래서 정상에 오르는 것이 슬픈 일인데 사람들은 그것을 기쁨으로 생각하지요.

최 네, 좀 어려운 말씀이네요.

한 아니요. 쉬운 이야기를 제가 말을 어렵게 해서 어려워진 겁니다.

최 한 번 더 질문을 하자면, 봉우리를 바라보는 것이 더 행복하다면서 왜 바라보는 슬픔이라고 하셨나요?

한 그것은 제가 지금까지 살아왔던 삶의 바탕을 슬픔으로 생각해서 그런 거지요. 제 노래의 바탕도 슬픔이에요. 말하자면 땅이 있어야 꽃이 피는데 그 땅이 슬픔인 거지요. 사람들은 꽃을 기쁨으로 생각하니까, 저는 그 기쁨의 바탕인 땅을 슬픔으로 보는 거지요. 이 세상의 모든 기쁨은 슬픔에서 나와요. 산이 없으면 봉우리도 없는 거예요. 봉우리를 멀리서 바라보면 슬픔을 뚫고 나온 꽃 같아요. 그래서 봉우리는 올라서는 것보다 바라볼 때가 더 좋다는 거지요.

최 네, 이 책을 읽어 보니까 겨울 백두산을 오르다 발을 잘못 디뎌 낭떠러지로 떨어진 아찔한 순간도 있더군요.

한 네 번째 갔을 때였지요. 그냥 쭉 떨어져서 정신을 잃었다면 몰랐을 텐데 10m를 미끄러지다 보니 더 무서웠어요. 다행히 바위에 걸리긴 했지만 그 뒤부터는 백두산이 무서워졌습니다. 마지막 다섯 번째는 'ㅌ·래' 를 찾으러 가기는 했습니다만.

최 네, 책 이야기는 이 정도로 하고 노래 이야기로 넘어가지요. 한돌 님은 스스로 만든 노래들을 'ㅌ·래' 라고 이름 지었는데 무슨 뜻인가요?

한 인디안들이 자기 물건에다 이름을 지어주듯이 저도 제 노래한테 이름을 붙여주고 싶었어요.

최 네, 그렇군요. 혹시 타령과 노래를 합친 이름인가요?

한 그건 아니고요. 가야금을 '타다' 뭐 이런 것도 아니고요…. 가만 생각해보니 사람들이 추위를 타다, 더위를 타다 뭐 이런 말을 하는 거예요. 사전을 찾아보니 'ㅌ·다'가 '느끼다'라는 뜻이더군요. 그래서 노래의 '래'자를 붙여 'ㅌ·래'로 결정했지요. 그냥 타래라고 하면 실타래가 되니까 반드시 'ㅌ·래'라고 해야 해요.

최 예전에 우리가 미국 포크송을 들으며 느꼈던 그런 감성 같은 것이겠군요.

한 그러니까 포크송에 대한 우리 노래 양식이라고 하면 좋겠네요. 사실 우리나라 유행가를 트로트나 뽕짝이라고 하는데 이 역시 새로운 이름을 지어 줬으면 좋겠어요.

최 네, 그렇군요.

한 근데 지금 제가 인터뷰를 잘하고 있는지 모르겠습니다?

최 하하. 네, 그럼요. 이제 한돌 님의 노래 몇 곡, 아니 ㅌ·래에 대한 질문을 좀 하겠습니다. 한돌 님의 ㅌ·래는 대개 몇 가지 주제랄까, 내면에 흐르는 정서가 있습니다. 일등이 아니라 꼴등에 대한 애정, 환경문제의 심각성에 대한 각성, 한국의 정서와 통일에 대한 천착 등을 주제로 여러 노래를 만들고 불렀습니다. 〈개똥벌레〉, 〈조율〉, 〈홀로 아리랑〉이 각각 대표적인 노래인데요. 먼저 〈홀로 아리랑〉이란 노래의 제목을 왜 '홀로'라고 했나요?

한 그 질문에 대답하기 전에 제가 아리랑을 찾아서 백두산, 지리산을 간다거나 독도를 가면 그곳에서 전래 되어 내려오는 노래 '아리랑'을 찾으러 가는 것으로 오해하는 분들이 있어요. 아리랑은 좁게 보면 노래지만 저는 한국 고유의 정서를 아리랑이라고 표현한 것입니다. 여기서 좀 어려움이 있는데, 사실 저는 아리랑 학자도 아니고 또 아리랑한테 혼날까 봐 노래 제목에 아리랑을 붙이지 않았어요. 지금까지 노래 제목에 아리랑을 붙인 건 〈홀로 아리랑〉과 〈뗏목 아리랑〉인데 이 두 곡은 어쩔 수가 없었어요. 그리고 저에게 한 질문, 왜 〈홀로 아리랑〉이란 제목을 붙였느냐에 대한 대답도 마찬가지예요. 노래 가사로 보면 독도 아리랑으로 해야 하는데 그 역시 독도에 편승하고 싶지 않았어요. 다행히 독도가 남북을 홀로 지키고 있다는 생각이 들었어요. 그래서 독도가 혼자서 아리랑을 부르면 남북이 같이 부를 거라고 생각했지요. 그렇게 되면 독도는 외로운 섬이 아니라 이 나라의 수호신이 되는 거지요. 하지만 제목을 그렇게 하는 바람에 이 노래가 독도 노래로 알려지기까지는 20년 걸렸어요.

최 네, 그래도 결국 남북한이 같이 부르는 통일 노래가 되었습니다. 한돌 님, 이번에는 〈조율〉이란 노래에 대해 말씀 좀 해 주시지요.

한 이 노래는 처음에는 환경에 대한 고민으로 시작했는데 나중에는 사람으로 연결되었어요. 사실은 어느 날 느닷없이 모래사장에 뭐라고 썼는데 나중에 보니까 그게 '하나님 조율 한번 해 주세요'라는 글씨였어요.

최 그때 잠자는 하늘님이라고 썼나요?

한 아니요, 그땐 그냥 하느님이라고 썼는데 아침에 보니까 글자가 없어졌어요. 그래서 하느님이 잠자고 있나 하는 생각이 문득 났어요. 나중에 노래가 많이 알려지자 어느 목사님이 전화하셨어요. "당신이 하느님이 잠자고 있는 걸 봤냐"고 하면서 화를 냈어요.

최 그래서 뭐라고 하셨나요?

한 그런 뜻으로 쓴 건 아니지만 그냥 죄송하다고 했어요.

최 이 노래는 간혹 광장의 정치적인 집회에서도 부르지요?

한 노래를 부른 가수에게는 고마운데 정치적으로 이용되는 노래가 돼서는 안 되지요. 뭐냐 하면 광화문에서 '잠자는 하늘님'이라고 노래하는데, 그 해석의 차이가 있어요. 사실은 잠자는 하늘님은 하늘에서 자고 있는 하느님이 아니에요. 사람한테 하는 이야기예요. 그런데 '잠자는 사람들이여' 하면 노랫말이 안 돼요. 설득력도 없고, 내가 건방진 사람이 되지요.

우리가 말하는 하나님은 하늘에 계신 분이 아니고 사람 속에 있다고 생각하며 만든 노래예요. 내 눈앞에 있는 모든 사람이 다 하나님이에요. 그중에 혹시 잠자는 사람 있으면 일어나서 세상을 보라 이거예요. 조율은 사람이 해야지요. 그런데 말로는 이렇게 설명할 수 있지만 노랫말만으로는 설명하기가 어려워요.

최 조율의 '하늘님'이 그런 뜻이라는 건 처음 알았습니다.

한 아무도 물어보는 사람이 없어요. 저는 종교가 없는데, '하느님'이란 말을 이제 좀 알 것 같아요. 그러니까 제가 이제까지 많은 도움을 받아서 컸는데, 그러니까 제 아내랄지, 주위 분들의 도움을 받았는데, 또 다른 누군가 있다는 생각이 들었어요.

최 왜 하느님이라고 안 하고 하늘님이라고 썼나요?

한 이 부분은 가사의 발성에 해당하는 부분인데 '하늘님' 해야 똑 떨어지는 발음이 돼서 부르기 쉬워요. 여하튼 제가 말하고 싶은 것은 하늘의 하느님에 얽매이지 말고 하나님이 바로 우리 자신 안에 있다는 거지요. 이 노래는 처음 시작이 환경이었기 때문에 특히 종교나 정치와는 상관이 없어요.

최 네, 알겠습니다. 이제 〈개똥벌레〉라는 노래, 가장 먼저 알려진 노래고 많은 사람들의 사랑을 받는 노래지요.

한 이 노래는 처음에 심의를 통과하지 못했어요.

왜냐하면 제목에 똥 자가 들어간다고 그랬어요.

백과사전을 찾아서 개똥벌레가 '반딧불이'라고 해명을 했지요.

최 1980년대니까 그럴 수 있겠네요.

한 당시에 아버님이 성남에서 작은 약방을 하고 계셨는데 골목에 영세 공장이 많았어요. 공장을 바라보면 깜빡거리는 형광등이 많았지요. 어느 날 깜빡이는 형광등을 보는데 개똥벌레가 떠올랐어요. 공장 노동자들이 잠 안 오는 약을 사러 오는데 아마 일도 하고 공부도 하고 그랬겠지요. 약방에 있으면서 그들과 대화하게 되는데 모두 10대예요. 바로 우리 동네에 그렇게 많은 개똥벌레들이 있는 줄 몰랐어요. 가난한 자의 외로움이나 풍요로운 자의 외로움은 같을 수 있으나 가난한 자의 외로움에서는 향기가 나지요. 반딧불이가 빛을 내는 것처럼 말입니다.

최 네, 한돌님의 노래들이 오늘 다시 들리는 듯합니다.

대한민국의 정치가 이 노래들을 만든 때와 비교해서 얼마나 발전한 것 같나요?

한 저는 정치는 잘 모르지만 제발 텔레비전에 정치인들이 나오지 말았으면 좋겠어요.

최 정치인은 선거에서 표를 얻어야 하니까 그렇겠지요.

한 앞에 나서지 않는 사람이 정치인이 돼야 해요.

앞으로 그런 사람들이 많이 나왔으면 좋겠어요.

최 네, 이제 홀로 아리랑처럼 우리 모두의 진정한 화합을 이루고 지키는 사람이 많이 나오길 바랍니다. 오랜 시간 한돌 님의 노래에 대한 생각과 삶에 대한 속내를 많이 들었습니다. 오늘 정발산 중턱의 바람결이 유난히 고운 것 같습니다. 한돌 님이 가져오신 막걸리도 잘 마셨습니다. 감사합니다.

한 원영 님, 여기까지 오셔서 고맙습니다. 정발산에게도 고맙습니다.

이현주,
이 시대의 멘토이자 아무개

전남 순천은 용산역에서 KTX로 두 시간 반 거리였다.

호우주의보가 호우경보로 바뀌면서 남쪽으로 갈수록 억센 비를 뿌렸지만 이 시대의 멘토 이현주 선생을 만나러 가는 마음은 산뜻했다. 그의 부인이 주관하고 연주하는 바로크 음악을 순천대학 강당에서 듣고, 다음 날 오후 시내 골목에 있는 '말씀과 밥의 집'을 찾았다. 선생은 잔잔한 미소로 필자 일행을 반겨 주었다.

최 이현주 목사님, 반갑습니다. 목사님은 동서양 사상을 아우르며, 기독교는 물론 유불선을 관통하는 많은 책을 쓴 저술가이자 번역 문학가이시지요. 또 이미 1964년 조선일보 신춘문예에 등단하신 아동 문학가이며 시인이십니다. 오늘은 제가 '선생님'으로 호칭해도 되겠습니까?

이 네, 그럼요.

최 선생님은 1968년에 '기독교세계'라는 잡지사에서 근무하다가 해고를 당하셨습니다. 당시에 어떤 일이 있었나요?

이 아, 아주 오래전 일이네요… 50년이 넘었군요. 그때 제가 감리교에서 발행하는 잡지 '기독교세계'에서, 당시에는 그런 말도 없었지만 '비정규직'으로 근무했었습니다. 그 잡지의 발행인은 감리교의 최고 어른인 감독이었지요. 어느 외부 필자가 감독을 비판하는 글을 잡지사로 보내왔고 그대로 실렸습니다. 사실은 편집자들이 그런 글이 들어오면 본인에게 좀 읽어 보라고 할 만도 한데 그냥 나간 거지요. 이후 그쪽에서 어느 분이 3일을 계속 사무실에 나와서 너무 심하게 나무라는 거예요. 당시 저는 그냥 심부름꾼으로, 그러니까 있는지 없는지도 모르는 존재였는데 제가 대들었지요. 그분은 교회의 원로이고 장로님이라 한바탕 소란이 일어났어요. 주위 분들이 말려서 일단락은 되었지만 결국 해고되었어요. 저를 고용한 분이 "미안하지만 자네가 사표를 써야겠네" 해서 "저 사표 못 씁니다. 저한테 언제 임명장 주셨나요?" 했지요. 하하. 그리고 그냥 나온 거지요. 아주 젊을 때 이야기입니다.

최 선생님은 觀玉(관옥), 二吳(이오), 无無(무무), '이 아무개' 등의 호나 필명이 있으십니다. '관옥'은 무위당 장일순 선생이 지어 주신 것으로 알고 있는데 어떤 의미인가요?

이 그걸 주시면서 별로 설명은 없으셨어요. 볼 관자에 구슬 옥자인데, 한마디 말씀이 "이 옥을 돌이 아니라 구슬로 보면 좋겠다"라고 하셨어요. 그 외에는 아무 말씀이 없으셨는데, 제가 혼자 해석하기에는 완벽한 구체는, 아마 하나님이란 존재를 형상화한다면 그렇게 되지 않을까…. 모든 별이 동그란 것처럼, 그러니까 '하나님을 보라는 말씀인가 보다' 이렇게 생각도 해 봤습니다.

최 '이오'(二吳)는 언제 쓰셨나요?

이 이오는 관옥 전에 썼지요. 제 친구와 여행을 하다가, 그 친구는 버스 창가 쪽에, 저는 통로 쪽에 앉아서 둘이 가는데, 갑자기 나 吳(오)자에 두 二(이)자를 써서 '이오'(二吳)라고 나를 부르면 어떨까 하는 생각이 드는 거예요. 왜냐하면 내가 둘이란 것은 알고 있는데, 그 둘이 좀 사이좋게 지냈으면 좋겠다, 뭐 이런 생각이었겠지요. 그런데 그 친구가 갑자기 "내가 이름 하나 줄까" 하는 거예요. 그러면서 "두 이자에 나 오자 어떠니?" 했어요.

최 아, 그럴 수가 있나요?

이 그래서 제가 속으로는 좀 놀라면서 그렇게 하겠다고 했지요. 여행을 마치고 돌아오는 길에 또 그 친구와 같이 버스를 타고 오게 되었습니다. 오면서 친구가 "저기 좀 봐라" 하는데 어느 사당의 현액에 '이오당'이라고 써 있는 것이 보였어요. 그러니까 친구는 그것을 보고 '이오'라는 이름을 제안한 거였어요. 하하. 여하튼 재미있는 이야기지요.

최 만약 그분이 현판을 안 봤으면 완전히 텔레파시라고 할 수 있었겠네요. 하지만 그때 생각하신 '이오'가 마침 현판에 써 있었던 것도 참 묘한 일이었네요.

이 그렇지요. 모두 인연으로 봐요. 그 이름과의 인연이지요. 우리가 오늘 여기 이렇게 만나서 대화하는 것도 인연이 닿아서 만나는 것이지요. 인연이 닿으면 안 만날 수 없고 또 그게 다하면, 끝나면 안 헤어질 수 없는 거지요. 저는 인생이 그런 거라고 봐요. 이름도 그렇지요. 무위당 선생님이 제자들에게 이름을 잘 주시지 않고, 제가 청탁도 드리지 않았는데 어느 날 '관옥'이란 이름을 주신 것을 보면 이름과도 인연이 되면 만나는 거지요.

최 그동안 이렇게 여러 이름들을 쓰셨는데 지금 현재, 선생님은 자신을 어떤 분이라고 생각하시나요?

이 하, 굳이 말한다면… 사람… 사람이라는 것이 무엇인지… 그거 좀 알고 싶은 사람이지요. 내가 누군지 알고 싶은 것과 상통하는 거지요. 그런데 모르니까 배워야 하잖아요. 배우는 방법은 스승을 모시는 수밖에 없지요. 저는 그래서 어려서부터 어머니 덕분에 알게 된 예수라는 분을 스승으로 모셨고 한평생 그렇게 살고 있어요. 그래서 '너는 누구야?'라고 묻는다면 '예수의 제자로 살려고 애쓰는 사람' 이렇게 말할 수도 있겠지요.

최 예수님이 자신의 스승이라는 의미 외에 다른 의미는 없나요?

이 음, 어쩌면 예수님께서 저에게 이렇게 말씀하실지도 모르지요. "네가 나를 선생으로 생각한다면 네가 나의 제자가 되겠지만 그건 네가 결정한 거지. 그건 네 마음이지만 나하고는 관계없다"라고요. 하하. 또 어쩌면 "내가 너의 선생은 아니다. 네가 몰라서 그렇지 내가 바로 너야"라고 하실지도….

최 아까 '이오'에 대해서 자신이 두 사람이라고 하셨는데 어떤 의미인가요?

이 하나는 이렇게 보이는 나. 하나는 안 보이는 나. 예수님이 스스로 아브라함보다 먼저 있었다고 한 것은 사람의 아들이니까 가능했지요. 내가 사람이라고 말하기는 어렵지만 사람이 나라고 하는 사실은 내가 어떻게 할 수 없지요.

최 선생님은 많은 분들의 멘토로, 이 시대의 영성가로 불리시는데 영이나 하나님에 대해서 어떻게 생각하시나요?

이 아, 그거는요, 제가 영이 무엇이다, 하나님이 어떤 분이다, 이런 이야기는 감히 제 입으로 말할 수가 없는 거예요. 그건 모른다고 하는 게 맞지요. '내가 모르니까 없다'라는 것도 말이 안 되고요. 여하튼 저는 정말 모릅니다. 하하. 모른다는 사실이 부끄럽지도 않고, 뭐 자랑할 것도 아니지만, 만약 제가 영이 무엇인지 정말 안다면, 아마 제한된 이 육신에서 해방될 때, 그때 알 것 같아요. 이 육신을 가지고 살고 있는 한 영을 안다는 것은 말이 안 됩니다.

최 이번 질문은 좀 쉬울 것 같습니다. 선생님의 부인 용미중 님에 대해 말씀 좀 해 주세요.

이 아주 재미있는 사람이에요. 하하. 자기에게 주어진 길을 거절하지 않고, 도망 다니지 않고, 곧장 걸어온 사람이라고 할까요. 쉬운 길은 아니겠지요. 인간에게 주어진 길, 산다는 것 자체가 쉬운 길이 없겠지만, 육체를 가진 사람으로서 밑바닥, 밑바닥이라고 하는 게 있어요. 그것을 한 번 치고 올라온 사람이라고 생각합니다. 밑바닥은 어떤 면에서 죽음과 비슷한 거라고 볼 수 있겠지요. 하늘을 바라볼 수 밖에 없는, 하늘에서는 아무 말도 없고, 저도 그런 때가 있었기 때문에 어느 면에서 서로 잘 통하기도 하지요. 제 말이 뭐 맞는지 아닌지는 잘 모르겠어요. 하하. 여하튼 저 사람의 어려서부터 이야기를 들어 보면 재치 있고 발랄하고, 끼라고 하나요, 예술적 끼가 많고…. 이런 것들이 이제부터 더 피어나는 것 같아요.

최 선생님은 죽음에 대해서 어떻게 생각하시나요?

이 내 의지로 온 게 아닌 것처럼 사람은 언제든지 가니까 그것은 당연하고, 피하거나 꺼릴 게 아니라고 생각해요. 태어난 이상 가야 하는데 그것이 마지막이라고 생각하니까 절망스럽고 피하고 싶겠지요. 저는 죽음을 끝이라고 생각하지 않고요, 변화가 시작되는, 또 하나의 출구라고 생각해요. 그러니까 제가 태어날 때 부모님이나 친척, 주위 사람들이 모두 저를 기다렸던 것처럼, 제가 죽는 날 저쪽 세계에서 기다리던 사람들이 또 잘 왔다고, 그동안 고생했다고,

환영해 줄 것 아닙니까.

최 기독교적인 내세에 대한 말씀인가요?

이 그건 저는 잘 모르겠어요. 이런 생각이 어떤 종교의 가르침인지에 대한 관심은 이상하게 별로 없어요. 그 가르침이 진짜냐 가짜냐가 중요하지 그것을 누가 가르쳤느냐는 큰 문제가 아닌 것 같아요. 즉 "이것이 부처님 말씀이다, 예수님 말씀이다" 보다는 그 말이 진실이냐가 중요하지요. 이것을 알아보는 방법은 머리로는 안 되고 그대로 해 보는 수밖에 없지요. 제 스승님의 사모님이 돌아가셨는데 그분의 일기에 "나는 생일이 3개 있다. 세상에 태어난 날, 예수님을 만난 날, 그리고 마지막 생일이 나를 기다리고 있다" 이렇게 써 있었어요. 저도 동감이지요. 제가 죽는 날은 다시 태어나는 날이지요. 태아의 탯줄을 끊어야 신생아가 살 듯이 이 육신이 없어져야 나, 죽지도 않고 형체도 없는 이런 나가 살지요.

최 '참나', '진아'라는 단어 등을 대승 불교에서는 쓰고 있지요.

이 네, 할 수 없이 그런 말을 쓰지요. 하지만 참나를 진짜 지금 알았다면 설명할 방법은 없어요. 설명하면 내가 아는 것이 아니에요. 꿀 먹은 벙어리가 맞아요. 원래 벙어리가 꿀을 먹어서 말을 못 하는 게 아니라 꿀을 먹었기 때문에… 하! 그 오묘한 꿀맛을 설명할 수가 없어서 말을 못 하는 거예요. 아는 사람이 말을 못 한다는 이야기가 그래서 맞지요. 모르면 몰라서 말 못 하고, 안다고 착각하는 사람들이 저처럼 말 많이 하지요. 하하.

최 이제 선생님께 부활에 대한 질문을 안 할 수가 없습니다.

이 네, 역시 부활을 설명할 방법을 모르겠어요. 예수께서 부활을 하셨다니까, 그런가 보다, 정도는 받아들이는데… 부활이 무엇인지는 제가 알 방법이 없지요. 부활에 대해 어떤 신학자들은 두꺼운 책으로 설명하는데 그건 그들의 생각이지요. 부활에 대해 설명할 수 있는 분은 예수뿐인데 부활에 대한 언급은 한 마디도 없어요. 저는 그분께 어려서부터 청을 한 거는 있어요.

"당신이 부활해서 제자 몇 사람을 만난 기록이 있고, 하늘로 가셨다는데 그것이 사실이라면, 당신이 하늘이 되신 것인데, 하늘은 예나 지금이나 변화가 없지 않는가, 그렇다면 지금 여기서 나도 만나야 되지 않는가" 이렇게 부탁을 했지요.

베드로나 마리아, 엠마오로 가는 길에서 두 사람을 만났듯이 나도 만나 주시오. 이런 생각을 늘 했습니다. 만날 수 있는 방법은 예수의 말이 진실인지 알아보고, 간디가 자기 자서전을 '진리실험'이라고 했듯이, 저도 나름대로 그분의 말씀대로 살아보자는 실험을 했는데 제 나름대로 확인한 것은 진실 같아요. 그런데 내가 그분을 만날 수는 없어요. 그분이 어디 있는지 모르니까요. 그분이 나에게 오셔야 만나지요. 교도소에 있는 사람이 밖에 나가서 누구 만날 수 없는 것처럼 하하. 그런데… 돌이켜 보면 여러 번 만났어요.

최 엠마오 가는 길의 두 사람처럼 만나셨나요?

이 네, 예수님을 만난 사람들의 공통점은 만날 때는 잘 몰라요. 만난 뒤에 "아! 내가 만났구나" 하는 거지요. 저도 만날 때는 몰랐어요. 아주 재미있어요. 한 번은 아주 술 잔뜩 취한 노인네의 모습으로 만났고… 또 한 번은 노숙자의 모습으로 전철에서… 그런 어떤 관계, 이것이 있은 후에, 아, 그분이었구나! 이렇게 아는 거지요.

최 선생님은 실례지만 번역에 대한 공부도 별로 안 하신 것 같은데 어떻게 그렇게 많은 책들을 번역하셨나요?

이 하하, 저 사람이 트라베르소(바로크시대 플루트)를 거의 독학을 해서 잘하는, 그런 끼가 있듯이, 저도 혼자 한 거지요. 아마 어머니를 통해서 어떤 문학적 소양, 단어를 고르고 쓰는, 어떤 끼가 좀 있었던 것 같아요. 저는 번역이 그렇게 어렵다는 생각은 별로 하지 않았어요. 그 대신 어느 출판사에서 번역 부탁을 할 때, 그 책을 읽어보고 '이건 내가 못 하겠습니다' 하고 돌려보낸 적은 있지요. 한국말도 어렵게 쓰는 사람이 있는데 영어가 그러면 내가 도저히 이해할 수 없는 거지요. 제가 이해할 만한 거만 옮기는데 어려울 게 뭐 있겠어요. 하하.

최 선생님이 그동안 쓴 시 중에 특별히 기억나는 시가 있나요?

이 음… 별로 없는데요. 잘 생각이 안 나요. 얼마 전에 어떤 사람이 어느 시를 이야기해서, 익숙하다 싶었는데 나중에 보니 제 시더라고요. 하하. 그만큼 잘 기억이 안 나요. 그리고 저는 제가 시를 쓴다고는 생각하지 않아요. 엄격하게 말하면 받아 적는 정도지요. 어떤 노래가 공중에 떠돌아다니는데 그게 포착이 되면 받아 적는 정도…. 어떤 때는 하루에 수십 개 쓸 때도 있고, 몇 년 동안 하나도 못 쓸 때도 있고, 일부러 시를 써야지 하고 쓴 적은 없습니다. 아, 동요 하나가 생각이 나네요. 두 줄짜리예요.

'엄마 품에 갓난 아기
아기 품에 갓난 엄마'

최 마지막으로 현재 우리나라가 정치적으로, 사회적으로 양극화 현상이 심한데 선생님은 이 문제를 어떻게 생각하시나요?

이 제가 자세히 보고 있지는 않지만 대개 세상 돌아가는 것을 느낄 수 있는데, 참 딱하다는 생각을 할 때가 있어요. 사람이 정치를 하든, 대학교수를 하든, 농사를 짓든, 뭐를 한다는 것은 그것을 통해서 좀 더 성숙해지는, 그런 것에 의미가 있을 텐데… 좀 아쉬운 점이 많습니다. 한편으로는 이것들도 우리가 다 겪어야 할 일인가 보다 생각하죠. 제 개인적으로 봐도 평탄하고 순조로울 때는 발전이 없었어요. 나랏일도 그렇지 않을까요… 이런 현상들을 겪으면서 더욱 시민들의 의식이 깨어나는 그런 역사가 일어날 것으로 기대하고 그래서 희망적입니다. 한 사람 한 사람을 탓하거나 미워할 생각은 없고요. 제가 1944년생인데 계속 싸움판에서, 민주화 투쟁하면서, 여태까지 살아왔지만, 개인적으로 누구와 맞서 싸운 적은 없어요. 우리나라도 이런 어려운 역사 속에서 조금씩 의식이 밝아지지 않을까 생각합니다. 요즘 젊은 아이들을 보면서 상당히 희망을 가져요.

최 젊은이들과 대화를 통해 많은 교감을 하시지요?

이 제가 많이 배우지요. 우리 자랄 때는 어른이 시키면 그대로 해야 한다고 생각했는데 지금은 그렇지 않아요. 저도 학생들을 만나면 제 생각을 주입하지 않으려고 노력해요. 왜냐하면 좀 어렵지만, 앞으로의 세상은 그들이 선택하고 만들어 나가야 하니까요. 제가 어렸을 때는 그렇게 커 나가지 못했지요. 기성세대가 하라는 대로 해야 했고 "네 생각은 어떠냐?"라고 아무도 물어보지 않았어요. 그런 시절은 이제 끝났고 우리 젊은이들은 그들의 시대에서, 고민하고 고통을 받더라도 그들의 세상을 살아 나갈 방법을 스스로 찾아야지요. 가장 희망적인 것은 지금 우리 젊은이들이 어른들의 말을 고분고분 잘 듣지 않아요. 물론 걱정스러운 면이 없지 않지만 그런 건 그야말로 기우지요. BTS(방탄소년단)를 보더라도 그 많은 젊은이들이 환호하는 것은 무언가 있어서 그런 거예요. 더 이상 우리 나이 먹은 사람들의 생각을 주입하면 안 된다는 메시지로 들려요. 우리 어렸을 때는 감히 생각하지 못했던 일들이지요. 세상이 그렇게 많이 달라졌어요.

최 네, 선생님 생각이 그만큼 젊으신 것 같습니다.

이 하하. 후배들이 저에게 아주 리버럴하다고는 합니다.

최 네, 그들보다 더 젊으신 거지요.

이현주 선생님, 오랜 시간 여러 가지 말씀 감사합니다.

이 네, 감사합니다.

문성모,
찬송과 예배의 한국화를 이끌다

문성모 목사님을 처음 만난 지 50년이 넘었다. '세상에 이렇게 점잖은 사람도 있구나'라고 생각했던 기억이 난다. 과묵하면서도 간혹 초탈하게 허허 웃는 모습은, 당시 20대 초반의 학생들과 결이 달랐다. 문 목사님이 지금까지 걸어온 행적을 보면 오직 진실된 삶을 추구한 인생이었다. 그에게 '다재다능'이란 표현은 부족하다.

서울 장신대 총장을 지낸 교육자로서, 독일에서 예배학과 음악을 공부한 석학으로서, 여러 권의 시집을 낸 시인으로서, 많은 책을 저술한 작가로서, 캘리그래피 전시회를 여는 서예가로서 일가를 이루었다.

또 그는 한국 예배가 서구 음악에 국한된 점을 개선하기 위해 우리 가락 찬송가 400여 곡을 만들었다. 앞으로 1000곡까지 작곡할 생각인데 1주일에 한 곡을 만든다 해도 15년 후에 이루어진다. 우리가 부르는 찬송가에 그의 곡이 3곡 들어가 있다.

이러한 업적이나 성취도 대단하지만, 나는 인간 문성모 님을 더 높이 평가한다. 그는 험난한 세상에서 무슨 일이든 믿고 상의할 수 있는 사람이고, 예수님의 발자취를 따라가는 진리의 인간이다. 목사 안수 40주년인 작년에 담임목사를 은퇴하고 종로의 조용한 사무실에서 찬송가 작곡에 몰두하고 있는 문성모 목사님을 만났다.

최 문성모 목사님 안녕하세요. 목사님은 '예배와 음악의 한국화'라는 신학적 과제가 평생의 화두 같은데 무슨 뜻인가요?

문 저는 작곡이 전공인데, 서양 음악과 국악을 함께 공부하였습니다. 서울예고 시절 서양 음악을 배우고, 서울음대 국악과에서는 우리 전통음악을 공부하였습니다. 그리고 장로회신학대학 신대원에 진학하여 신학 공부를 하면서 한국교회 예배와 음악이 미국 교회의 판박이라는 것을 처음 자각했습니다. 그후 독일로 유학을 와서 보니까 독일 교회는 미국과는 완전히 다른 독일식의 예배와 음악을 가지고 있었습니다. 그리고 아프리카의 교회나 인도나 그 밖에 모든 나라의 교회는 그들만의 고유한 예배형식과 찬송가로 신앙생활을 하고 있다는 것을 발견하였습니다. 그래서 한국교회도 한국적인 예배와 한국적인 찬송으로 예배드려야 한다고 평생 주장하고 살았습니다. 강연, 논문, 작곡, 목회, 신학교 행정 등을 통하여 이것을 조금이나마 실현하려고 노력하였습니다.

최 찬송가 1,000곡을 만들 계획은 어떻게 시작하셨나요?

문 제가 우선 전공을 살려 한국적인 찬송가를 만들 결심을 신학교 다닐 때부터 하였는데, 1989년에는 〈우리가락찬송가 100곡집〉을 내고, 2011년에는 〈찬송가 330곡집〉을 출판하였습니다. 작년에 은퇴하면서 찬송가 1,000곡 작곡을 목표로 하겠다고 선언하였습니다. 일주일에 한 곡씩 작곡하면 15년이 걸리는 대장정에 도전하기로 마음먹은 것입니다. 저는 1,000곡 찬송가 숫자를 채우는 것이 목표가 아닙니다. 그 1 천곡을 통하여 한국적인 찬송가의 모델이 세워지고 한국교회 문화유산으로 남기를 바라는 마음으로 시작한 것입니다. 한국적인 찬송가는 멜로디를 5음 음계로 작곡한 찬송가를 의미하지 않습니다. 그것은 방법론적인 것입니다. 진정한 한국 찬송가는 한국교회 140여 년의 역사를 담아내야 합니다. 즉 한국 교회사의 중요한 사건들이 모두 찬송가로 만들어져서 한국교회에서 불려야 합니다. 우리 한국교회는 현재 많은 교인 수를 자랑하고 있지만, 정작 삼일절에 부를 찬송이 없고, 광복절이나 6.25전쟁을 위한 예배에 부를 찬송이 없습니다. 주기철 목사나 손양원 목사를 위한 찬송가도 만들어져야 합니다. 이렇게 한국 찬송가에 한국 교회사가 담겨 있어야 진정한 한국 찬송가라고 말할 수 있습니다.

저는 이것을 목표로 찬송가 작업을 하고 있습니다.

최 현재 찬송가에 문 목사님이 만든 곡들이 어느 곡들인가요?

문 현재 사용 중인 찬송가에는 제가 작곡한 세 곡이 들어 있습니다.

48장 거룩하신 주 하나님

418장 기쁠 때나 슬플 때나

556장 날마다 주님을 의지하는

최 문 목사님은 독일에서 박사학위를 받았고 슈바이처 박사에 관한 연구를 했는데, 전통 교회에서는 그를 이단이라고 하지요?

문 슈바이처 박사는 제가 한국에서부터 호감이 가고 본받고 싶은 인물이었습니다. 음악과 신학을 같이 한 분이기 때문이기도 하였습니다. 현재 슈바이처에 관한 책은 거의 다 소장하고 있습니다. 독일에서 신학을 공부하면서 새로 깨달은 것은 슈바이처가 자유주의 신학자라는 것입니다. 슈바이처의 '역사적 예수 연구'에 따르면, 그는 예수를 '자각적 메시아'로 보고 있습니다. 즉 예수가 나이 30세가 되었을 무렵 유대인들이 그토록 기다리는 '하나님의 나라'의 도래를 앞당기기 위하여 '내가 메시아가 되어야겠다'라고 결심하고 사람들에게 자신이 메시아라고 주장하며 활동했다는 것입니다. 하나님의 나라가 오기 위해서는 구약에 예언된 메시아의 활동이 선행되어야 했기 때문입니다. 이는 전통 교회의 주장인 '태생적 메시아' 교리와 정면으로 위배가 되는 것입니다. 교회는 예수를 태어나면서부터 인류를 구원할 메시아로 믿고 있습니다. 이것은 성경이 그렇게 증언하기 때문입니다. 정통 교리적 관점에서 보면 슈바이처는 이단이라고 할 수 있습니다. 그런데 슈바이처를 연구하다 보니까 정통 교리의 수호자인 저에게는 벽에 부딪히는 것이 있었습니다. 슈바이처는 비록 예수를 자각적 메시아로 알고 믿었지만, 그는 그가 믿는 메시아 예수의 제자가 되어 하나님 나라를 위해 평생

을 바쳤다는 점입니다. 그가 유럽에서 안정적인 출세와 부 그리고 명예의 길을 버리고 아프리카로 간 것도 그가 믿는 예수의 제자로 살기 위해서였습니다. 2차 세계대전 중 전범으로 체포되어 유럽에 왔다가 풀려났을 때, 그는 노후를 편안히 유럽에서 보낼 수도 있었습니다. 그러나 다시 아프리카로 가서 거기서 죽습니다. 그가 믿는 메시아 예수의 제자로 하나님의 나라를 위해 살기 위해서였습니다. 그는 비록 '자각적 메시아'로 예수를 믿었지만, 그의 믿음 안에서 진정한 예수의 제자로 살았습니다. 여기서 저는 의문점이 생겼습니다. 슈바이처를 이단이라고 비난하며, 예수를 '태생적 메시아'로 믿는다는 사람들은 슈바이처만큼 그들이 믿는 믿음 안에서 진정한 예수의 제자로 살아가고 있는가 하는 질문입니다. 돈과 명예와 출세의 모든 것을 포기하고 예수의 제자로 살려고 노력했던 슈바이처를 비난하는 사람들은 오히려 돈을 좋아하고 명예와 출세의 자리를 탐하며 예수의 제자답지 못하게 살아가는 것이 오늘날 한국 교회의 현실이라고 생각합니다. 믿음은 명사가 아니라 동사입니다. 예수를 성경이 말하는 메시아로 믿는다고 고백하는 것은 중요합니다. 그런 점에서 슈바이처는 잘못된 신앙인입니다. 그러나 예수를 믿는다고 하면서도 그의 제자로 살지 않으면 그 믿음은 가짜입니다. 그런 점에서 슈바이처를 비난하는 사람들도 마찬가지로 잘못된 신앙인들입니다. 오늘날 한국 교회가 어려워진 이유는 진정한 의미에서 예수를 메시아로 '믿고' '사는' 사람이 없기 때문이라고 생각합니다.

최 문 목사님은 그동안 독일에서 신학과 음악 공부 10년, 한국에 돌아와서 대학 총장 14년, 교회 담임목사 13년을 하셨습니다.

2023년 목사 안수 40주년에 은퇴하고 평생을 교회와 학교 안에서 살다가 그 사회를 떠난 지 1년이 넘었습니다.

지금 우리 사회나 교회를 전반적으로 어떻게 보시나요?

문 작년에 은퇴하면서 자유로운 몸으로 한국 교회 전체를 보고 진단하는 여유가 생겼습니다. 한국 교회는 많이 병들어 있고 생각보다 문제가 심각합니다. 한마디로 말하면 교회는 사회에서 게토화되어 가고 있습니다. 한국의 종교 전체의 문제일 수도 있지만, 교회는 그들만의 리그를 하고 있는 느낌입니다. 마치 관중 없는 경기장에서 자기들끼리 운동 시합을 하고 상을 주고 박수 쳐 주는 듯한 한심한 상태입니다. 교회가 세상과 대화할 수 있는 통로가 필요한데 저는 이것을 문화라고 봅니다. 어떤 종교가 어느 지역에 토착하여 뿌리를 박고 성장하기 위해서는 전도 운동과 윤리 운동 그리고 문화 운동의 세 가지 면을 골고루 갖추어야 합니다. 교회가 전도와 윤리에 대해서는 강조하고 있지만, 마지막 과제인 문화에는 관심이 없습니다. 지금 한국 교회에는 기독교 문화라고 내세울 만한 것이 없습니다. 한국의 교회는 예배당이 많이 있으나 후일에 문화재가 될 만한 건물은 없습니다. 기독교는 전통문화에 대한 수용에 아직도 적극적이지 못하여 토착 종교로서의 이미지가 약합니다. 문화적 응집력이 없기에 사회 곳곳에 기독교인은 많으나 그 힘이 모아지지 못하고 있습니다. 앞으로의 종교 전쟁은 이미지 전쟁입니다. 그리고 이미지 전쟁은 곧 문화전쟁입니다. 우리나라 같은 종교 다원주의 사회에서는 사람들이 교리적인 분별에 관심이 없습니다. 그 종교의 이미지가 어떠한가에 자기의 마음을 주는 것입니다. 그리고 이러한 이미지 개선에 문화는 더없이 좋은 수단입니다. 문화를 통한 이미지 개선이 없이는 한국 기독교가 가진 도덕성은 빛을 보지 못하며 사회는 나쁜 이미지 속에서 계속 기독교를 비판적인 눈으로 볼 것입니다. 더구나 이미지 개선 없는 전도 운동은 사회에 역겨움만을 더해 기독교를 오히려 외면하게 할 위험성이 있습니다.

오늘날 한국 기독교가 돈을 투자해야 할 곳은 건물이나 전도, 구제만은 아닙니다. 이런 것은 매우 필요한 일이지만 문화를 통한 이미지 개선 없이는 무용지물입니다. 문화에 투자하고 문화 운동에 동력을 제공하여 실추된 이미지를 개선하려고 온 힘을 기울여야 합니다. 제가 찬송가 1,000곡을 작곡하겠다는 의지도 이 시대의 교회

문화적 유산을 남기고자 하는 의지 때문입니다.

최 지금의 한국 교회에 대해 좀 더 구체적으로 말씀해 주시지요.

문 예전에는 한국 교회를 진단하는 담론의 공식이 다음과 같았습니다. '한국 교회 문제 있다'로 시작해서 '그래도 교회에 희망은 있다'로 끝나는 것입니다. 그러나 이제는 한국 교회에 희망이 있다고 믿는 사람이 거의 없습니다. 한국 교회는 이대로 가면 망한다는 사람도 있고, 한국 교회는 이미 자정 능력을 상실했다는 소리도 들립니다. 절망적인 미래 진단 속에서 한국 교회는 무너지고 있습니다.

예전에는 한국 교회를 비난하고 흉을 보는 사람들이 교회 밖에 있었습니다. 소위 안티 기독교 세력들이 교회를 욕하고 비난하였습니다. 그러나 이제는 교회 안에서 교회를 손가락질하고 비난하는 세력들의 목소리가 더 큽니다. 이들은 대부분 교회를 사랑해서 매질하겠다는 사람들입니다. 그런데 이런 비난의 목소리에는 위선이 있습니다. 즉, 무너지는 교회의 책임이 '너'에게 있고, '나'는 아니라는 교만입니다. '내'가 하라는 대로 하지 않았기 때문에 교회가 무너지는 것이고, '너' 때문에 교회가 망하고 있다는 주장입니다. "나 때문이요. 내가 죄인입니다"라는 목소리는 어디에도 없습니다. 교회 안팎의 사랑 없는 비난과 매질에 한국 교회는 무너지고 있습니다. 예전에는 한국 교회가 사회에서 도덕적 우위를 점하고 있었습니다. 세상 사람들이 목사를 대할 때 성직자로 예를 갖추었고, 장로나 권사는 거짓말하지 않는 선한 사람들이라는 기대감이 있었습니다. 그러나 지금은 성직자로서의 목사 상이 퇴색하였고, 교인들끼리도 서로의 말을 의심하고 불신합니다. 목사가 거짓말을 밥 먹듯이 하고, 장로가 사기를 치고, 권사, 집사가 이권에 눈이 어두워 신앙 양심을 팔아먹는 시대가 되었습니다. 한국 교회는 허물어지는 도덕성과 함께 무너지고 있습니다. 예전에는 한국 교회에 치리가 있었습니다. 신앙적으로 죄를 지으면 처벌하는 것입니다. 여기에는 목사나 장로나 평신도의 구분이 없었습니다. 그리고 교회의 치리에 모두 복종하고 회개하였습니다. 그러나 지금은 한국 교회에 치리가 사라졌습니다. 무슨 잘못을 저질러도 목사와 장로는 면죄부를 받는 느낌입니다. 그리고 아무도 그것을 지적하지 못합니다. 문제를 제기하면 그 사람이 오히려 왕따를 당하는 것이 교계의 풍조가 되었습니다. 치리가 무너지면서 한국 교회는 함께 허물어지고 있습니다. 교회에 한 가지 희망이 있다면, 교회의 터전인 예수 그리스도는 무너지지 않는다는 것입니다. 예수 안에는 절망적인 미래가 없고, 위선도 없고, 부도덕도 설 자리가 없습니다. 한국 교회를 허물고 예수의 반석 위에 다시 세워야 한다고 생각합니다.

최 다른 활동도 활발히 하시는데 〈이자익 목사 기념회〉가 눈에 띕니다. 이자익 목사님은 어떤 분인가요?

문 이자익 목사는 1879년 생으로 어린 시절 부모를 여의고 고아가 된 그는 생계를 위해 김제로 가서 그곳의 지주였던 조덕삼의 마부가 되었고, 청년기에 접어든 이자익은 장사로 안정된 생활 기반을 마련하여 독립하였습니다. 1904년 최의덕 선교사의 전도로 예수를 믿었는데, 1905년 함께 믿은 조덕삼 지주의 집에서 예배를 시작하여 두정리교회(금산교회의 전신)가 태동하였습니다. 이자익은 1906년 세례를 받고, 1908년 3월 5일 금산교회 초대 장로로 임직을 받았습니다. 이때 지주 조덕삼보다 먼저 장로로 피택된 일, 조덕삼이 이를 기꺼이 받아들이고 머슴 출신인 이자익을 장로 임직시켜 준 일은 한국 교회사에 최고의 감동으로 남아 있습니다. 이자익은 장로가 된 후에 최의덕 선교사와 지주 조덕삼 장로의 후원으로 평양신학교에 입학하여 1915년 6월 15일 졸업하였습니다. 이자익 목사는 장로교가 분열되기 전 총회장을 세 번이나 역임하는 전무후무한 기록을 남겼습니다. 이자익 목사는 신사참배에 가담하지 않았으며, 1952년 친구 목사인 함태영 부통령으로부터 교통부와 체신부 장관 제의를 받았지만 거절하고, 오직 목회자의 길을 걸었습니다. 그는 화려한 이력에도 불구하고 시골교회를 지켰고, 고아와 마부라는 환경에서부터 시작하여 최고의 명예를 얻었지만, 교만하지 않고, 권력에 아부하지 않았던 영원한 한국 교회의 어른이고 신앙의 거목입니다. 이자익 목사는 2004년까지 역사 속에 묻혀 있던 한국 교회 어른이셨습니다. 이자익 목사에 대해 아무도 기억하고 있지 못하던 2004년 당시 대전신학대학교 총장이었던 제가 학교 50년사를 쓸 자료를 모으면서 초대 교장이 이자익 목사라는 사실을 발견하였습니다. 저는 대전신학대학교 안에 〈이자익 사료관〉을 마련하고, 후손 대표인 故 이규완 장로와 함께 의논하여 '이자익 목회자상'을 제정했는데, 이를 위한 조직으로 〈이자익목사 기념사업회〉가 이자익 목사가 활동하였던 대전을 중심으로 결성

되었습니다. 이자익 목회자상은 교계의 유명 인사들에게 수여하는 상이 아닙니다. 이 상은 이자익 목사님의 정신을 받들어 이름 없이 빛도 없이 농촌교회와 선교지를 섬기는 종들을 발굴하여 세상에 소개하고 격려하는 상입니다. 현재까지 2년에 한 번씩 수상식을 개최하여 20년을 이어오고 있습니다.

최 문 목사님은 한국 찬송가개발원 원장, 한국국민악회 회장, 베아오페라예술원 이사장, 한국 음악평론가 협회 공동 이사장 등을 하시고 있습니다. 각각 어떤 단체인가요?

문 〈한국찬송가개발원〉은 제가 찬송가 1,000곡을 작곡하기로 결심하고 만든 것입니다. 1년에 3~4회 신작 찬송가 발표회를 열고 찬송가 관련 책을 발간하고 교육하는 사업을 진행하고 있으며, 이를 위해 필요한 인력과 경비를 후원회 형식으로 모아 도움을 받고 있습니다. 〈한국국민악회〉는 순수 작곡가 모임입니다. 1년에 1회 작곡발표회를 개최하고 악보집을 발행하며 한국 창작 음악 역사를 이어가고 있습니다. 1980년 고 김형주 선생의 주도 아래 창립되었고, 현재까지 300곡 이상의 신작 작품과 60명 이상의 작곡가를 배출하였습니다. 올해는 지난 6월 7일 예술의전당 인춘 아트홀에서 제40회 작곡발표회를 가졌습니다. 〈한국음악평론가협회〉는 음악학자들 모임입니다. 여러 나라에서 공부한 음악학자들이 모여 2개월에 한 번씩 준비해 온 논문을 발표하고 토론을 합니다. 현재는 중앙대 명예 교수인 전인평 선생의 제안으로 서양음악과 국악을 통합한 음악이론서를 만들고 있습니다. 베아오페라예술원은 순수 성악교육을 위한 단체입니다. 한양대 출신 테너 이동현 선생을 주축으로 개원하였고 한 10년 전부터 제가 이사장을 맡고 있습니다. 성악을 배우고 싶은 사람들이 전문 성악가들로부터 교육을 받은 후에 오페라 공연에도 출연하고, 정기 연주회도 하고 있습니다. 사무실은 양재동에 있습니다.

최 지금도 많은 일을 하고 계시는데 건강 잘 돌보시고 교회가 세상과 소통할 수 있는 문화창달을 위해 계속 애써 주시기 바랍니다.

오늘 귀한 말씀 감사합니다.

문 저는 찬송가 작곡과 더불어 칼럼을 쓰고, 찬송가 관련 방송을 하고, 교회를 순회하며 설교도 하면서 활동하고 있습니다. 하나님께서 건강을 주실 때까지 한국 교회와 사회를 위해 유익한 일을 계속하고 싶습니다. 감사합니다.

4장

에세이들

그냥 '하나님'

무의식은 부정형을 인식하지 못한다.
'떨지마' 하면 안 되고 '침착해' 해야 알아듣는다.
무의식은 나를 인식 못한다.
'나는 행복하다'라고 하면 행복에 방해가 된다.
그냥 '행복'이라는 단어를 떠올려야 한다.
하나님도 '나의 하나님' 하면 하나님이 못 들으신다.
그냥 '하나님'.

기적을 보고 싶다면

사람들은 기적을 보고 싶어 한다. 바다의 풍랑을 잠 재우고 아픈 사람의 병을 고치는 그런 기적을 보고 싶어 한다. 기적을 보여 준다면 독실한 기독교인이 되겠다며 보고 싶어 한다.

도마처럼 십자가 자국을 보여 달라는 말은 못 했지만, 2천 년 전 다른 제자들도 아마 그런 심정이었을 것이다.

그냥은 믿어지지가 않으니까 기적을 보여 달라는 절절한 기도인지도 모른다.

몇 년 전 이 아무개 목사님이 세상을 떠났다. 그녀는 암 투병의 괴로움과 실명의 위기를 신앙으로 극복했다. 목사가 되어 몇 년간 열심히 사역을 했지만, 불행히도 암이 재발한 것이다.

그녀의 아버지는 딸이 실명 위기에 처했을 때 하나님에게 이렇게 기도했었다.

"딸이 실명하지 않게만 해 주신다면 이제부터 하나님을 믿겠다"라고.

소원대로 되자 세례를 받고 기독교인이 되었다. 그분은 평소 종교와는 거리가 먼 이미지였는데, 드디어 하나님께 나왔다는 사실이 기독교인들 사이에서 흐뭇한 이야깃거리였다.

사랑하는 딸의 눈을 고쳐만 주면 하나님을 믿겠다던 그 믿음에 대해서, 딸의 사망 후 그가 어떤 생각을 했는지 알 수는 없다.

과연 기적이란 무엇이며 우리는 무엇을 기적으로 생각하는가?

'기적'을 한글 사전에서 찾아보니 '사람의 생각이나 힘으로는 할 수 없는 기이한 일'이라고 쓰여 있다.

그런데 그런 기이한 일 중 어디까지가 기적이고 어디까지가 우연일까?

'우연'이라는 단어를 찾아보니 '아무런 인과 관계가 없이 뜻하지 아니하게 일어난 일' 이라고 되어 있다.

그렇다면 사람의 생각과 힘으로 할 수 없는 문제가 인과 관계 없이 일어나면 이것은 기적인가 우연인가?

오늘 아침에 길을 가다 돌부리에 걸려 넘어지면 우연인데 넘어져서 땅에 있는 금덩이를 주웠다면 기적인가?

불치병에 걸린 것을 우연히 종합검진에서 알게 되었는데 약을 먹지 않고 나았다면 기적인가?

힘든 삶을 살다 보면 기적이라고 생각되는 일들을 겪은 사람들이 많이 있다.

그러한 경험 후 독실한 신앙인이 된 사람도 있고 기적을 이해할 수는 없지만 기적은 있다고 생각하는 사람도 많을 것이다. 하지만 기적을 조건으로 한 신앙은 그리 오래 가지 않는다.

왜냐하면 대부분 그 기적의 감격이 세월이 지날수록 희미해지기 때문이다.

홍해가 갈라지는 기적 정도라면 몰라도 기적과 우연의 경계에 있는 일들도 많다.

또한 예전에 기적이라고 생각된 일들도 과학의 발달로 그 원인이 많이 밝혀지고 있다.

사람이 살다 보면 어떤 일은 기적같이 해결되고, 그 후 또 간절히 바라는 일들이 간혹 생겨나는데 이 일들이 계속 다 잘 되기는 어렵다. 그러면 사람의 마음은 다시 불안해지고 신에 대한 불신이 생겨날 수 있다.

신앙심도 따라서 예전과 같지 않게 된다. 그러면 다시 기적을 보여달라고 하게 된다.

어느 노래 제목처럼 한 번 보고 두 번 보고 자꾸만 보고 싶게 된다.

대부분 인간의 마음은 그렇게 약하고 흔들리기 쉽다.

여기서 기적이란 환경이나 운명이 변하는 것이라기보다 본인 스스로가 변하는 것이라고 넓게 해석할 수도 있다. 사람이 성격이나 생각이 변하는 것은 참 어려운 일인데 생각이 바뀌면 결국 운명도 바뀔 수 있기 때문이다.

이런 해석은 요즘 들어 진보적인 신학자들의 주장과도 일맥상통한다.

바울이 말한 '예전의 나는 죽고 내 안에 예수님이 살아 계시다'라는 말씀이 이미 기적의 정수를 표현한 말씀이라는 것이다.

즉 기적을 보여 주면 변하겠다는 것은 순서가 바뀌어야 한다.

기적은 '하나님이 나에게 보여 주시는 것이 아니라 나를 통해 하나님이 다른 사람에게 보여 주시는 것'이라 할 수 있다.

이런 큰 변화는 사람들이 종교에 귀의하는 과정에서 많이 일어난다.

참 좋은 해석이지만 이런 기적에 대한 해석은 다소 주관적이다.

사람의 기본이 크게 바뀌게 된 사실을 객관적으로 잘 나타내기가 쉽지 않고, 또다시 옛날로 돌아가지 않는다는 보장도 없기 때문이다.

이러한 기적적인 변화는 도덕과 깨달음의 차원에서도 이루어질 수 있다.

칸트가 말한 '하늘엔 빛나는 별, 내 마음에는 도덕률'이라는 문구나 동양의 노장사상도 이러한 경지에 근접한 가르침을 제시하는 것이다.

이러한 변화는 기적이라고 말하기에는 개인에 따라 이견의 여지가 있다.

그러면 우리는 기적을 어디에서 찾아야 하나?

조금 생각해 보면 우리는 항상 기적 안에서 살고 있다. 살아서 숨 쉬고 하루하루 살아가는 바로 우리가, 우리의 생명이 기적인 것이다. 기적이 확률적으로 이루어지기가 대단히 어려운 일이라면 우리가 한 인간으로 이 세상에서 살아가는 것이 바로 기적이다.

불교에서는 인간으로 태어나기는 지극히 어려운 일이라고 한다. 이 세상의 모든 생명체 중 인간으로 태어날 확률에 대한 말씀이 있다. 바다에 눈먼 거북이가 살고 있고 이 거북이가 천 년에 한 번 물 밖으로 머리를 내미는데, 마침 그때 떠다니던 구멍 뚫린 나무토막의 구멍에 거북이 머리가 끼일 정도의 확률이, 세상에서 인간의 몸을 얻고 태어날 확률이라고 한다.

이 비유를 '눈먼 거북이 나무토막을 만난다' 하여 맹구우목(盲龜遇木)이라고 한다.

인간으로 태어나는 자체도 기적이지만, 지구에서 우리가 산다는 것을 생각해도 기적이다. 지구는 천억개의 은하 중 하나인 우리 은하에 있는 천억 개의 별 중 하나인 태양을, 일정하게 도는 수많은 별 중 하나이다.

문제는 약 50억 년 후에 태양은 지금보다 2백 배가량 커져서 지구를 삼키는데, 그 온도는 6천 도에서 3천5백 도로 좀 낮아진다는 것이다. 여하튼 이러한 우주의 상상치 못할 넓은 공간에서 무한히 작은 점이라고 볼 수 있는 지구에서도, 또 이렇게 제한된 좁은 장소에 우리는 산다.

또한 억겁의 과거로부터 미래의 무한대한 시간까지의 사이에서, 인간은 그야말로 찰나의 순간에 생명을 유지하고 있다. 우주가 존재하는 자체가 이해할 수 없는 아이러니라면, 인간이 우주 존재의 이유이고 기적 그 자체라고 감히 말할 수 있다.

기독교에서도 '온 천하를 주고도 생명과 바꿀 수 없다'라고 하였다. 그렇게 귀한 생명이라면 그렇게 얻기 어려운 삶이라면 그 자체가 기적이 아니고 무엇이겠는가. 돌아가신 친지나 부모님을 생각해 보면 얼마나 그분들의 삶이 고단하고 짧았던가.

지금 숨 쉬며 살아 있는 우리는 늘 신비한 기적과 함께 살고 있는 것이다. 기적을 보고 싶다면 뛰고 있는 자신의 가슴에 손을 얹어 보자. 볼 수는 없지만 알 수는 있다.

이러한 기적을 생각하며 산다면 우리는 오늘을 더 사랑하며 살 수 있지 않을까.

지금 나의 심장은 뛰고 있다. 기적이다.

모차르트 홀에서 〈겨울 나그네〉
바리톤 박흥우, 피아니스트 신수정의 하모니

2018년 12월 17일 저녁, 춥지 않은 날씨가 하루 전 내린 눈을 녹이면서 〈겨울 나그네〉를 향한 발걸음들이 서초동 모차르트 홀로 모였다. 바리톤 박흥우 님과 피아니스트 신수정 님의 〈겨울 나그네〉를 감상하기 위해서였다. 두 사람은 2004년부터 매년 송년 음악회로 슈베르트의 〈겨울 나그네〉를 시작하여 올해로 15번째가 되었다.

처음 가 보는 서초동 모차르트 홀은 201석의 실내악 전용 연주홀로, 전문적 음향 시설에 신경을 많이 쓴 듯 보였고 의자도 편안했다. 너무 작지도 크지도 않아서 실내악이나 성악 발표회에 매우 적합한 공간이다. 음악회가 시작되기 10분 전 좌석이 거의 꽉 차고, 이 음악회가 많은 음악인의 사랑과 관심을 받고 있는 것을 느낄 수 있었다.

잠시 후 신수정 님이 무대에 먼저 나와서 간단한 인사말과 함께 요즘 음악이 대화와 설명을 중시하는데, 그런 의미에서 〈겨울 나그네〉의 한국어 번역을 본인이 직접 했다고 밝혔다. 또 피아니스트 조성진이 독일에서 유명 바리톤 '마티아스 괴르네' 와 감동적인 연주를 시작했다는 소식도 전해 주었다.

곧 조명이 어두워지고 신수정 님과 함께 바리톤 박흥우 님이 무대에 등장했다.

스타인웨이 그랜드 피아노 옆에 자연스럽게 서서 잠시 긴장된 분위기를 누그러뜨린 후, 피아노 소리를 따라 바리톤 박흥우 님이 〈겨울 나그네〉 1번 곡인 '잘 자요'(Gute Nacht)의 첫 음을 내기 시작했다.

1번 '잘 자요' 의 시작은 다음과 같은 가사이다.

나는 이방인으로 왔다가
다시 이방인으로 떠나네
5월은 수많은 꽃다발로
나를 맞아 주었지
소녀는 사랑을 이야기했고
어머니는 결혼까지도 이야기했지만
지금 온 세상은 음울하고
길은 눈으로 덮여있네

나는 그의 목소리를 듣자마자, 이 두 음악가가 왜 〈겨울 나그네〉를 15년 동안 계속하는지를 즉시 알 수 있었다. 바리톤 박흥우 님의 목소리는 〈겨울 나그네〉에 너무나 잘 맞는 음색이었다. 휘셔 디스카우의 교과서적이고 진솔한 음색과, 헤르만 프라이의 투명하고 맑은 고음이 적절히 섞인 박흥우 님의 〈겨울 나그네〉는 슈베르트가 들어도 만족할 수 있을 것 같았다. 몇 곡을 더하면서 충실하고 포근한 저음까지 관객의 가슴을 차분히 파고들었다. 신수정 님의 피아노도 이에 맞추어 슈베르트의 〈겨울 나그네〉를 더욱 완벽에 가깝게 만들고 있었다.

무대 위의 박흥우는 자연스러운 성악가이다. 결코 요란한 제스처나 변화무쌍한 표정을 보여 주지 않는다. 그런데도 그가 노래하는 〈겨울 나그네〉는 이 연가곡에 푹 빠지도록 감성을 자극한다. 그의 표정이나 동작에는 과장이 없지만, 단어 하나하나의 의미를 새기며 정성을 다한다.

자유롭게 변화하는 음색과 톤으로 순간마다 적절한 감정을 만들어 내기 때문에, 관객이 저절로 공감하게 되는 것이다. 〈겨울 나그네〉는 빌헬름 뮐러의 시에 슈베르트가 곡을 붙인 연가곡집이다. 총 24개의 곡으로 구성되어 있으며 이 중에서 1번 'Gute Nacht' 5번 '보리수' 6번 '홍수'등이 널리 알려져 있다.

실연당한 주인공이 겨울에 정처 없이 떠돌아다니며 느끼는 비통한 감정을 주로 노래하기 때문에, 곡들이 전체적으로 어둡고 음울한 분위기다. 우리나라에서는 〈겨울 나그네〉로 알려져 있지만 실제 독일어 'Reise'는 나그네가 아니라 여행, 방랑 등의 의미이며, 영어로는 'Winter Journey'니까 실제 의미는 '겨울 여행' 쪽에 가깝다. 슈베르트는 뮐러의 시에서 '정처 없는 방랑자'라는 자신의 모습을 발견했을 것이다. 뮐러는 1827년 9월에 33세의 나이로 세상을 떠난다.

1827년은 〈겨울 나그네〉가 작곡된 바로 그해인데, 슈베르트가 가장 존경했던 음악가 베토벤이 그해 봄에 세상을 떠났다. 슈베르트도 10월에 〈겨울 나그네〉를 완성하고 다음 해인 1828년 11월에 세상을 떠난다. 시인 뮐러보다 오히려 더 젊은 나이인 31세였다.

한편 뮐러와 슈베르트의 〈겨울 나그네〉 중 순서배열이 다른 것이 있다. 가장 많이 알려진 노래인 〈보리수〉와 〈홍수〉 사이에 원작자인 뮐러는 〈우편 배달부〉를 넣었다. 〈보리수〉에서 어느 정도 안정된 마음이 우편 배달부가 오는 소리를 듣고 그녀의 편지가 올리가 없다는 것에 다시 비감해지며 눈물이 '홍수'를 이루는 장면으로 넘어가는 것이다. 하지만 슈베르트는 〈우편 배달부〉를 2부 첫 곡에 배열하였다. 뮐러의 순서대로 〈보리수〉, 〈우편 배달부〉, 〈홍수〉로 했으면 더 자연스럽지 않았을까, 하는 생각도 해 본다.

〈겨울 나그네〉는 피아노의 역할이 대단히 중요하다.

가장 잘 알려진 보리수에서 피아노는 노래 반주를 제외하고 전주와 간주, 후주가 있는데 이것들의 역할이 강력하다. 노래 반주에서는 아무래도 성악 선율을 보조하지만, 〈보리수〉에서의 전주와 간주, 후주는 가사에 나오는 보리수와 불어오는 바람을 절묘하

게 표현함으로써, 시적 심상을 독립적 음악으로 나타내는 역할을 한다. 또한 이를 통해 곡의 통일성을 유지함으로써, 피아노와 이중창을 하는 느낌이 들 정도로 슈베르트 노래의 많은 부분을 차지하고 있다.

신수정 님의 한 음 한 음이 이러한 보리수와 불어오는 바람의 서로 다른 흔들림을 파악하는 섬세함과 완숙함을 함께 들려주었다. 1부를 끝내고 혹시 휴식을 할까 했는데, 그냥 밀고 나갔음에도 흐트러지는 기색이 없는 바리톤 박흥우 님의 내공이 놀라웠다.

브라보! 박흥우!

브라바! 신수정!

바둑과 골프의 공통점

바둑과 골프는 몇 가지 공통점이 있다. 우선 무척 재미있다. 골프를 시작해 어느 정도 공이 잘 맞으면, 골프에 몰입하는 자신을 발견하게 된다. 그야말로 앉으나 서나, 머릿속은 작고 하얀 공을 멋지게 치는 생각뿐이다.

미국 어느 시골, 오래된 동네 골프장에서 일어난 일이다. Tom과 Bob은 같이 골프를 친 지 60년이 넘었다. 어느 화창한 가을 아침. 그날도 두 노장 골퍼들은 아침 7시에 1번 홀에서, 우드3번으로 상쾌한 라운드를 시작했다. 코스가 짧아서 18홀을 다 돌아도 3시간 남짓 걸리는 코스인데 그날은 더 오래 걸리는 것 같았다. 샌드위치를 같이하려는 친구들이 18번 홀에서 그들의 라운드가 끝나기를 기다리는 중이었다.

드디어 두 사람이 들어오는데 Tom이 Bob을 끌면서 들어오고 있었다. 친구들이 가까이 가서 보니 Bob이 의식을 잃은 것 같았다. Tom이 하는 말이 "Bob이 2번 홀 그린에서 퍼팅을 하자마자 쓰러져 정신을 잃었는데, 3번 홀부터 이 녀석 끌고 다니면서 끝까지 치느라고 혼났다"라는 것이다.

바둑도 그 삼매경에 대해 많은 일화가 있다. 옛날에 어떤 양반이 바둑을 무척 좋아했다. 이웃집에 가서 바둑을 두고 있는데, 집에서 하인이 다급하게 달려와 말했다.

"나으리, 댁에 불이 났습니다."

주인은 하인의 얼굴을 볼 생각도 않고 바둑판만 보며 이렇게 말했다.

"댁에 불이 났다니, 그것참 안되었네."

바둑과 골프의 두 번째 공통점은 바둑은 훈수를 하고 싶고, 골프는 같이 치는 사람들의 스윙에 대해 한마디 하고 싶다.

'바둑 어느 정도 두시나요?' 하고 물어볼 때

'훈수 안 할 정도는 됩니다' 하면 1급이라고 한다.

요즘은 인터넷 대국이 많아서 환경이 좀 바뀌긴 했지만, 그만큼 훈수를 안 하는 게 어렵다는 말이다.

내가 이렇게 쉽게 보는 수를 이 사람은 왜 모르나 하는 답답함과 자기의 깊은 수읽기를 과시하고 싶은 마음이 점점 서로 상승 작용을 한다.

골프는 다른 사람의 스윙에 대해 한마디 하는 단계가 각각 다르다. 점수 100을 깬 지 얼마 안 되면, 몇 홀 돌기도 전에 옆 사람의 스윙에 대해 한마디 해 준다. 90 정도를 치게 되면 꾹 참고 있다가, 동료가 물어보면 얼른 한마디 해 준다. 싱글이 되면 누가 물어봐도 잘 대답을 안 해 준다. 프로나 선생은 누가 물어보면 대답을 해 준다. 돈을 받고 ~. 골프 스윙에 대해 많이 알면 알수록, 다른 사람에게 조언을 하기가 어렵다. 원 포인트 레슨은 당장은 효과가 날 수 있지만, 얼마 안 가서 무너지기 때문이다.

세 번째 공통점은 둘 다 언뜻 보기에는 별로 어려워 보이지 않는다. 골프를 오래 친 사람들의 스윙도 초보자와 비슷하게 보일 수 있다. 나도 조금만 연습하면 얼마 안 가서 저 정도는 할 수 있다고 생각한다. 어떤 때는 내 스윙이 더 멋진데 점수는 이상하게 안 좋다는 생각도 든다. 골프 스윙은 얼핏 단순해 보이고, 2초 이내에 모든 것이 끝나기 때문이다.

골프의 가장 치명적인 유혹은, 어쩌다 참 잘 맞을 때가 있다는 것이다. 퍼터의 경우, 2미터 정도의 퍼터를 나는 넣었는데, 싱글은 못 넣을 때가 있다. 다른 어떤 운동도 실력 차가 월등한 상대방을 이길 수가 없다.

내가 수영을 박태환보다 잘할 수 없고 역기를 장미란보다 더 들 수 없다. 그러나 골프는 싱글이 90을 쳤는데 나는 89를 칠 수 있고, 프로가 OB 난 홀에서 나는 버디를 할 수도 있다.

바둑도 초반 어느 정도까지는 그 수가 그 수 같고, 나도 조금만 공부하면 그 정도는 할 수 있을 것 같다. 특히 옆에서 수를 보면 어떤 때는 고수들도 엉뚱한 실수를 한다. 그러나 중반 이후의 수 싸움과 끝내기에서 피를 말리는 수순을 생각하면, 그 경지가 얼마나 높은지 헤아리기 힘들다. 골프와 바둑은 언뜻 보기에 별로 어려워 보이지 않고, 조금만 하면 될 것 같은 함정이 있다.

네 번째 공통점은 상대방에게 지거나, 예상대로 안 되면 열을 엄청나게 받는다. 골프는 그야말로 나와의 싸움이다. 동시에 그 골프장을 설계한 사람과의 싸움이기도 하다. 하지만 어느 경지에 이르지 않고서는 같이 라운드 하는 상대방의 점수에 영향을 많이 받는다. 특히 내기 골프를 많이 하는 분들은 그 스트레스가 대단하다. 골프를 하다 심장마비나 뇌졸중으로 쓰러지는 경우가 왕왕 있다. 필자의 지인 한 분도, 10여 년 전 50대 초반의 나이로 그린에서 퍼팅 도중 쓰러진 안타까운 일이 있었다.

바둑은 승부를 겨루는 상대가 바로 앞에 있다. 인터넷 바둑을 둘 때는 상대방이 안 보여서 직접적인 자극이 약하지만, 어떤 바둑이라도 지는 사람은 열을 좀 받는다. 특히 다 잡은 대마를 실수로 놓쳐서 졌다거나, 다 이긴 바둑을 끝내기에서 물러나다 한두 집을 지면 열을 받는다. 한 판만 더 두자는데 상대방이 싹 일어나면 더 열이 난다.

사실은 수읽기를 못 해서 지는 것인데, 꼭 내가 기본적으로 머리가 나빠서 지는 것 같다. 충분히 이길 수 있는데 꼭 한 수 실수로 지는 것처럼 느낀다. 그래서 바둑을 두다가 중간에 물러 달라고 승강이가 벌어지면서, 흥분해 바둑판을 엎는 사람들도 종종 있다. 이렇듯 골프와 바둑은 사람들에게 천국과 지옥을 오가게 만드는 특성이 있다. 그러면 어떤 생각으로 골프와 바둑을 해야 좋을까. 골프는 '운동'이다. 골프를 칠 수 있는 사람은 행복한 사람이다. 왜냐하면 골프를 칠 만큼 건강하고, 시간 여유가 있고, 경제적인 여유도 있어야 하기 때문이다.

이런 삼박자가 갖추어진 사람이 어디 그리 흔한가.

돈이 있으면 그 돈 관리하느라 시간이 없고, 시간이 많은 사람은 경제력이 없고, 둘 다 있는 사람은 어디가 아프거나, 어느새 노년이 되어 골프를 치기 힘든 경우가 많다.

이러한 골프를 운동이 아니라, 다른 사람과의 경쟁으로 전락시켜, 스스로 스트레스를 높일 필요가 어디 있겠는가.

즐겁게 골프를 치는 사람이 골프의 고수다.

바둑은 '게임'이다. 게임은 어떠한 룰이 있는데 이 룰에 따라 많이 배우면 고수가 되는 것이다. 바둑을 둬서 졌다고, 내가 상대방보다 기본적으로 머리가 나쁜 거나 인내심이 모자란 것이 아니다. 또한 성격이나 성품과도 별 관계가 없다. 승패보다는 둔 바둑을 열심히 복기하는 사람이 바둑을 진정 즐기는 사람이다.

그러면 승률도 저절로 높아진다.

바둑과 골프, 즐기는 사람이 잘하는 사람보다 더 고수다.

바둑은 게임이고 골프는 운동이다.

* 실랑이: 말이나 행동으로 서로 옥신각신 다투는 일.

* 승강이: 서로 높고 낮음을 겨루거나 말다툼을 하는 일. "보통 승강이를 벌이다"로 많이 쓴다.

화려한 불꽃 축제,
좋기만 한가

여의도 불꽃 축제는 올해로 24년째가 되었는데 그동안 몇 차례 쉬어서 이번에 19회 축제로 열렸다. 한국화약에서 회사 홍보 차원으로 2000년 가을부터 시작한 불꽃 축제다.

올해도 역시 성대한 불꽃놀이가 펼쳐졌다. 불꽃을 터뜨리는 기술이 점점 발달해, 지금은 30분의 1초로 정밀하게 제어되는 컴퓨터 발사기에 프로그램을 입력해서 불꽃을 내뿜는 시스템을 갖추고 있다.

불꽃놀이는 밤하늘 화려함의 극치로 시민들에게 강력한 눈요깃감이 되지만, 이제는 그 이면에 숨어 있는 문제점에도 눈을 돌리고 싶다. 여러 문제가 있지만 우선 공기 문제와 생태계 문제가 떠오른다. 이번에 터뜨린 화약의 양을 정확히 가늠하긴 어렵지만, 70분 동안 약 10만 발의 불꽃을 하늘로 쏘아 올렸다고 한다. 1분에 1400발, 1초에 24발이다. 화약은 기본적으로 질산칼륨, 숯, 황을 이용해서 만드는데 질산칼륨은 산소를 공급해 주고, 숯과 황은 연료의 역할을 한다.

불꽃놀이는 화약 원자의 전자가 높은 에너지 상태로 되었다가 다시 에너지가 낮은 상태로 전이할 때 그 차이만큼의 에너지를 빛의 형태로 방출하기에 가능하다. 원자마다 전자가 다른 상태로 전이하기 때문에 특유의 불꽃반응 색을 나타낸다.

10만 발의 불꽃놀이에서 사용되는 화학물질은 불꽃의 색깔과 효과를 만들어 내기 위해 특별히 선택되는데 대략 아래와 같다.

질산스트론튬(빨간색), 염화나트륨(노란색), 질산바륨(녹색), 황산구리(청색) 등 다양한 화학물질을 이용한다. 이름만 들어도 공기에 미치는 영향을 느낄 수 있다.

이러한 물질들이 연소될 때 많은 미세먼지가 발생함은 물론이고, 화학물질 자체로 인체에 유해할 수 있다.

다음으로 불꽃놀이는 생태계에 문제가 있는데 특히 새들에게 피해를 줄 수 있다.

매년 10월 두 번째 토요일은 세계 철새의 날이다. 이날을 맞아 '빛 공해'로 인한 새들의 피해를 줄이기 위해 불필요한 조명을 어둡게 하자는 캠페인을 여러 나라에서 진행한다. 우리는 철새의 날 며칠 전에 서울 한강공원 일대에서 세계 불꽃 축제를 열고 엄청난 폭발음과 빛을 새들에게 선사했다.

지난해 1월 로마에서는 새해맞이 불꽃놀이를 한 이후 기차역

인근 길거리에서 많은 새가 죽어있었다. 국제 동물보호단체는 새 해맞이 불꽃놀이 때문으로 추정했다. 폭죽 소리와 불꽃에 놀란 새들이 갑자기 날아올라 유리창 등에 충돌하거나 심장마비로 죽었다는 것이다. 불꽃놀이를 한 여의도 인근 '밤섬'은 서울시 생태경관보전지역으로 지정돼 일반인 출입이 금지돼 있다. 한강사업본부에 따르면 밤섬에는 멸종위기종인 흰꼬리수리, 새매 등을 포함해 약 40종, 1만 마리의 새가 서식한다.

독일 환경청의 헤르만 박사는 2015년 발표한 논문 「불꽃놀이가 새에 미치는 영향」 연구에서 '새들은 인간이 불꽃놀이를 하면 불안과 공포심으로 심박수가 증가하며 방향 감각을 잃고 장애물에 부딪혀 상처를 입을 수 있다.'라고 했다.

이번 서울 세계 불꽃 축제의 참가국은 한국, 중국, 폴란드 세 나라였다. 폴란드는 축제 도중 갑자기 '불발'이라는 간단한 설명과 함께 불꽃을 쏘아 올리지 못했고, 중국은 별로 볼 만하지 않았다. 주최 측인 한화로서는 이 불꽃 축제가 막대한 비용이 들지만, 그보다 더 큰 홍보 효과가 있어서 이 행사를 계속하려 할 것이다. 그동안 한화에서 여러 안전 문제 등을 잘 살피고, 더욱 발전된 장비와 다양한 기획으로 큰 행사를 해 온 것에 대한 그 수고에 감사한다.

그러나 이제 이러한 환경과 생태 문제 등을 고려할 때 과연 이 행사를 이대로 계속해야 할지, 서울 시민의 입장에서는 한 번쯤 깊이 생각할 때가 된 것 같다.

불꽃놀이 축제를 즐긴 시민도 많지만, 동시에 또 많은 시민들이 공해문제, 소음문제, 환경문제 등으로 불편한 마음이 있었을 것이기 때문이다.

TV로 불꽃놀이를 보면서도 나직이 중얼거리는 소리가 들린다.

"눈이 즐거운 것도 좋지만, 공기가 나빠지는 건 정말 싫은데…."

한국 여자들은 왜 남편을 오빠라고 하나요

"저는 베이징에서 태어나 칭화 대학을 졸업하고, 지금은 서울에 살고 있습니다. 부모님이 제가 한국말 잘해야 한다 해서 K대에서 공부하고 있어요. 질문 있습니다. 한국에서 여자들은 진짜 오빠도 '오빠', 결혼 후에 남편한테도 '오빠'라고 합니다. 왜 남편을 오빠라고 하나요?"

위의 질문에 대답하기 어려워 '오빠'라는 말을 국어사전에서 찾아봤다.

1 같은 부모에게서 태어난 사이이거나, 일가친척 가운데 항렬이 같은 손위 남자 형제를 여동생이 이르거나 부르는 말.

2 남남끼리에서 나이 어린 여자가 손위 남자를 정답게 이르는 말.

언젠가부터 남편을 오빠라고 부르는 아내들이 많다. TV 드라마에서도 거리낌 없이 쓰고 있다. 어른들 앞에서 그렇게 부르면, 상당히 촌수가 복잡해진다. 요즘은 여성의 나이가 많은 부부가 늘고 있다. 연상의 아내가 남편에게 오빠라고 하는 경우는 별로 없는 듯하다. 왜 여성들이 남편을 오빠라고 부를까?

어떤 여성들은 남편을 그렇게 부르는 책임이 남자에게 있다고 주장한다.

남자들이 그렇게 불리는 것을 좋아한다는 것이다. 남자들은 나이를 먹어도, 누구에게나 오빠라는 소리를 듣고 싶어 한다는 것이다. 오빠라고 호명하던, 풋풋한 연애 시절의 감정을 그대로 간직하고 싶은 무의식의 발로가, 서로에게도 있는 것이 아닐까. 또 다른 이유는 '여보' 나 '자기'라는 호칭이 쑥스럽기 때문일 것이다. 결혼 후 아이가 생기면 '누구 아빠'라고 부르거나, 어른들에게는 '아범'이라는 단어를 쓸 수 있다.

부부 사이 호칭은 다음과 같은 변화를 거쳤다.

1950년대 - 남편이 아내에게 임자, 마누라 / 아내가 남편에게 영감, 임자 등으로 호칭했다.(박정희 대통령은 JP 등 측근에게 '임자'라는 호칭을 써서 친밀감을 표시했고, 어느 영화에서는 중앙정보부장에게 그렇게 호칭했다.)

1960년대 - '여보'라는 호칭 등장으로 서로 같은 호칭을 썼다.

1970년대 - '자기'라는 호칭 등장으로 '여보'와 같이 널리 쓰였다.

1990년대 이후 남편에게 '오빠'라는 호칭을 쓰기 시작하여 '여보' '자기'를 압도하기 시작했다.

며칠 전 뉴스에서, 북한에서는 남편을 오빠라고 부르면 감옥에 보낸다고 한다. 남한과 북한의 극과 극을 다시 한번 일깨워 주는 보도였다. 어느 날 국어사전을 찾아보니, 오빠는 '진짜 오빠'로 남편은 '오빠'로 불러야 한다고 쓰여 있는 날이 올지도 모르겠다.

한국말은 호칭이 어려워서, 세종대왕도 머리가 아프실 것이다. 노래 '오빠 생각'의 '우리 오빠 말 타고 서울 가시면'의 그 오빠, 그 진짜 오빠, 비단 구두 사 가지고 오시면 좋겠다.

종적종
종교의 적은 종교다

'여적여'는 '여성의 적은 여자'라는 말이다. 이 말의 사실 여부를 떠나서, 이 말이 한때 유행하였다.

지난 10월 15일 프랑스 파리에서 북서쪽으로 25km 정도 떨어진 한적한 교외에서 끔찍한 사건이 발생하였다. 이 근처 중학교에서 역사를 가르치는 47세 '사무엘 프티'가 비참하게 목을 잘려 살해당했다. 이 반인륜적 행위를 한 사람은 이슬람 극단주의자 18세 청년 '압둘라'였다. 압둘라는 범행 직후 트위터에 사무엘의 목 사진과 함께 마크롱 프랑스 대통령을 저주하는 글을 올렸다. 압둘라는 칼을 휘두르며 경찰과 대치하다 '알라는 위대하다'를 외치고 사살되었다. 그는 할아버지, 남동생 등과 함께 사무엘을 가장 처참한 방식으로 공개처형 하는 모의를 했다.

이들은 이러한 결정을 이슬람 전통에 근거한, 반드시 해야 할 일이라고 믿었다. 무슬림들은 이런 결정을 '파트와'라고 부른다. '파트와'는 법이 아니라, 무슬림 개인이 속한 종교집단의 인위적 결정에 가깝다. 프랑스의 풍자 주간지인 〈샤를리 에브도〉는 종교 극단주의자들을 신랄하게 비판한다. 프랑스 최대 종교인 가톨릭에게도 날카로운 비판을 멈추지 않는다. 사무엘은 이 잡지에 실린 무함마드에 관한 풍자만화를 '사상 표현의 자유'에 대한 수업 자료로 준비했다. 그는 2015년에 이 잡지의 편집장이 무함마드를 모욕했다는 이유로 살해된 사실을 잘 알고 있었다. 사무엘은 자신의 수업이 무슬림들에게 논란을 일으킬 것을 예상하여, 무슬림 학생들에게는 자신의 수업에 결석을 허용하였다.

역사 선생 사무엘이 '사상 표현의 자유'를 가르치기 위해, 프랑스 600만 무슬림들을 자극한 것에 대한 평가는 엇갈릴 수도 있다. 그럼에도 불구하고 이슬람 극단주의의 이와 같은 행동은 종교 자체의 존재 이유에 대한 심각한 의문을 제기한다. 이 수업에 참석한 13세 여학생의 아버지라고 주장한 사람이, 사무엘을 '흉악범'으로 규정하고, 그를 살해하는 '파트와' 즉 신이 내린 명령을 선언하였다. 사무엘은 극단주의 무슬림의 살해위협을 받고, 자신이 매일 다니던 숲길을 피해, 많은 사람들이 거주하는 대로를 이용해 집으로 가고 있었다. 신의 명령을 받았다고 믿은 압둘라는 자신이 준비해 온 30cm의 칼로 그를 살해하고 목을 잘라 길바닥에 내동댕이쳤다.

종교의 가장 큰 적은 종교의 탈을 쓴 폭력이다. 자신이 태어난 나라에서 믿는 어떤 종교가, 타인에게도 최선이어야 하는 것이 근본주의적 종교관인데, 이것은 자칫 폭력과 독선이 될 수 있다. 독선은 '무지'의 상징이다. '무지'는 아랍어로 '자힐리야'다. 자힐리야는 7세기 이슬람이 등장하기 전 아랍 사회에 만연했다. 무지(자힐리야)의 특징은 분노와 폭력이다.

그들은 어떠한 문제를, 상대방 입장에서 생각해 보는 연습을 해 본 적이 별로 없다. 하여 성급하게 판단하고, 자신의 협소한 시선으로 상대방에게 화를 낸다. 또 주위 사람들과 연합해, 자신과 의견이 다른 사람들에게 정의란 이름으로 폭력을 행사한다. 이런 행위를 일삼는 극단적 근본주의자들은 언제나 반인륜적 폭력을 '신의 뜻'이라고 말한다.

무함마드가 살던 시대에, 사막에 거주하는 유목민들은 분노와 폭력 행위가 일상이었다. 무함마드는 이들에게 '묵상과 자비 행위'를 새로운 삶의 원칙으로 선포하였다. 이 위대한 삶의 철학이 '이슬람(신에게 복종한다)'이다.

'알라는 위대하다'라고 외치면서, 사무엘을 참수한 행위는 '이슬람' 행위가 아니다. 그러한 행위는 이슬람교의 창시자 무함마드가 그토록 극복하려고 노력했던 '무지한 행위'다. 한국의 기독교인들은 예수가 그토록 혐오해 채찍을 들었던, 성전 중심의 종교에 대해 어떤 행위를 하고 있는가.

프랑스의 계몽주의 사상가 '볼테르'는 250년 전에 다음과 같은 말을 했다.

"교리보다 도덕을 더 많이 가르치는 종교, 불가능하고 모순적이며 신과 인간에게 해가 되는 것을 믿으라고 요구하지 않는 종교, 상식을 가진 사람에게 영원한 형벌을 받을 것이라고 협박하지 않는 그러한 종교는 없는가…. 사형 집행자들에 의해 믿음을 지탱해 나가지 않으며, 이해할 수 없는 궤변 때문에 세상을 피로 물들이지 않는 종교, 유일신을 믿으면서도 관용과 인간애를 가르치는 그러한 종교는 없는가…."

종교의 가장 큰 적은 종교다.

폴링 박사와
비타민 C

비타민 C를 다량 복용하는 분들이 많다. 대개 하루 약 3000mg 이상을 먹는다는 의미인데 국내 비타민 C 전도사인 이왕재 박사는 훨씬 더 많이 복용한다. 일각에서는 의학적으로 확실히 입증된 바가 없고 부작용도 있을 수 있으니 다량 복용은 조심해야 한다고 말한다.

이와 비슷한 논쟁이 이미 50여 년 전에 미국에서 있었으며 그 중심에 라이너스 폴링 (Linus Paulling) 박사가 있었다. 폴링 박사는 노벨 화학상과 노벨 평화상을 수상한 미국의 물리화학자이다.

그의 일생은 파란만장했다. 어려서 아버지를 여의고 어려운 가정형편으로 고등학교를 졸업하지 못했다. 그러나 친구의 화학 실험실에서 물질의 변화에 일생을 건다는 신념으로 공부를 시작하여 노벨 화학상을 받았다. 이후 핵 반대 사회 운동을 주도하여 노

벨 평화상까지 수상하게 된다. 한 사람이 노벨상을 단독으로 두 번 수상한 기록은 아직 깨지지 않고 있으며 이후 그가 다니던 고등학교에서 명예 졸업장을 받았다.

그가 학자로서 명성을 쌓은 후 사회 활동을 할 때 미국은 매카시 선풍으로 극우주의자들이 득세하여, 사회주의 성향의 인사들을 탄압하였고 폴링 박사도 피해를 보았다. 교수직에서 해임되고 해외여행도 못했다. 이런 일들을 겪은 후 1965년, 그의 나이 64세부터 비타민 연구를 시작한다.

폴링은 조현병에 다량의 비타민이 뇌에서 건강의 균형을 유지하는 역할을 한다는 실험 결과를 접하고 이 분야에 대한 연구를 하게 되었다. 이러한 개념이 신체의 다른 부분에도 적용될 수 있다고 가정하고 이를 분자교정의학(Orthomolecular Medicine)이라 명명하였다.

그는 5년간의 연구 끝에 사람들이 비타민 C를 더 많이 섭취하면 건강이 향상될 것이란 생각으로 1970년 가을 『비타민 C와 감기』를 저술하여 베스트셀러가 되었다. 그러나 그의 논문은 사이언스 잡지에서 퇴짜를 맞았고, 미국식품의약국은 '비타민 C가 감기를 예방하거나 치료한다는 과학적 증거는 없다'고 발표하였다.

여기에 굴하지 않고 폴링 박사는 대중들은 자신의 건강을 위해 알 권리를 가지고 있다며 책과 방송을 통해 직접 대중에게 다가가기 위해 노력하였다. 이러한 과정을 통해 1970년대 중반에 많은 미국 사람들이 다량의 비타민 C를 섭취하게 되었다.

폴링 박사는 삶의 전반을 화학 교과서 저술과 평화 운동으로 보냈다면 후반은 인류건강을 위한 비타민 C에 바쳤다. 그런데 그는 의사가 아니었으며, 당시 권력자들에게 미운털이 박혀 있었다. 의사들은 의사가 아닌 사람이 건강에 대해 말하는 것을 싫어했으며, 정부에서는 그의 대외 활동을 노골적으로 제한하고 있었다.

그뿐만이 아니라 가장 힘들고 충격적인 아픔을 겪게 되는데 바로 아내의 죽음이었다. 그의 아내는 1970년경 위암 판정을 받았는데 폴링 박사의 소신대로 다량의 비타민 C를 복용하여 회복되었다. 그런데 1981년 그녀의 암은 재발했고 비타민 C가 이번에도 역시 그녀를 치료해 주리라는 간절한 기대를 저버리고 그해 말 세상을 떠났다.

설상가상으로 그 무렵 미국 국립 암연구소는 비타민 C가 암 치료에 도움이 되는가 확인하기 위한 임상실험을 실시했으나 효과 없다는 결론을 내리게 된다. 의학계는 이를 비타민 C에 대한 최종

답안으로 받아들였지만, 폴링은 그 실험에 심각한 문제가 있음을 지적했고 암 치료에 도움이 된다는 소신을 거두지 않았다.

이후 시간이 많이 지나면서 생화학 분야의 연구가 활발해지자 비타민 C가 손상된 세포의 유해산소를 제거하는 항산화제로서 다시 주목을 받기 시작하였다. 즉 비타민 C의 대사 반응에 대한 중요성, 생존 기간을 늘려주는 효과, 독성을 감소시키는 효과들이 속속 발표되었다.

90살이 된 폴링은 전립선암으로 수술을 받은 후 많은 양의 비타민 C, 싱싱한 야채와 과일을 섭취하며 스스로 치료하였으나 1994년 94세를 일기로 영면하였다.

천재적인 생화학자였으며 불굴의 평화주의자, 그리고 인류의 건강을 위해 비타민 C가 필요하다는 확신으로 그 보급에 평생을 바쳐온 폴링 박사의 업적은 시간이 지날수록 더욱 높이 평가되고 있다. 현재 모교인 오리건 주립대학에는 라이너스 폴링 연구소(Linus Pauling Institute)가 설립되어 지금도 비타민과 미량 원소들을 활발히 연구하고 있다.

한편 비타민 C의 발견과 효능에 대해 폴링 박사보다 먼저 많은 공헌을 한 두 사람이 있었다. 알베트 박사는 비타민 C의 아버지다. 아스코르브산(Ascorbic acid= 비타민 C)을 발견하였으며, 근육의 연구 등 생물학적 연소에 관한 논문으로 1937년 노벨 생리의학상을 받았다. 헝가리의 생화학자인 그는 부다페스트 대학 재학중 생체의 구조에 관한 조직학적인 연구를 발표하였으며 1930년

부다페스트 대학의 교수가 되었다. 그는 어찌 보면 평범한 관찰로 비타민 C를 발견했다.

"내가 색깔을 너무 좋아했기 때문에 비타민 C를 발견한 것 같다. 나는 아직도 색깔을 좋아한다. 색깔은 나를 어린아이처럼 즐겁게 만든다. 나의 첫 번째 의문은 왜 바나나가 상하면 껍질이 갈색으로 변하는가였다."

그는 식물이 함유한 폴리페놀이라는 화합물이 산소와 작용하면 일종의 딱지인 갈색이나 검은색 물질을 만들어 낸다는 것을 밝혀냈다. 이 발견을 통해 앨버트 박사는 그다음 단계로 "식물은 두 종류가 있다. 상하면 검게 변하는 것과 상해도 색의 변화가 일어나지 않는 것. 그렇다면 왜 상해도 색이 변하지 않는 식물이 있는가?" 바로 그 식물 안에 당 같은 화합물인 비타민 C가 있기 때문이었다.

이런 식물이 지닌 비타민 C는 폴리페놀이 산소와 작용해서 산화되는 것을 막아주기 때문에 갈색이나 검은색의 보호 물질이 필요 없었다. 그래서 겉이 상했을 때 색이 변하는가(바나나) 변하지 않는가(오렌지)를 단순히 보는 것만으로도 과일들의 비타민 C 함유량을 알 수가 있는 것이다. 박사는 비타민 C 결핍 질환(괴혈병)을 치료하려면 합성 비타민 C만으로는 충분한 효과가 없고, 자연 식품에 있는 완전한 비타민 C 모체가 있어야 한다고 생각했다.

그는 1955년 미국으로 이주하여 시민권을 받았고 재정적인 어려움에도 암과 화학물질의 변화에 관한 연구를 계속하여 유해산소에 대한 이론도 정립했다.

폴링 박사보다 비타민 C의 효능을 먼저 발견한 또 한 사람은 스톤 박사였다. 그가 없었다면 폴링 박사의 비타민 C에 관한 연구와 보급도 없었을 것이다. 스톤 박사가 확고한 신념으로 폴링 박사에게 비타민 C의 효능을 인식시켰기 때문이다. 그는 다량의 비타민 C가 인체에 절실히 필요하다는 생각을 처음 한 사람이다.

즉 인간은 자체로는 비타민 C를 만들 수 없는 동물이기 때문에 괴혈병을 막는 정도보다는 훨씬 더 많이 복용해야 건강에 도움이 된다는 생각을 가지고 있었다. 그는 이 방면의 연구를 계속하여 1934년 월러스타인 연구소장으로 효소와 화학변화의 특허를 26개나 획득했다. 이후 과일에 비타민 C를 투입하여 과일을 오래 보존하는 방법도 최초로 개발했다.

그러나 그가 주장하는 다량 비타민 복용의 필요성은 당시 거의 주목을 받지 못했다. 연구 논문도 큰 병원의 관심을 끌지 못했고 학술지에도 실리지 못하고 있었다. 그는 '내가 보낸 논문을 그들은 읽어 보지도 않았다'고 분개했다. 그러던 중 1966년 폴링 박사의 세미나에 참석, 폴링에게 그의 주장을 설파했다. 이것이 계기가 되어 이미 두 번의 노벨상 수상 등으로 유명 인사가 된 폴링 박사와 같이 비타민 C에 관한 연구를 계속하게 된다.

스톤 박사는 비타민 C의 효능에 대한 확신을 그의 몸으로 직접 실험하는 사건이 있었다. 부인과 같이 사우스 다코다의 작은 도시에서 운전 중, 마주 오던 차가 중앙선을 넘어 그의 차와 충돌하는 큰 교통사고를 당한 것이다. 심각한 상태에서 입원한 두 부부는 정신이 들고부터 하루에 50g의 비타민 C를 복용하기 시작했다. 그의 부인이 먼저 회복되어 간호사 역할을 하였고, 스톤 박사는 입원 후 다섯 번의 수술을 받았다. 여기저기 무수한 골절상을 입은 그는 의사가 놀랄 만한 빠른 회복을 보였는데 비타민 C 덕분이라 생각했다. 석 달 만에 완쾌한 그는 이후 그의 삶을 비타민 C에 관한 연구에 바치기로 결심하게 된다.

스톤 박사는 조현병에 다량의 비타민이 도움이 되는 현상을 확인하고, 비타민이 뇌 속에서 중요한 역할을 하며 이들 균형이 깨지면 질병이 된다고 믿었다. 그는 1972년에 그의 대표적인 저서 『Healing Factor』라는 책을 써서 비타민 C 다량 복용이 여러 질병에 큰 도움이 된다는 주장을 발표했다.

알베트 박사와 폴링 박사가 그 책에 추천사를 썼다.

한국의 비타민 C 다량 복용의 연구와 보급은 위에 언급한 서울대 해부학과 교수였던 이왕재 박사가 오래전부터 선구자적 역할을 했고 지금도 활발히 활동하고 있다. 또 오하이오 주립대학의 하병근 교수도 비타민 C에 관한 탁월한 연구를 했으나 불의의 사고로 안타깝게 일찍 별세하였다.

이 분들의 연구와 공헌에 힘입어 비타민 C의 효능이 점점 더 많이 알려지고 있다. 다른 동물과 달리, 우리 인간의 몸이 무슨 이유로, 언제부터인지 만들 수 없게 된 비타민 C. 이에 대한 비밀이 점점 더 풀리고 있다. 어쩌면 미래의 유전자 가위가, 우리 인간도 스스로 비타민 C를 다시 만들 수 있게 하는 날이 올지도 모른다.

베토벤 교향곡 5번을 지휘한 다섯 명의 지휘자

* 이 글은 철원국경선평화학교의 철원필하모니에서 했던 워크숍 중 한 세션입니다.

우리는 여러 관점에서 베토벤과 마주칩니다. 그는 음악사적으로 핵심적 위상을 차지하는 숭배의 대상이면서 동시에 전통에서 벗어나 파격적이고 독창적 작품을 많이 남겼습니다.

반면 인간적으로는 고집불통에 신경질적이고 청력 상실과 여러 질병으로 고통받았습니다. 케임브리지대 생물 인류학 연구팀은 베토벤의 머리카락을 채취해 유전자 검사를 한 결과 궤양성 대장염, 폐렴, 편두통, 시력감퇴 등 여러 병력을 확인했습니다.

먼저 인간 베토벤과 그의 일생에 대하여 간단히 이야기를 나누겠습니다. 베토벤은 1770년 12월 16일(확실치는 않음)에 태어나서 1827년 3월 26일 사망했습니다. 57살을 산 건데 당시로서는 짧은 삶은 아니었지요. 단명한 음악가로는 모차르트 35살, 멘델스존 38살, 쇼팽 39살 그리고 제일 짧은 슈베르트 31살 등이었지요.

베토벤은 독일 본에서 출생하여, 22살에 오스트리아 빈으로 이주한 후 거기서 생을 마감했습니다. 키는 162cm 정도였고 얼굴이 검붉고 어깨는 벌어지고 머리는 대부분 산발을 하고 다녔지요.

평생 자기 집이 없이 귀족의 집에서 살거나 하숙집을 평균 반년에 한 번씩 옮겨 다니며 살았습니다. 그는 귀가 나빠진 이후 필담으로 소통을 하여, 많은 노트를 남겼는데 그 내용 중 경제적인 문제가 많았습니다. 돈이 급하게 필요한데 얼마를 좀 보내 달라거나, 새 악보가 곧 나오니 갚을 돈을 좀 나중에 갚게 해달라 등등 돈에 대한 문제가 의외로 많습니다.

또 간혹 같은 곡을 여러 출판사와 동시에 계약하고 계약금을 받았습니다. 지금 같으면 자칫 사기에 해당하는 일인데 베토벤은 그런 의식이 별로 없었던 것 같습니다. 그러니까 베토벤의 음악과 베토벤의 인격, 인간됨은 일치했다고 하기는 어렵습니다. 모차르트도 그런 면에서는 베토벤과 비슷했었지요.

음악과 인간됨이 비교적 일치하는 음악가라면 누가 있을까요? 아마 바하와 하이든, 멘델스존 정도가 아닐까 싶습니다.

베토벤은 어렸을 때는 알코올 중독인 아버지 대신 돈을 벌기 위해 오르간과 피아노를 궁정에서 치고, 비올라 연주자로도 활약하면서 가족을 부양했지요. 그의 아버지 '요한 베토벤'은 성악가(테너)로서 베토벤에게 처음 음악을 가르친 선생이었습니다. 베토벤은 아버지보다 궁정악단의 악장이었던 할아버지를 존경해서 그의 사진을 늘 방에 걸어놓았는데 사실 베토벤이 어릴 때 사망하여 할아버지의 기억은 없었지요. 아버지가 베토벤에게 음악을 가르치기 위해 때리고 학대한 것으로 널리 알려졌는데 요즘 들어서 새로운 연구에 의하면 다소 과장된 부분도 있는 듯합니다.

다만 모차르트처럼 아들을 천재로 만들기 위해 당시 8살인 베토벤을 6살이라고 속이고 연주회에 데리고 나갔던 것은 사실입니다. 베토벤은 자기 나이를 이때부터 계속 두 살 어리게 알고 있다가 30여 년 후 조카인 카를의 엄마와 후견인 소송을 하면서 자기 나이를 비로소 알게 되지요.

베토벤의 어머니 마리아는 베토벤의 아버지와 결혼 전 다른 사람과 결혼하여 아이도 있었으나 남편과 아이가 병으로 모두 사망하여 베토벤의 아버지와 결혼하게 되지요. 그래서 아버지(베토벤의 할아버지)의 반대가 심했다네요. 그러나 베토벤의 어머니는 현모양처였고 7명의 자식을 낳았는데 3명만 살아남았지요.

인간 베토벤에 대해서 그의 형제들도 대단한 영향을 미쳤는데, 그 이야기는 잠시 후에 다시 하고 이제 그의 음악 베토벤 5번 교향곡에 대해 알아보겠습니다.

왜 제가 〈베토벤 교향곡 5번〉이라고만 하고 뒤에 '운명'이라고 안 했을까요? 베토벤이 '운명'이라고 안 했으니까요.

베토벤의 만년을 지킨 비서 안톤 쉰들러가 5번 교향곡의 첫 부분 '빰빰빰빰'에 대해 '운명이 이렇게 문을 두드린다'라고 베토벤이 말했다고 해서 운명이 되었는데, 이것은 비서 신들러의 자작 스토리일 가능성이 높습니다.

여하튼 이런 스토리를 근거로 일본에서 5번 교향곡 뒤에 '운명'이라는 단어를 써넣으면서 한국에서도 오래전부터 자연스럽게 '운명'으로 알려지게 되었지요.

베토벤이 쓰지 않은 제목이지만 우리에게 잘 알려진 또 하나의 유명한 곡은 '월광'입니다. 월광도 일본 사람들의 작품입니다.

다만 베토벤이 거의 유일하게 평생 교우를 유지한 친구 베겔러에게 1801년 쓴 편지에 '나는 운명의 목을 콱 움켜쥐겠어'라고 편지를 쓴 기록은 있습니다.

여하튼 '빰빰빰빰' 으로 시작하는 짧은 4개의 음표는 음악 역사상 가장 유명한 모티브입니다. 이 부분은 멜로디라기보다는 리듬에 가깝습니다. 이 작은 리듬의 씨앗으로 2악장을 제외한 1.3.4 악장이 모두 연결되어 풍성한 음악적 수확으로 결실을 맺습니다.

하지만 이 모티브가 너무 유명하다 보니 전체 맥락, 특히 2악장의 연결을 다소 소홀히 하게 되는 경향이 있습니다. 이 2악장이 베토벤 5번 교향곡의 평안, 평화에 해당하는 대목입니다.

결국, 5번 교향곡은 인간존재의 나약함에 저항하면서 불굴의 의지로 승리를 쟁취하고 환희하는 인간 승리의 여정이라고 볼 수 있습니다. 1악장에서 급작스러운 운명이 엄습 한 후 2악장에서 안정과 평화로, 3~4악장은 다시 불안, 도전을 지나 극복, 기쁨의 감격이 넘칩니다. 평화뿐 아니라 평화를 기반으로 펼쳐지는 승리,

환희가 모두 함께 폭발하는 입체적 서사시라고 할 수 있습니다.

5번 교향곡은 1악장 시작이 시마이너(Cm)입니다. 베토벤이 아주 많이 쓴 조성인데 장점이 있습니다. 비올라와 첼로의 가장 낮은 개방현의(손을 집지 않은 상태) 소리가 C 소리라서 현악기의 울림이 극대화됩니다. 어두움, 고뇌 등의 느낌이 강한데 비창 소나타도 Cm입니다. 그런데 4악장은 시메이저(CM)로서 밝음, 극복, 환희로 나아가지요.

베토벤의 위대성은 당시 대중의 취향에 자신을 맞추지 않았다는 점입니다. 왜 그랬을까요? 일단 성격이 반항적이고 개혁적이라 그랬겠지만, 귀가 들리지 않았기에 내면의 소리에 더 충실할 수 있었고, 그래서 그만큼 상상하기 어려운 독특한 음악적 충격을 만들어 낼 수 있었던 것 같습니다.

〈베토벤 교향곡 5번〉은 '운명'이라는 단어를 생각하지 말고 들어야 이 교향곡이 운명이라는 운명에서 벗어나는데, 저도 그게 참 어렵습니다. 제목이 있으면 좋기도 하지만, 그만큼 음악의 상상력과 창의력을 제한하는 것이지요. 제목 있는 음악을 표제 음악, 제목 없는 음악을 절대 음악이라 하는데 이 5번 교향곡은 절대 음악으로 태어났는데 표제 음악의 운명을 타고난 음악입니다.

하지만 운명이라는 단어가 이 교향곡의 전체적인 분위기를 나름 잘 표현하고 있기 때문에 비공식적으로 이 별명이 계속 사용되고 있고 운명 교향곡이라는 별명이 이 작품의 인지도를 높이는데 공헌하기도 했습니다.

한편, 운명이라는 부제는 일본에서 갖다 붙인 것이며 유럽이나 미국에서는 운명이라는 부제를 전혀 쓰지 않는다고도 하는데 이는 꼭 그런 것은 아닙니다. 독일에서 나온 음반이나 팜플렛에도 운명 교향곡(Schicksalssinfonie)이라는 부제가 붙어 있는 경우가 간혹 있고, 영어로도 'Fate'라 칭하는 경우가 있습니다.

베토벤은 이때 이미 귀가 상당히 안 들릴 때입니다.

나폴레옹이 빈을 점령하여 오스트리아 화폐가치가 떨어지고, 지원을 약속한 귀족들은 빈을 떠나거나 사망하여 베토벤의 후원금이 끊기는 불안하고 힘든 시절이었습니다.

이 곡은 1804년경 구상을 시작하여 1808년 12월 22일 본인의 지휘로 빈에서 초연하였고, 같은 날 6번 교향곡 전원과 피아노 협주곡 4번도 초연을 했으니 정말 음악사적으로 대단한 날이었습니다. 하지만 이 초연은 실패로 끝났습니다. 연주회 전의 리허설은 한 번뿐이었고 당시 기록에 따르면, "당일 난방도 없는 극장에서 소수의 관객이 추위에 떨며 연주를 듣고 있었다"라고 되어 있습니다. 하지만 1년 반 뒤에 이루어진 또 다른 연주회에서는 열광적인 호응과 찬사를 받았지요.

자, 이제 1악장으로 들어가겠습니다. 1악장 – 약 7분 연주되며 빠르기는 '알레그로 콘 브리오'인데 '빠르고 생기있게' 라는 뜻입니다. 너무나 유명한 짧은 세 개의 음표와 길게 끌라는 페르마타가 표시된 긴 음표는 짧은 모티브 안에서 강렬한 대조를 이룹니다. 이 부분이 생각보다 어려운데 첫 박이 음표가 아니고 쉼표입니다. 악보를 보면 4분의 2박자인데 첫 박이 '빰~빰'이 아니고 '음빰~빠암'입니다. 찰나의 침묵으로 인한 극적인 긴장이 이루어지고 바로 이완이 되는 겁니다.

음악은 대부분 한가지 방향성이 있고 긴장과 이완으로 이어지며 결론에 이릅니다. 음악의 방향성과 긴장과 이완을 알면 음악을 이해하기 편합니다. 여기서 베토벤은 시작하는 두 마디에 긴장과 이완을 다 넣어버린 거지요.

그 전엔 이런 작품이 거의 없었습니다. '빰빰빰' - 긴장, '빰' - 이완입니다. 크게 보면 1악장이 긴장, 2악장이 이완, 3악장이 긴장 바로 이어지는 4악장이 긴장 후 폭발로 나아갑니다. 어떤 면에서는 멜로디라기보다는 리듬 자체로 교향곡 전체를 쌓아 올린(2악장 제외) 놀라운 작품입니다.

자, 여기서 지휘자들의 고민이 있습니다. 이 두 마디를 어떻게 하느냐, 긴장을 어떻게 하고 이완을 얼마나 길게 하느냐에 따라 이후 음악이 천양지차가 납니다. 이제 5명의 지휘자의 지휘 동영상을 보면서 그 차이점을 감상해보겠습니다.

먼저 토스카니니입니다. 이태리 태생의 지휘자인데 원래 첼로를 했습니다. 생몰연대는 1867~1957이니까 90세까지 장수했고 악보 중심의 정확한 지휘로 유명한데 모든 악보를 외워서 합니다. 눈이 나빠서 외울 수밖에 없었고 단원들을 혹독하게 훈련했지요.

요새는 이렇게 하면 지휘자가 오케스트라에서 견디기 어렵지만, 훈련한 만큼 연주의 질은 높았습니다. 그는 카라얀이 가장 존경한 지휘자였고 카라얀이 젊었을 때는 토스카니니를 너무 따라 해서 토스카니니와 카라얀을 합친 '토스카라얀'이라는 비난을 받을 정도였지요. 성격이 아주 강해서 당시 파시스트가 하라는 연주 지시도 거부하고 심지어 무솔리니가 참석하는 연주도 지휘를 거부하여 결국 심각한 테러를 당했습니다.

이후 미국으로 망명하여 1937년, 당시로는 매우 고령인 70세에 NBC 오케스트라 지휘자가 되어 이후 17년간 지휘를 합니다. 연주가 잘 안 되면 단원들에게 지휘봉을 던지고 시계도 던지고 했는데, 단원들이 사준 금시계를 자꾸 던지니까 어느 날 어떤 팬이 던지는 용 가짜 시계를 사주었어요. 어느 날 그 시계를 연주 못하는 단원들에게 던져서 깨졌는데 그 시계를 보고 단원들이 진짜인지 알고 열심히 잘했습니다.

나중에 토스카니니가 하는 말이, "진짜와 가짜도 구분 못 하니 연주를 잘할 리가 있나."라고 했답니다.

연주가 잘 안 된 날에는 실의에 차서 가족들에게, 이렇게 연주를 못 한 날 식사하면 안 된다며 자신도 굶고 식구들 모두 굶었습니다. 보여드릴 5명의 지휘자 중 템포가 가장 빠릅니다. 오보에의 짧은 독주 나오기까지만 보여드릴 텐데 거기까지 3분 40초 정도 걸립니다. NBC 교향악단의 1952년 카네기홀 연주로서 토스카니니가 85세 때입니다.

* 워크숍에서는 이 연주를 오보에 독주가 나오기까지만 들었으나, 아래 동영상은 전체연주이다. 동영상 12까지 마찬가지이다.

동영상 8-베토벤 교향곡 5번, 토스카니니 오보에까지 3분 40초 연주

https://www.youtube.com/watch?v=UCryL4W7CCM&t=232s

다음은 푸르트벵글러의 지휘입니다. 푸르트벵글러는 생몰연대가 1886~1954이고 지휘뿐 아니라 작곡도 했는데 바이올리니스트 강동석 선생의 말에 의하면 작곡한 작품이 어렵지만, 대단히 좋다고 합니다.

그는 어려서부터 베토벤, 바그너 전문이었고 1922~1954까지 무려 30년 넘게 베를린 필 상임 지휘자를 했습니다. 깊이 있고 독특한 감성과 해석으로 그를 좋아하는 사람들이 많습니다.

푸르트벵글러는 카라얀을 매우 싫어했어요. 이에 카라얀은 변장하고 그의 연주회에 가서 그의 지휘를 배웠습니다. 푸르트벵글러가 연주한 1악장은 오보에 끝날 때까지 무려 약 5분 30초인데 5명 중 가장 느리게 연주합니다.

1943년 베를린 필하모닉 오케스트라의 연주인데 동영상은 아닙니다.

동영상 9-베토벤 교향곡 5번, 푸르트벵글러

https://www.youtube.com/watch?v=GJG5A-klfgE&t=112s

상당히 느리지요?

토스카니니와 푸르트벵글러, 가장 빠르고 가장 느린 두 지휘자의 연주를 보셨습니다.

만약 베토벤이 들었다면 어느 쪽을 선호했을까요? 저는 예전에는 푸르트벵글러 지휘가 좋았는데 지금은 잘 모르겠습니다.

여러분은 어떠신가요?

다음은 카라얀입니다. 카라얀의 생몰연대는 1908~1989입니다. 20세기 음악사를 대표하는 지휘자라면 단연 카라얀이겠지요.

베를린 필하모닉 오케스트라에서 35년간 종신 지휘자로 군림한, 클래식 음악의 전설이지요. 카라얀은 음악과 디지털 기술의 접목에도 상당한 공헌을 하여, 카라얀을 기점으로 베를린 필하모닉의 영상물과 음반이 폭증했습니다.

무엇보다 카라얀은 클래식의 대중화에도 힘써서, 이전까지 일부 상류층이나 고급 취향을 가진 이들의 전유물이던 클래식은 그의 등장을 기점으로 대중의 음악으로 성큼 다가섰습니다.

카라얀은 2차 대전이 끝날 무렵에 밀라노에서의 콘서트를 핑계로 아내와 베를린을 떠난 후 종전할 때까지 귀국하지 않았습니다. 그런데 카라얀 부부가 투숙했던 밀라노 호텔을 이태리 민병대가 급습하여 털어버려서 카라얀은 전 재산을 잃어버렸습니다. 거리에 나앉을 위기에 처했지만, 길거리를 배회하던 중 다행히 그를 알아본 어느 이탈리아 음악 애호가의 호의로 그의 집에 머물게 되어 숙박을 해결할 수 있었습니다.

카라얀의 아내가 영어 통역을 하였고, 카라얀 자신은 악보 공부와 이탈리아어를 공부하면서 시골 극장에서 가끔 음악을 가르치며 생계를 유지했다고 합니다. 이 시절 카라얀은 매우 열심히 공부했는데, 매일 자신이 목표로 한 공부를 다 하지 못하면 끼니를 거름으로써 스스로를 벌했다고 합니다.

아까 어디서 들어본 이야기지요? 카라얀은 1984년 10월에 베를린 필하모닉을 이끌고 서울 세종문화회관에서 두 번의 공연을 합니다. 첫날은 베토벤 교향곡 5, 6번 둘째 날은 모차르트 디베르티멘토와 브람스 교향곡 1번을 했는데 저는 브람스 1번을 좋아해서 둘째 날 간 기억이 납니다.

당시 76세의 카라얀은 브람스 1번을 지휘하면서 나중에는 어디가 아픈지 지휘대 위에 설치한 안전바에 몸을 계속 기대어 선 채로 지휘를 하였습니다. 그의 힘들어하는 모습을 바라보면서 안타까운 마음이었던 기억이 납니다.

이 동영상은 1986년 연주인데, 1984년 한국 공연보다 지휘가 활발합니다. 당시 허리 수술을 했다는 것을 나중에 알았는데 성과가 좋았던 듯합니다. 그의 연주는 오보에 카덴차까지 4분 45초로서 토스카니니와 푸르트벵글러 두 사람의 중간 빠르기 입니다.

동영상 10-베토벤 교향곡 5번, 카라얀

https://www.youtube.com/watch?v=UcifcqMY0GM&t=295s

다음은 정명훈입니다. 정명훈은 1953년 생입니다. 그는 36세의 나이에 파리 바스티유 오페라 극장(현 파리 국립오페라)의 음악감독에 취임할 정도로 일찍이 음악적 역량을 인정받은 지휘자이며, 베를린 필하모닉, 빈 필하모닉 오케스트라를 비롯하여 세계의 여러 오케스트라를 지휘하였습니다.

정명훈 지휘자는 1974년 차이콥스키 콩쿠르 피아노 부문 2위로 입상하며 국내에서 카퍼레이드를 하며 화려하게 주목받았고 이후 지휘자로서 세계적인 명성을 얻었지요. 당시 어느 신문이 1등 없는 2등이라고 오보를 했는데 당시 국제 뉴스도 어둡고 굳이 정정을 안 해서 지금도 그렇게 알고 있는 분들이 많은데 사실은 1등이 있고, 2등도 공동 2등이었습니다. 1등과 공동 2등이 모두 소련 사람들이었기 때문에 실질적으로 "정명훈이 1등이다."라고 생각하는 사람들도 있었습니다.

그는 2011년 유니세프 친선대사 자격으로 북한을 방문하여 은하수 관현악단을 지휘하기도 했습니다.

이제 동영상을 보시겠습니다. 오보에 나올 때까지 시간은 4분

55초걸립니다. 원코리아 오케스트라와 2017년 8월 롯데콘서트홀에서 연주한 것입니다.

동영상 11-베토벤 교향곡 5번, 정명훈

https://www.youtube.com/watch?v=NWWbA5H5pEs&t=302s

다음은 구스타보 두다멜입니다.

베네수엘라 출생, 1981년생입니다. 바이올린 연주, 작곡, 지휘 등을 공부하고 2009년부터 LA phil 상임 지휘자가 되었습니다. 기백과 열정이 돋보이는 음악 만들기로 유명하며, 지휘자로서는 어린 나이에도 불구하고 레퍼토리 폭도 대단히 넓어 앞으로의 행보가 주목되는 인물입니다. 오보에 카덴차까지 약 5분 걸리고 LA 필하모닉 2019년 연주입니다.

동영상 12-베토벤 교향곡 5번, 두다멜

https://www.youtube.com/watch?v=tjff572AvCg&t=45s

이제 베토벤 5번 1악장 전체를 들어보겠습니다. 아까 말씀드렸듯이 대개의 음악은 방향성이 있고 긴장과 이완이 있습니다.

일반적으로 제시부, 발전부, 재현부, 종결부의 단계를 거치는데 5번 교향곡도 거의 비슷한 순서를 밟습니다. 제1주제 이후 제2주제의 같은 선율이 다른 악기로 연결이 되는 것이 베토벤의 다양성인데 이런 가운데 우리는 즐거운 이완감을 느끼기 시작하면서 제1주제가 다시 나옵니다. 발전부도 같은 리듬이 이어지며 피아니시모로 연결된 후 강렬한 폭발이 일어납니다.

여기서 주목할 만한 악기가 나오는데 바로 오보에입니다. 바로 아까 보신 5명의 지휘자의 동영상이 끝날 때 나오는 오보에입니다. 베토벤은 감성적인 호소를 하고 싶을 때 오보에를 활용할 때가 많습니다. 오보에의 짧은 카덴차가 나오는데 여기서만 나오는 5번 교향곡의 백미입니다.

베토벤은 주제를 발전, 응용시키는 기법이 대단한데 그중 최고봉은 단연 5번 교향곡입니다. 2악장만 제외하고 '빰빰빰빰'을 계속 변형하는데, 이거 하나만 가지고 계속 발전시키며 장엄한 드라마를 펼쳐 나갑니다. 여러 악기가 주제를 번갈아 가며 웅성웅성 노래하고 그 힘이 점점 모아져서 주체할 수 없는 흐름으로 거대하게 발전됩니다. 벅차오르는 힘과 열정에 몸을 실은 듯한 음악은 격동의 클라이막스로 질주합니다.

1악장 끝나기 전 다시 핵심주제가 무섭게 터져나오고, 어떤 다른 여지를 완벽히 막아버리며 1악장이 끝납니다. 이제 1악장 전체를 들어보시겠습니다. 카라얀 지휘입니다. 약 7분 연주

동영상 13 - 베토벤 교향곡 5번, 카라얀 1악장

https://www.youtube.com/watch?v=UcifcqMY0GM&t=295s

호흡음악
편안한 음악과 일정한 호흡으로 건강개선

전 세계적으로 고혈압 인구가 10억 명을 넘어섰습니다. 한국도 나날이 서구화되는 식생활 습관으로 고혈압 인구가 성인 3명 중 1명에 이르게 되었지요. 고혈압은 평상시 생활 습관을 고치는 것이 대단히 중요합니다. 식습관을 개선하고 적당한 운동을 하여 체중을 조절하는 것입니다.

지금까지 발표된 연구결과를 종합하면 몸무게 10kg을 줄일 때마다 5~20mmHg의 혈압을 떨어트릴 수 있고, 하루 2.5g 미만의 소금을 섭취하면 2~8mmHg의 혈압을 내릴 수 있고, 또 규칙적인 운동을 하면 4~9mmHg의 혈압이 내려 간다고 합니다. 즉 약보다 생활 습관을 먼저 고칠 생각을 해야 하는데 이게 참 어려운 문제입니다.

채식 위주의 식사, 절주, 금연, 하루에 30분 이상 운동하기 등

한 가지도 수월한 것이 없습니다. 더구나 복잡한 사회생활과 스트레스가 많은 현실에서 대부분 약에 의존하게 됩니다. 더욱 안타까운 점은 인구당 고혈압으로 인한 사망률이 가까운 일본에 비해 무려 2.4배나 되는 것입니다. 그러면 이렇게 내리기 힘든 고혈압을 간단하고 안전하게 내리는 방법은 무엇일까요?

먼저 호흡입니다. 호흡은 생활 습관 중에 거의 의식하지 않으나 신체에 가장 큰 영향을 주는 요소입니다. 느리고 충분한 숨을 들이쉬면 우리 몸에 산소가 더 많이 공급됩니다. 이때 우리의 모세혈관 벽에 Nitric Oxide Gas(산화 질소)가 투입되어 혈관을 부드럽게 넓혀주는 작용을 합니다. 그러면 당연히 혈압이 내려갑니다.

1998년에 미국의 Dr 루이스 이그나로가 이 현상을 발표했고 같은 해 이 업적으로 노벨 의학상을 받았습니다. 그는 산화 질소가 우리의 혈관 시스템을 탄력 있고 깨끗하게 해 줌으로써 마치 혈관이 매일 요가를 하는 것과 같은 효과가 있다고 했습니다.

동양의 요가에서도 호흡은 동작만큼 중요하다고 가르치고 있습니다. 요가에서 호흡 방법은 날숨이 들숨보다 길어야 하며 일분에 여섯 번 정도 숨을 쉬면 좋다고 합니다.

간단하고 안전하게 혈압을 낮추는 두 번째 방법은 음악입니다. 편안한 음악을 들으면 심리적 안정상태가 이루어져, 뇌에서 알파파와 세타파가 생성됩니다. 또 부교감 신경이 활성화되어 혈관이 이완되고, 자연스럽게 혈압이 낮아집니다. 요즘 여러 병원에서 적극 도입하고 있는 음악치료는 말 그대로 음악을 이용하여 병을 고치는 치료입니다. 기록에 남은 인류 최초의 음악 치료 사례는 구약성경의 사울 왕입니다. B.C 900년경 이스라엘의 왕이었던 사울은 정신 불안 증상이 있었는데, 다윗이라는 소년이 하프를 연주해 주면 사울이 마음의 평정을 되찾았다고 기록돼 있습니다.

모차르트 음악이 두뇌와 감성 개발에 도움이 된다는 이른바 '모차르트 효과'는 1993년 영국의 세계적인 과학 전문지 〈네이처〉지에 관련 논문이 나온 이후 계속 비슷한 사례가 발표되고 있습니다. 그의 음악이 환자들의 감성을 아우르고 스트레스를 줄여서 질병 치료에 도움을 주기 때문입니다. 반면에 하드록이나 헤비메탈을 듣는 사람들은 음악을 들은 후 호흡이 빨라지고, 혈압도 3~7% 정도 오르는 것으로 조사되었습니다.

클래식 음악 중 혈압에 좋은 음악은 어떤 것이 있을까요? 음악을 들으면서 마음이 안정되고 온몸이 편안해지면 됩니다. 더욱 효과가 있으려면 곡의 빠르기를 잘 선정하고 비교적 단순한 선율이 좋습니다. 이런 음악을 들으면 고혈압 치료뿐 아니라 불면증, 우울증, 만성 통증 치료에도 도움이 된다는 발표가 있었습니다.

그런 음악으로 글룩의 〈축복받은 영혼의 춤〉, 모차르트 〈피아노 협주곡 24번〉 2악장 등이 있습니다. 한 가지 주의할 점은 느린 곡이라도 너무 애달픈 감정이 생기거나 점점 빨라지는 음악은 별로 도움이 안 됩니다. 알비노니의 아다지오나 라벨의 볼레로가 여기에 해당합니다.

이 호흡과 음악이라는 두 가지 방법이 각각 약간의 어려운 점들이 있습니다. 느리고 일정한 호흡만 계속하기는 사실 쉽지 않습니다. 별로 재미가 없고 잡념이 나서 2~3분을 지속하기가 어렵습니다. 음악을 듣는 것도 음악만 듣고 느린 호흡을 하지 않으면 그 효과가 반감됩니다. 또 음악을 들으면서 호흡을 일정하게 하려고 해도 리듬을 계속 유지하기가 쉽지 않습니다.

그래서 편안한 음악에 숨소리를 넣어서 여기에 맞추어 호흡도 하며 음악 감상도 할 수 있는 음악들을 만들었습니다. 이렇게 만든 음악을 '호흡음악'이라 이름 지었습니다. 호흡음악을 들으며 혈압을 내리는 방법은 재미있으면서 효과가 뛰어난 방법입니다. 음악에 녹음된 호흡 소리에 정확히 맞추지 않아도 깊은 호흡만 하면 충분합니다. 5분만 음악을 들으면서 호흡을 한 후 혈압을 측정해도 대개 혈압이 내려갑니다. 특히 위 혈압(수축기 혈압)은 비교적 쉽게 차이가 납니다.

물론 이후 시간이 지나면 혈압이 다시 올라갑니다. 혈압약을 안 먹으면 혈압이 올라가는 것과 마찬가지입니다. 이 호흡음악이라는 약은 전혀 부작용이 없고 경제적입니다. 하루에 5분씩만 꾸준히 계속해도 혈압이 어느 정도 안정될 수 있습니다.

우리가 근육 운동을 열심히 해서 좋은 몸을 만들 듯이 호흡음악을 들으며 혈관 운동을 해 줌으로써, 혈관을 탄력 있게 만들어 평소 혈압을 내릴 수 있습니다. 편안한 음악을 들으며 일정한 호흡을 하면 위에 말씀드린 산화 질소, 부교감신경 등이 혈관 운동을 해 주는 것입니다. 우리 몸이 스스로 우리를 치유하는 방법입니다.

2008년 5월에 뉴올리언스에서 열린 미국 고혈압협회(American society of Hypertention) 미팅에서 하루에 30분 음악을 들으며 느리고 일정한 호흡을 한 고혈압 환자들의 혈압이 현저히 내려갔다는 보고가 있습니다. 미국 고혈압협회에서는 "이번 실험 결과로 즐겁게 음악을 들으면서 혈압을 낮추는 간단한 방법이 큰 효과가 있다는 사실이 증명되었다"고 발표했습니다.

이탈리아 피렌체 대학 피에트로 A. 모에스티 박사팀도 비슷한 결과를 발표했는데 "혈압을 낮추는 데 있어서 음악과 심호흡 중에 어떤 것이 더 중요한지 명확하게 밝혀지지는 않았지만, 음악과 심호흡 운동을 병행하는 것이 효과를 높일 수 있다는 것은 확실하다"고 했습니다.

편안한 음악을 즐기며 건강이 좋아지는 기쁨을 함께 나누어 보시기 바랍니다.

* 최원영 TV(YOU TUBE)에서 '호흡음악'을 찾으세요

오징어 게임의
빛과 그림자

3년 전, 드라마 '오징어 게임'이 무척 재미있다는 이야기를 듣고 1회를 보았으나 이후 시청을 중단했다.

이번에 시즌2가 나왔다며, 이 드라마를 안 보면 다른 사람과 대화가 안 된다는 주위의 권유에 따라 시즌2를 먼저 보고 시즌1을 모두 보았다.

필자가 오징어 게임 시즌1의 1회만 보고 중단한 이유는 무엇보다 드라마 전개의 당위성이 부족했기 때문이었다.

'무궁화 꽃이 피었습니다'라는 게임을 하면서 '탈락하면 목숨을 잃는다'라는 가장 중요한 게임의 규칙을 알려주지 않은 채 탈락한 사람들을 무참히 총으로 살해하는 장면에서 거부감을 느꼈다.

이번에 다시 보면서도 비슷한 느낌은 있었으나, 일단 끝까지

보았고 세계적으로 널리 알려진 드라마에 대해 나름대로 의견을 보태고 싶은 생각이 들었다.

먼저 오징어 게임의 우수성을 말한다면 이 드라마는 빠른 스토리 전개와 게임을 통한 삶과 죽음 사이의 긴장감이 탁월하다.

여러 유명 출연진의 열연은 이 드라마의 성공에 필요조건이었다.

주인공인 이정재, 이병헌은 물론 '이러다 다 죽어'라는 말을 유행시킨 노배우 오영수의 연기는 뛰어났다.

기독교 신자로 등장하는 사람을 통해 기독교를 코미디화한 느낌도 있으나, 이 사람을 비난하던 여자가 남은 구슬게임을 상대방을 위해 포기하는 장면은 예수님의 진정한 제자가 누구인지를 잘 보여준 연출이다.

이뿐만 아니라 이 드라마로 인하여 한국의 게임이 세계적으로 널리 알려졌고, 한글 'Dalgona - 달고나' 'Hyung - 형' 등의 단어가 옥스퍼드 영어사전에 등재되는 대단한 문화적 전파를 이루었다.

이러한 긍정적인 면에도 불구하고 오징어 게임의 어두운 면, 부정적인 면이 너무 간과되고 있는 듯하여 간단히 몇 가지를 언급하고 싶다.

1. 자본주의 사회 비판의 단순화

'오징어 게임'이 계층 불평등, 자본주의의 잔혹성을 비판하고자 한 의도는 좋으나, 이러한 주제가 지나치게 단순화되어 오히려 자본주의의 문제점을 바로 진단하고 개선하는 방법에서 멀어졌다.

즉 자본주의의 문제점을 단순히 '돈이 전부인 사회'로 묘사하고, 모든 문제를 극단적 상황으로 몰고 가는 방식은 복잡한 사회 문제를 흑백논리로 단순화 하는 느낌이다.

2. 지나치게 자극적 살육에 대한 감성 마비

극단적인 폭력이 일단 흥미를 유발하지만, 이러한 연출이 폭력을 지나치게 미화하거나 정당화하는 것처럼 보일 수도 있다.

특히 폭력적 콘텐츠가 청소년들에게 악영향을 미칠 수 있다는 우려가 크다.

또한, 몇 명의 여성 출연자가 남성 중심적 플롯에서 도구화되거나 희생양으로 그려지는 방식은 비판의 대상이 될 수 있다.

3. 작품의 주제와 전개의 불일치

게임 참여자들의 죽음을 단순히 이야기의 장치로만 활용한 것은 스스로 작품의 주제를 제한하고, 인간의 생명을 지나치게 도구화했다는 비판이 있을 수 있다.

작가는 극단적 상황을 통해 인간 본성을 탐구하려 했겠지만, 너무 잔혹한 연출이 중심이 되어 결과적으로 오히려 이 드라마의 메시지가 약화될 수도 있다.

또한, 참가자들이 첫 번 게임을 끝내고 사회에 나와보니 여전히 살기가 힘들어서, 생명을 거는 그런 끔찍한 게임에 다시 거의 모두 참여한다는 설정은 현실감이 부족하여, 자본주의를 비판하는 이 드라마의 전개가 오히려 자연스럽지 못한 느낌을 준다.

모든 드라마의 시즌2는 시즌1보다 잘 만들기도, 그 흥행도 어렵지만 특히 오징어 게임은 시즌 2의 장기적 성공을 예측하기 힘들 것 같다.

작년 말에 공개한 시즌 2는 주인공 성기훈(이정재)의 캐릭터가 너무 바뀌어서 좀 어리둥절했다.

조금 모자라는 평범한 주인공에서 침착하고 능력 있는 사람으로 갑자기 변신했기 때문이다.

또한, 드라마의 본질상 게임을 멈출 수 없기에, 시즌 1보다 좀 더 참신한 게임을 개발해야 하고, 더욱 자극적인 살육을 보여줘야 하는 한계에 부딪친 듯하다.

시즌 2가 명확한 결말 없이 시즌 3를 위한 오픈 엔딩으로 마무리된 것도 그 이유는 모르겠지만 의외였다.

현재 시즌 2의 흥행은 성공적이라고 들었고 곧 한국에서도 실제로 오징어 게임을 하는 스튜디오가 서울에 오픈하는 등 오징어 게임의 게임은 계속되고 있다.

여하튼 오징어 게임은 한국인이 어릴 적 하던 게임을 도구로, 대중성과 사회적 메시지를 조합하여 세계적 성공을 거둔 드라마임에는 틀림 없고 그들의 노고에 갈채를 보낸다.

하지만 이와 같은 비판을 통해, 특히 젊은이들이 이 드라마를 한 번 더 생각할 수 있는 기회로 삼는 것도 좋을 듯하다.

'극단적 선택'에 대하여

'자살'이라는 단어는 언론에서 금기어로 되어 있다.

대신 '극단적 선택'이란 단어를 쓴다.

언제부터인가 극단적 선택이란 말이 자살과 동의어가 되었다.

삼성그룹 이건희 회장의 조카인 이 모 씨가, 살던 아파트에서 몸을 던졌다.

당시 47세였던 그는 필자의 조카사위였다.

오래전 도쿄 데이코쿠(제국) 호텔에서 모두가 부러워하는 결혼식을 올렸다.

그의 부모인 이창희 회장 부부와 삼촌인 이건희 회장 부부를 비롯한 삼성 가족들이 여럿 참석했고, 동아그룹 최원석 회장은 물론 다른 가족들도 참석했다.

화목하고 축복이 넘치는 결혼식이었고 유명 가수들과 연예인들도 참석했다.

이창희 회장은 훤칠하고 수려한 용모에 세련된 매너가 돋보였다.

몇 년 후 지병으로 세상을 일찍 떠났는데 그의 두 아들이 새한미디어를 이끌다가 IMF를 만났다.

둘째 아들 이 모 씨가 세상을 등진 것은 회사가 무너졌기 때문일 것이다.

사회 저명인사 중 여러 사람이 스스로 목숨을 끊었다.

언뜻 떠오르는 사람들만 해도 노무현 전 대통령, 유명 여배우 최 모 씨, 현대, 삼성, 두산 등 재벌회사의 회장들, 행복 전도사 최 모 씨 등이다.

자살은 인간만이 하는 행동은 아니라고 한다.

동물 중 개나 말, 고래 등도 자살이라고 할 수 있는 행동을 하는데 왜 개가 물에 일부러 빠져 죽고 고래가 해변으로 나와 죽는 것일까?

개의 자살은 150년 전 영국 신문에 아래와 같이 발표된 바가 있다.

"이 검은 개는 며칠 동안 움직임이 줄어들더니 어느 날 스스로 물에 뛰어든 뒤 가라앉으려고 애썼다.

구조된 뒤에는 묶여 지냈으나 풀려나자 다시 물에 들어가기를 여러 차례 거듭한 결과, 마침내 나중엔 머리를 물에 처박아 단호하게 목적을 달성했다."

이 개가 왜 이런 행동을 했는지는 확실히 알려지지 않았다.

말도 활동이 줄어들고 먹이를 안 먹다가 갑자기 높은 골짜기에서 뛰어내려서 죽는 경우가 가끔 있어서 사람들을 놀라게 한다.

고래들은 대개 집단 자살하는 행태를 보이는데 인간이 바다에서 많은 활동을 하면서부터 고래의 자살이 늘고 있다.

사람 다음으로 지능이 높은 고래는 특수한 저주파를 내보내 서로 소통하는데 사람들이 만들어 내는 소음(잠수함이나 석유 시추 진동 등)의 증가는 고래들에게 청각 장애를 일으킨다.

즉 아무리 애써도 자신의 말에 반응하는 동료가 없다고 생각하게 되면 고래는 극심한 외로움에 빠져 자살을 한다는 설이 있다.

그러면 인간은 어떤 경우에 자살을 시도할까?

우선 자살은 심한 정신적 육체적 괴로움에서 탈피하는 방법으로 행해진다.

노무현 전 대통령은 평생 쌓은 명예가 실추되는 아픔을 피하고자 자살을 택했을 것이다.

두산 박 모 회장의 유서에 의하면, 회사가 어려워지고 부채를 감당할 수 없자 그런 극단적인 행동을 했다.

탤런트 최모 씨는 사채 루머로 본인의 명예가 실추된 고통을 감당키 어려웠던 것으로 보인다.

한편 행복 전도사 최 모 씨는 정신적 고통보다는 심한 육체적 고통을 견디기 어려워 자살을 한다고 유서에 썼다.

특유의 재치 있는 입담으로 방송에서 행복의 지혜를 전파했던 행복 전도사 최 모 씨.

그녀의 유서에는 700가지 통증이 나온다.

아무리 '행복 전도사'라 해도 오랜 기간 심히 아프고 회복될 희망이 없을 때 인간의 감정은 극히 약해지고 위태롭게 된다.

인간은 정신적으로나 육체적으로 끝이 안 보이는 심한 고통을 감내하기 힘들면 그 회피의 방법으로 자살을 시도한다.

자살을 하는 이유가 속죄를 하기 위해서 한다고 생각하는 사람도 있다.

자기의 실책으로 소속 단체에 큰 손실을 입혔다거나 대대로 내려오는 사업이 무너지게 되면, 그 책임을 자살로써 갚으려는 생각을 한다.

반면에 자기의 결백을 증명하는 방법으로 자살을 택하는 경우도 있다.

억울하게 모함을 받을 경우 자살을 함으로써 결백이 증명된다고 생각하는 것이다.

어떤 경우는 자살을 희생정신의 일부로 생각하는데, 회사나 교회의 비리를 안고 자살하거나, 폭력배들이 자살하면서 조직과 연결고리를 끊는 경우도 있다.

또 오래 몸져누워 있거나 식물인간이 될 가능성이 있으면, 주위 가족들에게 큰 부담을 안겨준다는 생각에 본인이 스스로 산소호흡기를 빼는 등 자살 시도를 하는 경우도 있다.

그런데 의외로 자살하는 사람 중에 우울증 외에는 특별한 이유를 발견하지 못하는 경우가 많다.

우리가 우울증을 가벼이 여길 수 없는 것은 그것이 자살과 밀접하게 관련되기 때문이다.

사실 자살자의 반 이상은 우울증 때문인 것으로 알려져 있다.

우울증을 '마음의 감기'라고 하는 사람도 있다.

5명 중 1명이 걸릴 정도로 흔한 동시에 잘 치료하면 감기처럼 나을 수 있다고 한다.

그런데 우리나라 우울증 환자의 20~30% 정도만이 치료받고 있으며 나머지는 방치되는데, 결국 이런 사람들이 자살로 이어질 수 있다는 것이다.

하지만 자살에 관한 어느 이론도 가장 근본적인 질문, 즉 비슷한 상황에서 누구는 자살하고 누구는 그렇지 않은 이유를 확실히 설명하지 못한다.

미국의 심리학자 조이너 교수는 '왜 사람은 자살하는가'라는 책을 발표했다.

그는 우울증을 앓는 사람 중에서 자살에 성공하는 사람은 반드시 두 가지 조건을 충족시킨다고 주장했다.

당연한 말이지만 죽음에 대한 확고한 의지가 있어야 한다는 것이다.

사회적으로 고립되었다거나 남에게 부담스러운 존재가 되었다고 느낄 때 죽고 싶은 심정이 강력하게 들게 된다.

또 하나는 자살에 성공한 사람들은 스스로 목숨을 끊을 수 있는 능력을 갖추고 있다는 것이다.

아무리 자살하고 싶어도 행동에 옮기기는 쉽지 않기 때문이다.

우스갯소리로 강물은 너무 차고, 아파트는 너무 높고, 수면제는 한꺼번에 먹기 힘들다.

자살 성공률이 높은 사람들은 군인과 의사다.

총을 맞아 보았거나 동료가 살해되는 장면을 목격한 군인들은 자신의 죽음을 자연스럽게 받아 들인다.

의사들 역시 환자의 고통과 죽음을 지켜보면서 자신의 죽음을 떠올리게 되므로 자살 비율이 일반적으로 높다.

조이너 교수는 사회적으로 소외감을 느끼면서 고통에 무감각한 사람일수록, 자살할 가능성이 높으므로 주변에서 자살할 만한 사람을 미리 예견할 수 있다고 주장한다.

자살을 시도하는 사람들은 주위에 사랑을 나눌 사람이 없다고 생각하고, 인생의 의미도 찾을 수 없으며 작은 희망도 포기한 경우가 대부분이다.

근래에 한국에서 자살한 유명인 중 노무현 전 대통령은 그의 유서에서 암울한 심경을 잘 드러냈다.

즉 주위 사람들에게 고통만 주니 부담스럽고 건강이 나빠 책도 못 읽으니 희망이 없다는 것이다.

– 노 전 대통령 유서 전반부

너무 많은 사람들에게 신세를 졌다.
나로 말미암아 여러 사람이 받은 고통이 너무 크다.
앞으로 받을 고통도 헤아릴 수가 없다.
여생도 남에게 짐이 될 일밖에 없다.
건강이 좋지 않아서 아무것도 할 수가 없다.
책을 읽을 수도, 글을 쓸 수도 없다.

위대한 음악가 베토벤은 32살에 청력을 잃기 시작하면서 유서를 썼지만(1802년) 실행하지는 못했다.

– 베토벤의 '하일리겐슈타트 유서' 후반부

선천적으로 타고난 예술적인 자질을 충분히 발휘하기도 전에 죽음이 닥쳐온다면, 그리고 나의 운명이 너무나 가혹하기에 죽음이 그렇게 일찍 찾아온다면 어쩔 수 없겠지만, 좀 더 늦게 찾아와 주었으면 하는 바람뿐이다.
그러나 그래도 나는 만족하리라.
죽음은 나를 끝없는 고뇌로부터 해방해 주지 않겠는가.
죽음이여! 오고 싶으면 언제든지 오라.

나는 너를 용감하게 맞으리라. 그러면 잘들 있거라.

베토벤도 자살을 결심한 이유가 죽음이 끝없는 고뇌로부터 해방해 주리라고 생각했기 때문이었다.

자살을 실패한 사람들에게 대부분 나타나는 현상은 자기가 실패한 것을 안 순간 대단히 기뻐했다는 것이다.

너무 힘들어 자살을 시도했었지만 실패한 후 생각해 보니, 인생에 작은 의미도 찾을 수 있었고, 실낱같은 희망도 다시 보이더라는 것이다.

죽음에 가까이 가보면 삶에 대해 더 잘 알게 되는 것인가….

마지막으로 최근 많은 논쟁거리인 안락사에 대해 생각해 보자.

몇 년 전 호주의 유명 생물학자 구달 박사(David Goodall)는 심각한 질환이 없는데도 안락사를 택했다.

그의 나이 104세였다.

그는 병들어 고통이 있기 전에 행복하게 죽겠다며 가족들과 작별 인사를 나누고 안락사가 허용되는 스위스로 가서 스스로 주사의 밸브를 열고 생을 마감했다.

100세가 넘은 나이에 병들고 제 기능을 못 하는 몸 때문에 사는 것이 더는 아무런 의미가 없다고 느끼고 스스로 인생을 마감한 구달 박사.

그는 생물학자로서 평생을 학문에 헌신했으며, 자신의 선택이 논란을 일으킬 것을 알면서도 이를 통해 안락사에 대한 논의를 촉진하고자 했던 것으로 보인다.

그가 마지막 순간에 베토벤의 교향곡 9번 '합창'을 들은 것도 상징적이다.

이 곡은 인간의 존엄성과 자유를 찬미하며, 인류애와 희망을 노래하는 곡이다.

구달 박사의 선택은 개인의 자율성과 삶의 마무리에 대한 깊은 철학적 질문을 던지는 동시에, 안락사라는 복잡한 윤리적 문제를 다시 한번 공론화하는 계기가 되었다.

그의 결정에 찬성하는 사람들은 모든 사람은 자신의 삶과 죽음에 대해 스스로 결정할 자유와 권리가 있다고 믿는다.

또한 안락사는 비교적 고통과 불안 없이 준비된 평온한 죽음을 맞이할 수 있다고 생각한다.

반대하는 사람들은 모든 생명은 고귀하며, 죽음을 선택하는 것은 인간의 본질적인 가치를 부정하는 행위라고 믿는다.

특히 건강상 심각한 문제가 없는 사람이 안락사를 선택하는 것은 위험한 선례가 될 수 있고, 이것이 허용되면 사회적으로 약자나 노년층에게 '부담스러운 존재'라는 압박을 느끼게 해 원치 않는 안락사를 하게 할 가능성이 있다고 생각한다.

여러분은 어느 쪽의 입장에 더 공감하는지?

철학자들의 죽음에 대한 명언을 몇 개 소개하면서 이 글을 마친다.

"죽음은 우리에게 아무것도 아니다. 우리가 살아있는 한 죽음은 존재하지 않고, 죽음이 오면 우리는 존재하지 않는다."

- 에피쿠로스(Epicurus)

"삶을 두려움 없이 산 사람에게 죽음은 두려운 것이 아니다."

- 키케로(Cicero)

"죽음은 우리 각자에게 고유한 가능성이다. 그것을 수용함으로써 우리는 진정으로 존재한다."

- 하이데거(Martin Heidegger)

"팔십년전거시아 (八十年前渠是我) 팔십년후아시거(八十年後我是渠)"

80년 전에는 저것이 나더니 80년 후에는 내가 저것이로구나

- 서산대사 휴정

* 한국 생명의 전화: 1588-9191, www.lifeline.or.kr

노래에서,
인생은?

"테스 형, 세상이 왜 이래?"라는 어느 가수의 노랫말이 여기 저기서 인용된 적이 있었다.

노래 가사는 그 시대를 웅변한다.

1960년대 이후, 우리 노래에서 '인생'을 뭐라고 노래했을까?

'인생'이라는 단어가 나오는 노래 9곡을 시대별로 찾아보았다.

〈하숙생〉

– 인생은 나그네 길, 인생은 벌거숭이

작사: 김석야

https://www.youtube.com/watch?v=S5d_SOR6ZrQ

1

인생은 나그네 길 어디서 왔다가 어디로 가는가

구름이 흘러가듯 떠돌다 가는 길에

정일랑 두지 말자 미련일랑 두지 말자

인생은 나그네 길 구름이 흘러가듯 정처 없이 흘러서 간다

2

인생은 벌거숭이 빈손으로 왔다가 빈손으로 가는가

구름이 흘러가듯 여울져 가는 길에

정일랑 두지 말자 미련일랑 두지 말자

인생은 벌거숭이 강물이 흘러가듯 소리 없이 흘러서 간다

〈모닥불〉

– 인생은 연기 속에 재를 남기고 말없이 사라지는 모닥불 같은 것

작사: 박건호

https://www.youtube.com/watch?v=KXd354f4zkg

모닥불 피워놓고 마주 앉아서

우리들의 이야기는 끝이 없어라

인생은 연기 속에 재를 남기고

말없이 사라지는 모닥불 같은 것

타다가 꺼지는 그 순간까지
우리들의 이야기는 끝이 없어라

〈바람과 나〉

– 인생은 나

작사: 한대수

https://www.youtube.com/watch?v=N5FbTyoVqfE

1
끝 끝없는 바람 저 험한 산 위로 나뭇잎 사이 불어가는
아 자유의 바람 저 언덕위로 물결같이 춤추던 님
무명 무실 무감한 님 나도 님과 같은 인생을
지녀볼래 지녀볼래

2
물결 건너편에 황혼에 젖은 산 끝보다도 아름다운
아 나의 님 바람 뭇 느낌 없이 진행하는 시간 따라
하늘 위로 구름 따라 무목 여행하는 그대의

인생은 나 인생은 나

〈빈 잔〉

– 어차피 인생은 빈 술잔 들고 취하는 것

작사: 조운파

https://www.youtube.com/watch?v=ajA4cInURWI

그대의 싸늘한 눈가에 고이는 이슬이 아름다워
하염없이 바라 보네 내 마음도 따라 우네
가여운 나의 여인이여
외로운 사람끼리 아 만나서 그렇게 또 정이 들고
어차피 인생은 빈 술잔 들고 취하는 것
그대여 나머지 설움은 나의 빈 잔에 채워 주

〈서울 탱고〉

- 덧없이 왔다가 떠나는 인생은 구름 같은 것

작사: 소산

https://www.youtube.com/watch?v=FtsWWYTFclg

내 나이 묻지 마세요 내 이름도 묻지 마세요
이리 저리 나부끼며 살아온 인생입니다

고향도 묻지 마세요 아무것도 묻지 마세요
서울이란 낯선 곳에 살아가는 인생입니다

세상의 인간사야 모두 다 모두 다 부질 없는 것
덧없이 왔다가 떠나는 인생은 구름 같은 것

그냥 쉬었다 가세요 술이나 한 잔 하면서
세상살이 온갖 시름 모두 다 잊으시구려
〈인생은 미완성〉

- 인생은 미완성 쓰다가 마는 편지
작사: 김지평
https://www.youtube.com/watch?v=FdrjajQPiSs

1
인생은 미완성 쓰다가 마는 편지
그래도 우리는 곱게 써 가야 해

사랑은 미완성 부르다 멎는 노래

그래도 우리는 아름답게 불러야 해

2

사람아 사람아 우린 모두 타향인걸

외로운 가슴끼리 사슴처럼 기대고 살자

인생은 미완성 그리다 마는 그림

그래도 우리는 아름답게 그려야 해

3

친구야 친구야 우린 모두 나그넨걸

그리운 가슴끼리 모닥불을 지피고 살자

인생은 미완성 새기다 마는 조각

그래도 우리는 곱게 새겨야 해

〈인생은 생방송〉

- 인생은 생방송 홀로 드라마

작사: 김동찬

https://www.youtube.com/watch?v=rYm0jZQyQ28

1

인생은 생방송 홀로 드라마 되돌릴 수 없는 이야기
태어난 그날부터 즉석 연기로 세상을 줄타기하네
넘어질 듯 넘어질 듯 줄타기하네
쓰러질 듯 쓰러질 듯 줄타기하네
미움이 넘칠 땐 사랑을 붙잡고
눈물이 넘칠 땐 기쁨을 붙잡고

비바람 부딪치며 살아온 세월 하루가 백 년이네
인생은 재방송 안돼 녹화도 안돼
오늘도 나 홀로 주인공

2

인생은 생방송 모노드라마 되돌릴 수 없는 이야기
태어난 그날부터 숙제를 안고 세상을 줄타기하네
넘어질 듯 넘어질 듯 줄타기하네
쓰러질 듯 쓰러질 듯 줄타기하네
미움이 넘칠 땐 사랑을 붙잡고
눈물이 넘칠 땐 기쁨을 붙잡고

정으로 부딪치며 살아온 세월 하루가 백 년이네
인생은 재방송 안돼 녹화도 안돼

오늘도 나 홀로 주인공

〈인생은 직진이야〉

- 인생은 직진이야

작사 김국환

https://www.youtube.com/watch?v=TqD9gWwdVQs

돌아보지마 돌아가지마
인생은 직진이야
울며 불며 떠난 님
나를 두고 떠난 님

잘 가라 잘살아라
비가와도 눈이 와도
내 인생은 직진이야

꿈도 사랑도 모두가
아픔이 있다
내 앞에 있다
떠날 거 라면 저리 비켜라

너를 안고 직진이야

〈인생은 나에게 술 한잔 사주지 않았다〉

- 인생은 나에게 술 한잔 사주지 않았다

  작사: 정호승

  https://www.youtube.com/watch?v=ImqWRZYVzPU

인생은 나에게 술 한잔 사주지 않았다
겨울밤 막다른 골목 끝 포장마차에서
빈 호주머니를 털털털 털어
나는 몇 번이나 인생에게 술을 사주었으나

인생은 나를 위하여 단 한 번도
술 한 잔 사주지 않았다
눈이 내리는 그런 날에도
돌연 꽃 소리 없이 피었다 지는 날에도
인생은 나에게 술 한잔 사주지 않았다

* 9곡 중 많이 나오는 단어는 나그네, 구름, 꿈, 술 등입니다.

2018년 여름, 하숙생을 부른 최희준 선생의 부음을 갑자기 들었습니다.

구름이 흘러가듯 소리 없이 가셨습니다.

오래전, 어느 호텔 헬스클럽에서 운동하고, 2층 중식당에서 짬뽕 한 그릇을 혼자서 맛있게 드시던 모습이 떠올랐습니다.

5장

생각나는 사람들

사소한 것들

사소한 것들을 기꺼이 할 때 행복하다.
세상이라는 예술 작품은 사소한 것들의 무수한 집합이다.
미소 한 번이 영원이고, 티끌 하나가 사막이고, 눈송이 한 개가 별이다.
성공적인 삶은 진실로 사소한 것에 달려 있다.
사소한 것은 사소하지 않기 때문이다.
오늘 나에게 사소한 것은 무엇인가.

김민기,
아름다운 뒷사람의 고마움과 아쉬움

김민기 선생이 전설의 뒤안길로 떠난 지 한 달이 지났다. 김민기, 1970년대를 젊음으로 보낸 사람들에게 그는 살아 있는 전설이었다. 젊은 시절부터 몇 번 그를 만났으나 근래에는 그럴 기회가 없었다. 이번에 그를 보내면서 그를 흠모하고 추모하는 분들이 얼마나 많은지, 국민적 행사를 치른 느낌이다.

예술인들은 물론 정치인들과 많은 시민이 그의 빈소에서 줄을 서가며 방명록에 이름을 올린 것은, 그의 음악과 그동안의 삶이 숭고하도록 진지했기 때문일 것이다. 그에 대한 수 많은 추모의 글에 오래된 기억의 파편들과 평소의 작은 생각이라도 보태고 싶다.

그를 처음 만났을 때의 인상은 묵직함이었다. 과묵했으나 입을 열면 꽉 찬 저음이 묵직했고, 씩 웃는 얼굴은 마음씨 좋은 동네 아저씨의 묵직함이었다. 당시 필자는 김세환, 윤형주 선생 등과 친분이 있었는데 어느 날 기타를 잘 치는 친구를 같이 만나자며 소개한 사람이 김민기 선생이라 기억한다. 이렇게 한두 번 같이 만난 후, 어느 날 무슨 일로 그가 우리 장충동 집에 오게 된다.

1971년 경이었던 것 같다.

지하실에 방음시설을 갖춘 음악실이 있었는데, 필자의 클래식 기타를 잡고 튜닝을 몇 번 하더니 조용히 노래를 시작했다.

나 혼자 청중이 되어 맞은편 의자에 앉아 있었다.

처음 듣는 노래인데 멜로디와 가사가 아주 잘 어울렸고, 무언가 아픔이 서려 있으면서도 후렴구에 강한 카타르시스가 있는 음악이었다.

노래가 끝나고 특유의 멋쩍은 웃음을 지으며 그가 입을 열었다.

"내가 얼마 전 만든 〈아침이슬〉이라는 노래인데…."

나는 자리에서 일어나 그에게 악수를 청하며 말했다.

"민기 형, 이 노래는 앞으로 많은 사람이 부를 것이오."

이후에도 그는 우리 집에 와서 당시 미국의 유명 포크송 가수인 Peter Paul and Mary의 노래를 같이 들었다. 그는 그들의 기타를 들으면 악보 없이 바로 따라서 칠 수 있었고, 그들의 노래 중 〈Don't think twice it's alright〉이라는 노래를 잘 불렀다. 필자의 부족한 노래를 듣고는 Jim Reeves의 〈He will have to go〉가 잘 어울리니 그 곡을 부르라고 했다.

나중에 알게 되는 사실이지만, 그가 노래를 만들고 부르고 녹음 활동을 활발히 한 것은 이후 몇 년간 뿐이었다.

그를 다시 만난 것은 10여 년이 흐른 후였다. 필자가 〈객석〉 잡지를 창간하기 직전인 1984년 초로 기억한다. 신라호텔 어느 식당에서 만났는데 그동안 그는 한국 민중음악의 상징으로 많은 사람에게 알려졌다.

본인은 전혀 원하지 않은 일이었지만, 그렇다고 아니라고 말하지도 않는 사람이었다. 그동안 어찌 지냈냐고 물었더니 휴전선 근처에서 농사짓고 있다며 나에게 거친 손가락을 내보였다. 투박한 검은 잠바를 입고 나왔는데 어느 탄광에서 일할 때 받은 대통령 하사품이라고 했다.

헛웃음이 나오고 마음이 찡했지만, 뭐라 위로의 말도 할 수 없었다.

내가 잠시 침묵하자 '그래도 농사짓는 게 마음이 참 편하다'라고 말하면서 씩 웃었다. 그는 결코 〈아침이슬〉이란 노래가 이렇게 알려지게 될지 상상도 하지 않았다.

한국의 굴곡진 현대사의 강물이 그의 노래를 불러내자, 젊은이의 뜨거운 가슴에서 절로 피어난 음악가일 뿐이었다. 식사를 마친 후 〈객석〉이라는 고전음악 월간지를 발간하려는데 이름이 어떻냐고 물었다. '참신하고 힘이 좋은데 좀 딱딱한 느낌이다'라고 해서 '방석 깔고 앉으면 된다.'라고 우스갯소리를 한 기억이 난다.

얼마 후 그가 결혼한다는 소식을 들었다. '아, 김민기 선생도 결혼을 하네! 어떤 여자일까?' 궁금했는데 학전에 근무하던 분으로 연극도 하는 용모와 마음씨가 고운 여성이라고 들었다.

이날 꼭 참석하려고 했는데 갑자기 엄청난 폭우가 와서 평창동? 예식장에 자동차 접근이 어려울 정도라는 말에 가지 못했다.

이후 또 세월이 지나 1993년경 김민기 선생이 폐결핵으로 몸이 안 좋다는 소식을 들었다.

걱정이 되어 꼭 만나고 싶었는데 병환 때문인지 다 나으면 만나자고 극구 사양하는 것이다.

어쩔 수 없이 당시 그가 운영한 지 얼마 안 되는 연극 무대 〈학전〉 사무실에 나의 작은 마음의 표시를 전했다.

그는 레코드 앨범에 사인을 해 보내주며 '최 아무개는 앞으로 학전에 평생 무료입장'이라고 알려왔다. 지금은 이 앨범이 철원 국경선 평화학교의 음악감상실 〈철원 필하모니〉에 있다.

그로서는 파격적인 선언이었다. 그러나 이 무료입장 티켓을 한 번도 활용하지 못해서 송구한 마음이다.

이후 필자는 IMF로 어려움을 겪고 오랜 미국 생활을 했으며, 돌아와서도 그를 만나기 어려운 상황이었다. 하지만 최근에 부쩍, 언제 한번 학전에 가서 김민기 선생을 만나야지, 지금도 무료로 들어갈 수 있나 생각을 하고 있었는데 안타까운 부음을 들은 것이다.

이제 그에 대한 고마움과 아쉬움에 대한 이야기를 간단히 해야겠다.

그는 한국 노래, 굳이 말하자면 민중가요의 수준을 높이고 넓혔다. 그가 부르는 노래의 멜로디는 그의 음역을 따라 대부분 낮은 영역에 있지만, 작곡의 수준은 탁월하고 목소리의 울림도 감동적이다.

작곡한 음악의 폭이 넓다고 할 수는 없지만, 그가 추구하는 영역에서(소위 포크송) 타의 추종을 불허한다. 아마도 한돌 선생과 한대수 선생 정도가 버금갈 것이다.

그리고 어쩌면 그의 작사 실력이 그의 작곡 실력보다 더 좋을지도 모른다.

그는 탁월한 문장가다. 아마 옛날에 태어나 벼슬을 했으면 제갈량의 출사표 못지않은 명문을 썼을 것이다.

〈아침이슬〉은 물론 〈아름다운 사람〉 〈아하 누가 그렇게〉 〈친구〉 등의 가사는 어느 시인의 시 못지않다. 특히 〈아침이슬〉 가사는 음률과 노랫말의 조화가 거의 완벽하여 2절이 없다.

누구도 거기에 2절을 더할 수 없다. 김민기 본인도….

또 그는 수익이 되지 않는 아동극을 학전에서 계속 올렸다. 이것 하나만으로도 우리는 그에게 감사해야 한다.

학전이 폐관되면서 이곳이 아동과 청소년들을 위한 공연 예술의 공간으로 다시 태어난다는 소식을 듣고 기뻤다. 하지만 그에게 가장 큰 고마움은, 여러모로 분열된 우리 사회가 이렇게 다 같이 추모하고 기리는 사람이 아직 남아 있다는 사실 자체이다. 노랫말과 행동이 같았던 그의 삶 자체가 어쩌면 그가 이 사회에 남겨 준 가장 큰 고마움일 것이다.

이제 김민기 선생에 대한 아쉬움을 간단히 언급하고 싶다.

그의 노래는 거의 20대에 다 만들어졌다. 과문한 탓이겠지만, 이후의 작품은 몇몇 특별한 목적을 위한 노래 외에는 잘 모른다. 왜 노래를 더 만들고 부르지 않았을까? 이름만 대면 다 아는 유명 배우들을 배출시키며 학전을 키우고 거기서 이룬 많은 문화적, 사회적 공헌을 과소평가하는 것은 아니다.

필자가 이런 말을 할 자격은 없지만, 그의 음악적 재능이 어려웠던 학전의 운영으로 더 만개하지 못한 것 같아 아쉽다. 어쩌면 오랜 기간 당국의 감시와 탄압으로 인하여 노래 창작에 대한 열정이 식었는지도 모르겠다. 아니면 그의 노래 〈봉우리〉처럼, 자신의 음악적 봉우리에 너무 이른 나이에 올랐기 때문에 묵묵히 바다로 바다로만 내려갔는지….

그의 노래 〈봉우리〉에 작은 힌트가 있을지도 모른다. 김민기 선생의 뛰어난 예술성이, 뒷것을 자임하며 물러난 삶으로 인하여 더욱 꽃피지 못했나 하는 아쉬움이지만, 그의 삶은 그의 선택이었다. 그는 젊어서부터 술을 즐겼다. 때로는 과음을 했는데 그 깊은 속은 모르지만, 자신의 신념과 이미지를 스스로 지키기에 맨정신으로는 힘들어서였을까…. 아마 지나친 억측일 것이다. 그가 이 시대에 남긴 가장 큰 유산은 그의 삶이 보여 준 진정성이다.

아주 오래전 필자를 앞에 두고 부른 노래 〈아침이슬〉은 어느 가수보다 김민기 선생이 제일 잘 부른다.

수많은 이 땅의 젊은이들이 서러움 모두 버리고 광야로 나아가, 뜨거운 태양 아래 작은 미소를 배우게 만든 노래….

〈아침이슬〉을 만들고 부른 김민기 선생님, 고맙고 미안합니다.

김재윤,
시인의 아픔으로 정치의 굴레에서

교도소 간수들은 하루에 점호를 3번 한다. 기상, 출력, 폐방 점호인데, 이 외에도 수시로 하루에 2~3번 감방 안을 들여다본다. 그들은 방 안에 있는 사람 중 혹시 누가 아픈지, 취침 시간이 아닌데 누워 있는지 살펴본다. 이런 일에 익숙한 그들의 발걸음은 빠르고 정확하다.

어느 늦은 밤, 독거 7하 13방을 들여다본 간수가 즉시 방문을 따고 들어갔다. 안에 있는 수용자가 누워 있는 게 아니라, 거꾸로 서 있는 것이었다.

방 안의 사람은 김재윤 전 의원이었고 그의 특기인 국선도 수련을 하는 중이었다. 간수의 놀란 얼굴을 잠시 거꾸로 바라본 김재윤은 자세를 바로잡으며 말했다.

"5분 더 계속할 겁니다. 무슨 문제가 있나요?"

“방 안에서 운동하면 안 됩니다.”

“이건 운동이 아니라 참선인데요. 요가나 같지요.”

고개를 갸웃거리던 간수가 조용히 문을 닫았다.

김재윤 의원을 처음 본 것은 2016년 1월 어느 추운 겨울이었다. 오늘 신입 한 사람이 오는데 야당 국회의원이라는 소문이 7하 복도에 돌았다. 소지들이 새로 들어올 사람의 방을 부지런히 청소했다. 오후 4시경, 복도 입구가 열리고 다부진 체구에 수려한 인상의 수용자가 긴 부대 자루를 어깨에 메고 들어왔다. 부드러운 미소로 마주치는 사람마다 목례를 하고, 악수를 청하는 예의 바른 사람이었다.

다음 날부터 필자가 김재윤 전 의원에게 신입 교육을 하였다. 하루의 일과에 대한 설명과 생필품 구매 방법 등이었다. 이후 약 2년 반을 자유가 없는 공간과 시간의 굴레에서, 우리는 거의 매일 만났다. 처음 인사를 나눈 후 얼마 안 돼서, 우리는 운동시간에 서로의 이야기를 터놓을 만큼 친해졌다. 김재윤은 제주 서귀포 출신으로 탐라 대학에서 강의하다가, 우연한 기회에 MBC 〈물음표〉라는 책을 소개하는 프로에 출연하여 이름을 알리게 된다.

2004년 제주에서 17대 국회의원에 당선된 후 내리 3선에 성공한다. 39살에 국회의원이 되어 50살에 감옥에 들어오게 된 것이다. 그는 소위 입법 로비 사건에 연류된 3명의 국회의원 중 한 사람이다. 김재윤은 이 사건을 설명하면서 몹시 억울해했다. 자신은 상품권만 조금 받았는데 4년 형을 받았다는 것이다.

더욱이 천만 원을 받았다는 피의사실이 1심에서 무죄판결을 받았지만, 2심에서는 판사가 유죄라 판단하여 1년이 늘어났다. 김재윤은 2심에서 벌금이나 집행유예를 기대했는데 올려치기를 당한 것이다. 대법원은 유무죄만 다루고, 10년 이상의 형에 대한 형기 조정만 하기 때문에 2심이 그대로 확정되었다.

자신이 박근혜 정부에 각을 세워 비판을 하니 이런 일을 당했다는 것이다. 너무 분하고 억울해 단식을 시작했는데 무려 33일을 했다. 20여 일 후에는 병원에 실려 가서, 위험한 고비를 넘겼다.

국회의원 세 사람에게 뇌물 공여를 했다고 자백한 김모 예술대학 이사장은, 당시에는 기소도 안 되었고, 나중에 집행유예가 되었다. 뇌물을 주었다고 자백한 사람의 진술서 외에는 어떠한 물증도 없는 재판이었다.

김재윤은 감방 안에서 '물구나무서기'도 했지만, 시를 많이 썼다. 국문과 출신으로 대학에서 강의를 했었고, 2021년 1월에는 정식으로 등단하여 시인이 되었다. 그는 종종, 초록색 대학노트에 쓴 시들을 나에게 보이며, 시에 대한 품평을 부탁했다.

어제 서울성모병원, 故 김재윤 의원의 빈소에 다녀온 후, 그의 시 몇 편을 적어 놓은 나의 초록색 노트를 찾았다.

뫼자리

저기가 내 뫼자리야
시체가 되어 고향 땅에 도착했네
처음으로 내가 하고 싶은 일 했네
고향 사람들은 화툿장 또는 소줏잔 들어 나를 반기고 바람은 내 이름 연호하네
친척들은 서둘러 멍석을 깔고 유언장을 펼치네
도 아니면 모인 인생 살고 싶었지
몸을 던지고 또 던져봐도 개 같은 세상이었지만 개인 날이라 여겼지
딸 아들 잘되라고 죽은 듯이 참고 살았지
어떤 것들은 시간이 흘러야 이해할 수 있고 어떤 것들은 스스로 깊어져야 알 수가 있지
죽음은 완성된 삶일까?
내 옷가지 태우는 저기가 내 뫼자리야

방

방은 살아 있다
나는 방에 갇혀 있고 방을 만들며 산다
방의 크기를 정하고 방을 채우고 방을 비우고 방을 떠나기도 하고 방으로 돌아오기도 한다
일어남과 사라짐이 함께 사는 방에서 오래된 기억과 실랑이하고 무릎을 꿇고 기도한다
지금도 고맙고 부족해도 고마운 내 인생의 방에 내가 살아 있다.

김재윤 의원이 출소한 후, 김모 예술대학 이사장이 그에게 용서를 빌었다.

＊ 출소 후 김모 이사장과 통화 내용
김재윤: 만나자는 이유가 뭡니까?
김모 : 저로 인해서 큰 고초를 겪게 해드려서 죄송하다는 말을 전하고 싶었어요. 제가 죄송하다는 말로 용서를 구하는 게 제일 빠른 것 같아서.
김재윤 : 용서를 구한다고 그러면, 사죄한다고 그러면 끝나는 거예요? 진정 용서를 구하는 게 뭔지 가슴에 손을 얹고 생각하세요.
김모 : 죄송합니다.
김재윤 : 용서를 구한다고? 나한테 용서를 구할 자격이 있어요?

김모 : 제가 그 상황에서 어쩔 수가 없었습니다.

김재윤 : 무슨 상황이요? 얘기해 봐요. 얘기해 봐요. 그 상황이 뭔지. 그래서 막 나한테 다 뒤집어씌우고 살고 싶어? 진실을 말해!

— KBS 〈시사직격〉 방송 내용 2020. 10. 9.

김재윤 의원은 2018년 8월에 만기 출소했다. 마포에 있는 일식당에서 반갑게 만났다. 필자는 그의 어머니에 대한 시에 곡조를 붙이겠다고 약속했었다. 나중에 필자가 부른 이 노래(어머니 등위에)를 들은 김재윤 의원은, 노랫말과 잘 어울리는 곡이라고 좋아했다.

https://www.youtube.com/watch?v=409oGz5imG8

어머니 등 위에

1

어머니 등 위에 얹힌 벚꽃잎은, 나를 몰라 흩날리는 세상.
등 뒤로 펑펑 내리는 눈송이에, 사랑을 몰라 흔들리는 눈물.

아아 세월이 꿈길처럼, 아아 멀어져 가는 것을
노래하는 인생, 어머니 등 뒤로

2

어머니 등 위에 앉은 단풍잎은, 나를 몰라 기다리는 편지.

등 뒤로 살며시 따르는 달빛 속에, 이별을 몰라 소리 없는 만남.
아아 세월이 꿈길처럼, 아아 멀어져 가는 것을
노래하는 인생, 어머니 등 뒤로

*이 노래의 가사를 쓴 김재윤 의원을 추모하며

따스하고, 정의로운 김재윤 스테파노 의원님의 명복을 빕니다.

노태우,
시대의 역할에 충실했던 대통령

2019년 가을은 조국 사태로 서울이 지역별 내전 상태다. 이 사태는 곧 끝나겠지만 대한민국 대통령의 역할에 대해 다시금 생각하게 된다. 한국의 대통령 중 잊힌 사람이 있다.

사람들은 그를 물태우라고 불렀다. 본인도 알고 있었지만 이런 호칭을 싫어하지는 않았다. 그와 식사를 하며 이러한 언급을 에둘러 한 필자에게 빙그레 웃을 뿐 별 반응이 없었다. 물태우라는 이름에는 뭔가 약하고 우유부단한 느낌이 있다. 특히 전임자인 전두환 전 대통령과 비교할 때 더욱 그렇다. 그는 역대 대통령 중 존재감이 거의 없다.

진보 진영에서 칭송받는 노무현 대통령이나 욕을 먹는 이승만 대통령, 보수 진영에서 칭송받는 박정희 대통령이나 욕을 먹는 김대중 대통령에 비해 노태우 대통령은 잊혀졌다. (이하 존칭 생략)

한국은 쿠데타로 정권을 잡은 대통령들이 현대 정치사의 오랜 시간을 점하고 있다. 통일이 되기까지는 이념 논쟁에서 완전히 자유롭지 못한 상황에서 그동안 역대 대통령에 대한 평가가 얼마나 정확히 이루어졌는지는 의문의 여지가 있다. 가수나 배우의 대중적 인기가 그들의 음악성이나 연기력과 반드시 정비례하는 것은 아닌 것처럼, 한 나라 대통령의 치적과 평가도 간단히 판단할 수는 없는 것이다.

간혹 발표되는 대한민국 역대 대통령의 업적에 대한 국민들의 평가는 노태우에게 가혹하다. 그에 대한 여론 조사 지지율은 1%도 되지 않는다. 한때는 박정희가 60% 이상 지지를 얻었고 김대중, 노무현 등은 늘 두 자리 수의 지지를 유지하고 있다. 이 숫자들은 표본 크기나 발표 시기 등에 따라 크게 차이가 난다.

그가 집권한 1988년은 한국 근대 정치 역사상 중요한 변환기였다. 5.16 이후 그를 포함한 3명의 장군 출신 대통령이 30년을 집권한 후, 군사 정권을 끝내고 문민정부가 이루어지는 기반이 이때 다져진 것이다. 여소 야대 정국이었고 민주화 열기가 뜨거워 당연하게 생각할 수도 있으나, 문민 정부 탄생에는 노태우의 역할이 중심에 있었다.

물론 그는 12.12쿠데타의 주역이고, 전 전 대통령의 후계자라는 한계가 있다. 광주의 비극에서 자유로울 수 없고, 퇴임 후 비자금 문제 등으로 옥고를 치렀다. 그러나 그는 과도기의 대통령으로서 임기 중 사명을 충실히 수행했다.

YS와 DJ가 서로 싸우는 바람에 대통령이 되었지만, 위태로운 정치적 변환기를 잘 넘겼다. 그런 면에서 물태우라는 이름은 흐르는 물처럼 긍정적인 이미지로 생각할 수도 있겠다. 그 당시 적절한 속도의 민주화가 이루어지지 않았고, 이후 문민정부로 민주적인 권력 이양이 없었다면, 이후에 또 어떤 사태가 발생했을지는 아무도 장담할 수 없었다.

그 시대를 같이 호흡한 사람으로서 노태우 정부의 민주화 이행은, 당연하거나 어쩔 수 없었다는 평가만으로는 부족하다 하겠다.

대통령 중심제에서 대통령은 아무리 약해 보여도 가장 막강한 힘이다. 당시 YS, DJ도 노태우 대통령과 독대할 때는 '각하'라는 깍듯한 호칭을 쓰며 그의 심기를 건드리지 않았다. 공식적 만남에서는 고개를 빳빳이 세우는 양 김 씨가, 독대할 때는 자신의 비위를 맞추려 노력하는 것에 대해 노태우 본인도 재미있어 했다는 후문이다.

민주화 외에 그의 임기 중 주목할 부분은 대외 정책이다. 노태우 정부가 출범하던 시기는 미-소 간의 냉전 체제가 와해되고 있었다. 이러한 때, 한국의 위치를 확고하게 할 적절한 외교 및 통일 정책은 대단히 중요하다.

1980년대 후반, 소련의 붕괴가 시작되면서 한국은 공산권으로 분류되었던 여러 나라들과 수교하게 되었다.

중국과는 다소 서두른 면이 있었지만, 소련은 물론 동유럽의 많은 국가와 국교를 수립했다.

다양한 나라들과 교류가 가능해졌고 점점 국제화, 개방화 되어 가는 추세에 발맞추어 나갔다.

대북 정책도 어떤 면에서는 그 후 김영삼 정부보다 더 진보적이었다.

'태우'(泰愚)라는 이름은 한문으로 크게 어리석다는 뜻이다.

적어도 그의 집권 5년간 민주화로의 이행과 대외 정책은 이름 같지는 않았다.

어떤 사람들은 그를 '따르는 자가 없는 부덕한 사람이며, 소신이 없는 기회주의자'라 비난한다. 이러한 비난이 사실이라 해도, 그는 한국 근대 역사의 변혁기 5년간 어쩌면 대통령으로서 적임자가 아니었나 하는 생각이다.

전두환 체제에서 민주화로의 이행에 완충 역할을 하였고, 국제사회에서 한국의 위상을 높인 대외 정책은 정당한 평가를 받을 수 있을 것이다.

한편 그의 집권 기간 중 이루어진 과감한 인프라 투자는 장기적으로 경제 발전에 크게 기여했다.

5대 신도시를 필두로 대량의 주택 공급을 시행했다.

인천 국제공항, 경부 고속도로 확장, 서울지하철 5~8호선 등을 비롯한 교통 시설을 착공했다.

안정적인 전력을 공급하기 위해 복합 화력발전소를 완공시키는 추진력을 발휘했다.

이러한 대규모 투자는 많은 문제점과 부작용을 가져왔다.

시멘트를 비롯한 각종 자재들이 부족한 상황에서 부실 공사가 곳곳에서 벌어졌고, 섬유를 비롯한 전통적 수출 산업이 위축되었다. 하지만 이 시기의 집중적인 투자와 과감한 정책 시행으로 대한민국의 경제는 한 단계 성장할 수 있었다.

노태우는 비교적 사람을 잘 골라 썼다.

국회가 3김이 지배하는 여소 야대 정국이어서 정부의 행동반경이 크지는 못했으나 주위에 인재가 많았다.

원만하고 신망이 높은 강영훈 총리를 비롯하여 이홍구, 노재봉, 김종인, 김학준 교수 등 쟁쟁한 학자들이 포진했다. 외교, 경제, 국방, 교육 등에도 적절한 인재를 활용한 것으로 보인다. 개인적인 이야기지만 그는 음악적 재능이 많아서 악기를 잘 다루었고, 〈베사메 무초〉를 부를 때는 어느 가수 못지않았다.

그는 별세하기까지 오랜 투병을 했다. 말을 하거나 움직이기 힘들어 오래전부터 국가적인 행사에 모두 불참했다.

얼마 전, 잊혀진 대통령 '노태우'의 이름을 오랜만에 들었다.

그의 아들 노재헌 씨가 광주 묘역에 가서 무릎을 꿇고 헌화를 하며 사죄를 하는 사진이 언론에 나왔다. 그의 이런 행동이 아버지의 뜻이라는 설명도 있었다. 법원에서 선고한 추징금 2628억 원을 다 갚은 것도 괄목할 만한 일이다.

등소평은 정권을 잡은 후 모택동에 대해 '공7 과3'이라는 말로 정리했다. 우리는 이제 이승만이나 박정희 찬양은 보수, 노무현이나 김대중 찬양은 진보라는 이분법에서 벗어나야 한다. 이를테면 보수가 김대중을 '공3, 과7' 정도라도 평가해 주고, 진보가 박정희에 대해 '공7, 과3'의 평가를 해 줄 수는 없는 것인가. 평화적인 남북통일보다 평화적인 남남 화합이 더 시급하다.

김동길 교수는 이렇게 회고했다.

"노태우 대통령과 두 번 청와대에서 독대했어요. 처음 점심을 함께할 때, '지난번 대선에서 나는 김영삼 후보를 지지했습니다' 라고 솔직하게 말했더니 웃으면서, '그러면 어떻습니까' 하였어요. 그다음에 또 나를 초청한 걸 보면 노태우에 대한 평가가 달라질 수밖에 없습니다."

그의 말대로 노태우 전 대통령에 대한 평가는 시간이 더 흐르면 서서히 나아지지 않을까….

가족들이 발표한 유언의 내용 중 "자신의 과오를 용서해 달라"는 말이 큰 울림으로 다가온다.

박권상,
여야 정치인들의 허심탄회한 모임

박권상 선생은 처음부터 자신을 주필로 불러 주기 원했다. 시사저널의 편집인 겸 주필, 부사장 대우라는 회사 직책 중 주필을 선호한 것이다. 주필은 신문사에서 쓰는 사설의 방향과 내용을 최종 결정하는 직책이다.

발행인이었던 필자는 편집 방향에 대해서는 물론 기자들의 처우나 복지 문제 등에 있어서도 그분의 생각을 전적으로 지원해 주었다.

특히 기자들이 취재원을 만날 때, 취재를 위해 먼저 쓰는 개인적 경비가 있다면 회사에서 무조건 비용 처리를 해 달라는 요구를 흔쾌히 수락했다. 기자들의 양식과 효율성을 회사가 믿고 지원한다는 뜻이었는데, 이런 조치로 신속하고 깊이 있는 기사들이 많이 쏟아져 나오게 되었다.

1987년 가을 무렵 박권상 선생을 동아건설 사장실에서 처음 만나 신문 발행에 대한 뜻을 밝히고, 대화를 나눠보니 과연 한국 최고의 정론을 펴는 언론인다웠다. 악수하는 그의 손은 부드러웠고 목소리는 낮았으나, 안광은 힘이 있었고 때때로 날카로운 빛을 발했다. 이야기를 시작하자 한국의 정치, 경제, 사회 모든 분야에서 막힘이 없고 탁월한 식견을 느낄 수 있었다.

특히 경제에 대해서는 자유시장경제를 철저히 옹호했다. 오랜 세월, 동아일보 해직 기자로 지내온 곤고함이 어딘가에 언뜻 묻어나오기도 했다. 처음 만나서 두 시간 이상 나눈 대화의 주요 내용을 기억한다. 필자가 질문을 시작했다.

"박권상 선생님, 제가 사실과 진실을 밝히면서, 어느 한쪽에 치우치지 않는 새로운 신문을 만들고 싶은데 어떻게 해야 그런 신문을 만들 수 있을까요?"

박선생은 나의 단도직입적인 질문에 잠깐 뜸을 들인 후 입을 열었다.

"언론은 이미지입니다. 그리고 그 이미지는 발행인과 편집인, 즉 누가 그 신문을 만드느냐에 달려 있지요. 정부가 만들면 정부의 신문, 재벌이 만들면 재벌의 신문, 교회가 만들면 교회의 신문이 됩니다. 아무리 아니라고 해도 사람들이 그런 색안경을 쓰고 보니까요. 얼마 전 누가 재미있는 실험을 했어요. D 일보와 S 신문을 제호만 바꾸어 인쇄해 20명에게 어떤 신문이 더 좋냐고 물었더니 대부분 S 신문을 택했습니다. D 일보의 발행 부수가 S 신문의 열 배가 넘는데도 S 신문이 인쇄도 더 깔끔하고 내용도 좋다고 대답했습니다."

"재미있는 실험이었네요. 신문기자, 혹은 언론인은 어떤 자질이 있어야 할까요?"

"기자 생활은 단지 하나의 직업일 뿐만 아니라 가치 있는 삶의 길입니다. 우리 사회를 위하여 봉사한다는 마음 없이 해서는 안 되는 직업이지요. 대단히 고되고 정신적 수련이 필요하고, 때로는 개인적 희생까지 감수해야 하는 일이기 때문입니다."

"네, 저도 공감합니다. 그런 면에서 박 선생님이 오셔서 도와주시면 감사하겠습니다. 지금 한국에서 가장 존경받는 언론인 중 한 분이신데 모실 수 있다면 큰 영광이겠습니다."

"나도 최 사장이 만나자고 했을 때 주위 분들에게 최 사장에 대해 좀 알아봤어요. 사업가보다 예술가, 혹은 교육가에 가까운 듯하여 일단 이렇게 온 것입니다. 오늘 좋은 대화를 나누었으니 생각할 시간을 좀 주면 좋겠습니다."

필자는 준비해 두었던 〈USA Today〉 신문을 보여주며 신문의 외형은 이러한 방향으로 나가는 게 어떨지 물었다. 박 선생도 지금 새로운 신문을 하려면 외형에서도 확실한 변화를 주면 좋겠다고 찬성했다.

일주일 후쯤 어느 식당에서 다시 만나서 대화를 이어갔는데 의외로 어려운 조건을 제시했다. 새로운 신문을 만드는 기본적 방향에 동의하며, 새 직장으로 와서 뜻을 같이 펴고 싶은데 전제 조건은 필자가 동아를 떠나야 한다는 것이다. 고민이 안 될 수 없었다. 이번에는 내가 시간을 좀 달라고 했다.

당시 필자는 음악공연예술지 객석을 창간하고 서울예고 재단의 일을 하는 등 이미 문화 예술 방면으로 여러 활동을 하고 있었다. 얼마간 숙고의 시간이 지난 후 나는 이제 새로운 길을 가기로 결심했다. 이후 박 선생의 동아일보 동료이자 절친인 진철수 선생이 합류하였다. 진 선생은 당시 미국에서 현지 언론인으로 활발한 활동을 하고 있었으며, 동아일보 기자 시절부터 뛰어난 외신부 기자로 명성을 날렸다.

우리 세 사람은 매주 이태원의 어느 한정식집에서 계속 만나면서 신문의 편집 방향에 대한 의견과 편집진 충원 문제 등을 숙의하며 창간을 준비했다. 하지만 이미 포화상태인 국내 신문시장의 진입장벽이 너무 높아서 고심 끝에 아직 국내에서 미개척 분야인 '시사 주간지' 발행을 검토하기 시작했다. 〈타임〉이나 〈뉴스위크〉 같이 권위 있고, 깊이 있는 취재를 하는 시사 정론지로 방향을 바꾸게 되었고 박권상 선생도 흔쾌히 동의 해 주었다.

이렇게 박 선생을 모셔 와서 시사저널을 창간하여 성공을 거두자 주위에서 시샘과 비난의 목소리가 들렸다. 어떤 사람들은 시사저널이 DJ가 발행하는 잡지라고 했다. 박권상 선생의 고향이 전북이고, 객관적으로 볼 때 YS나 다른 정치인들보다 DJ와 시국관 등이 서로 통하는 면이 많은 것은 사실이었다. 그러나 DJ를 강하게 비판하는 기사를 그대로 내보내어 DJ가 시사저널을 읽다가 잡지를 집어 던졌던 일화도 있었다.

나중에 DJ가 대통령이 되자 박권상 선생을 KBS 사장으로 임명한 것은 DJ의 뛰어난 용인술이었다. 박 선생은 DJ에게, KBS 사장으로 자기를 오게 하려면 한가지 전제 조건이 있다고 했다. 청와대에서 KBS 뉴스에 일절 관여하지 않는 조건이었다.

박 선생은 보도국 기자들에게, 외부 압력은 내가 대통령에게 말해서 다 막아줄 테니 사실대로 소신껏 뉴스를 만들라고 했다.

과연 그것이 정치권력의 속성상 얼마나 계속 잘 지켜졌는지는 의문이지만, 박 선생으로서는 철저히 그렇게 KBS를 이끌어 나가고 싶었을 것이다.

다만 그분이 KBS에서 여러모로 많은 성과를 내신 것과는 별도로, 정부 소속 언론사 일을 하지 않은 언론인으로서 끝까지 남으셨으면 어땠을까 하는 생각도 없지는 않았다.

박 선생은 1973년부터 3년간 동아일보 영국 특파원으로 근무했다. 그때 보고 느낀 영국 공영방송 BBC와 자유로운 언론 분위기는 그에게 상당한 영향을 미친 것 같다. 이런 시간은 그에게 영국 신사 같은 품위와 넉넉한 미소를 보태 주었고, 날카로운 직필을 휘두르는 언론인과는 또 다른 면모를 형성해 주었다. 『영국을 다시 본다』 등 영국에 관한 책을 몇 권 발간했고 평소 사석에서도 영국의 민주주의와 언론에서 배울 점을 자주 거론했다.

시사저널 편집회의에는 발행인인 필자가 한 번도 참석하지 않았지만, 박 선생은 일단 민주주의 방식으로 회의를 진행했다고 들었다. 편집위원들이 계속 논쟁을 벌여도 본인은 듣는 듯 안 듣는 듯 가만있다가 적당한 시간이 흐른 후 안건을 결정할 때가 되면, 일사천리로 설득력 있게 본인의 생각을 밝히면서 회의를 끝냈다.

처음 만나는 분들은 박 선생에게 젠틀하면서도 다소 차가운 느낌을 받는 때도 있었다. 하지만 그는 외식 후 비서에게 빵을 싸 가지고 온다거나, 주위 분들과 미8군 식당에서 스테이크를 같이 즐기는 따스하고 사교적인 면도 많았다.

시사저널이 안정되자 박권상 주필은 필자와 상의하여 〈시사 포럼〉이라는 여야 정치인들의 토론장을 마련했다.

참여 인사로는 김원기(나중에 국회의장), 김용환(전 재무부 장관), 남재희(나중에 노동부 장관), 박관용(나중에 국회의장), 이종찬(민정당 원내총무, 나중에 국정원장), 조세형(나중에 주일대사), 조순승(미주리 대학 교수 출신), 황병태(나중에 주중대사) 등의 고정 멤버에 김광일(나중에 청와대 비서실장), 김근태(나중에 보사부 장관) 의원과 원외인 진보 정객 장기표가 몇 번 초청되어 참석하였다.(존칭 생략)

정당별로는 남재희, 이종찬이 여당, 김원기, 박관용, 조세형, 조순승, 황병태가 야당, 김용환이 JP의 제3당인데 3당 합당으로 박관용, 황병태, 김용환이 나중에 여당에 합류했다.

지역 안배도 고려했다. 서울(이종찬), 충북(남재희), 충남(김용환), 경북(황병태), 부산(박관용), 전북(김원기, 박권상, 조세형), 전남(조순승) 등이다. 간혹 사안에 따라 박태준, 이부영, 이철, 김근태 의원 등도 참석하였다. 박권상 선생이 개인적 친분으로 한 분 한 분 초대하여

이루어진 모임이었고 참석자 중에는 언론인 출신도 많았다.

사회는 박 주필이 보았고 정치부 박중환 차장이 회의 내용을 정리하는 역할을 하였다. 필자도 자주 참석하여 당시 유력 정치인들이 서로 속내를 나누는 대화를 바로 옆에서 듣고 배울 수 있었다. 시사저널의 모토인 이해와 화합의 광장을 넓히는 정치인들의 생생한 토론 현장이었다. 남재희, 이종찬, 조세형, 김용환 의원 등이 활발히 토론에 참여했다.

국회에서 여야의 의견이 첨예하게 대립하던 안건도, 여기에서 허심탄회한 토론을 한 후 타협점이 찾아지는 경우가 왕왕 있었다.

작금의 한국 정치 현실은 30년 전의 시사 포럼에서 얼마나 발전 혹은 퇴보했는지 가늠하기 어렵다. 박 선생은 공부하는 언론인이었고 그의 시론은 정곡을 찔렀다. 그의 글은 사실과 진실을 밝히는 힘이 있으면서도 군더더기 없이 간결했다. 그는 우리 사회에서 언론의 중요한 역할 중 하나를 '억강부약(抑强扶弱)'으로 생각했다. 이 말은 삼국지에서 나왔는데 강한 힘은 억제하고, 약한 힘은 북돋우어 강함과 약함의 균형을 맞춘다는 의미다.

자본주의 사회에서는 다소 어울리지 않는 느낌이지만, 자본주의가 더욱 건전하게 발전하기 위해서는 간혹 음미해 볼 만한 사자성어가 아닌가 생각한다.

근래에 한국 언론의 위상과 역할은 점점 낮아지고 좁아지고 있다. 사실과 진실은커녕 거짓과 분노를 조장하는 매체들이 우리 사회에 넘쳐난다. 유튜브의 범람으로 정치적 견해가 다른 사람들은 무조건 타도해야 할 적으로 돌리고, 자기편 가짜 뉴스는 아니면 말고 식으로 넘어간다.

국회에서는 증오와 편견으로 똘똘 뭉친 여야 정치권이 나라와 국민을 위한 정책이 아니라 권력을 독차지하려는 술수와 정략으로 끝없는 극한 대결을 벌이고 있다.

국민 또한 저들에 대한 찬성과 반대로 갈라져 '국민은 무조건 옳다'거나 '국민 눈높이'라는 실체 없는 말에 선동의 도구처럼 이용당하고 있다.

많은 언론이 특정 집단의 이익만을 위한 나팔수로 전락한 이 시대에, 박권상 선생은 어떤 시론을 써서 지금 우리를 통렬히 질타하실까.

오래전 함께 일했던 참 언론인, 박권상 선생이 더욱 생각난다.

윤정희,
영화를 찍으며 음악을 들으며

한국 영화계의 전설, 윤정희 선생이 파리에서 향년 79세로 별세했다는 소식이다. 윤 선생은 평소, 무슨 예상치 못한 일이나 놀라운 일이 생기면 '말도 안 돼'라는 말을 입버릇처럼 자주 했다. 아직 충분히 활동할 수 있는 연세에 이런 병환으로 세상을 떠난 것은 정말 말도 안 되는 어이없고 슬픈 일이다.

내가 윤정희 선생(이후 윤 선생)을 처음 만난 것은 1970년경으로 기억한다. 서소문에 있던 우리 집에서 어느 날 영화 촬영을 하게 되었다. 촬영장 특유의 어수선한 분위기에서, 혹시 무슨 문제가 없는지 잘 지켜보라는 아버지의 말씀에, 막중한 책임감을 느끼며 촬영이 진행되는 현장에 서 있었다. 조명기사로 보이는 3~4명이 땀을 흘리며 네모난 은박 널빤지를 어깨에 지고 다녔고, 촬영기사들은 커다란 장비를 점검하느라 현장은 사람들로 북적이기 시작했다.

잠시 후 눈부시게 아름다운 여주인공이 나타났는데 바로 윤 선생이었다. 이 은막의 스타가 사방을 두리번거리더니 나를 바라보며 다가왔다. 내 주위에 나 말고 누가 있나 하고 좌우를 살폈으나 아무도 없었고, 그녀가 어느새 바로 내 앞에 와 있었다. 언뜻 '오드리 헵번'이 아닌가 싶었으나, 그녀는 공손한 태도로 한국말을 유창하게 하였다.

"이 옷 좀 안에 잠시 놔 주실 수 있을까요?"

윤 선생은 척 보고, 안경 끼고 머리 짧은 고등학생이 이 집 사람인 줄 알고 자신의 옷을 맡긴 것이다.

"네, 그럼요."

대답하고 나는 그녀의 옷을 집 안 거실에 잘 걸어 놓았다. 눈부시게 하얀 재킷이었고, 한여름이라 날씨가 무척 뜨거웠다. 그 영화는 대종상 감독상을 받은 최훈 감독 작품이었고, 영화 제목도 두 자였는데 생각이 안 난다.

윤 선생과의 인연은 10여 년 후로 다시 이어진다. 1982년경 필자는 당시 문예진흥원장 우인 송지영 선생과 종로의 반줄 식당에서 저녁 약속을 했는데, 윤 선생과 백건우 선생이 같이 나왔다. 그 분들과 반갑게 인사를 주고받은 후, 윤 선생에게 십여 년 전 서소문 어느 집에서 영화 촬영한 일을 혹시 기억하냐고 물었다. 놀랍게도 그녀는 그때 일을 기억하며, 영화 제목과 감독의 이름을 나에게 말해 주었다. (윤 선생은 1970년 당시 1년에 30~40편의 영화 촬영을 했다.)

송지영 선생은 우리에게, 앞으로 서로 도울 일이 많을 거라며 기분이 좋으셔서 와인잔으로 여러 번 건배 제의를 하셨다.

필자는 당시 클래식 음악 월간지 〈객석〉을 창간할 계획을 세우고 있었다. 음악뿐 아니라 연극과 무용도 같이 넣어서 종합 공연예술을 다루는 잡지를 구상했다. 유럽에도 특파원을 두고 싶었는데 윤 선생이 파리에 있어서, 〈객석〉의 특파원으로 기사를 써 달라고 부탁했다. 윤 선생은 흔쾌히 제안을 받아들였다.

윤 선생은 배우로서는 이미 한국 영화계의 큰 별이지만, 백 선생과 결혼 후 파리 제3대학교에서 영화 예술학을 공부하며 석사 코스를 밟고 있었다. 또 1971년 중앙대학교 대학원에서 「영화사 측면에서 본 한국 여배우 연구」라는 논문을 쓴 석사 여배우였다. 〈객석〉의 파리 특파원으로 손색이 없었다.(당시에는 아직 잡지의 이름을 정하지 않았으나, 나중에 '객석'으로 한 것도 윤 선생 부부와 설악산에서 상의하였다.)

1984년 초, 〈객석〉 편집부는 3월 창간호 발행을 위해 모든 역량을 집중하고 있었다. 동아일보에서 〈음악동아〉가 곧 나올 예정이라, 우리가 한 달이라도 먼저 기선을 제압해야 했었다. 국내외 여러 음악 예술인들이 창간 축하 메시지를 보내왔고, 폭넓은 여론조사를 통한 기획기사를 준비하고 있었다.

창간호 표지 인물로는 국내에서 3월 연주 예정이었던 바이올리니스트 정경화 선생으로 정했다. 이렇게 〈객석〉의 편집진은 물론 영업, 광고팀도 보강하여 창간을 향해 매진하던 어느 날 갑자기 어려운 문제가 생겼다. 창간호 표지로 확정한 정경화 선생의 국내 연주가 돌연 취소된 것이다. 갑자기 표지를 바꿔야 했고, 고심 끝에 3월에 내한 공연하는 플루티스트 '알랑 마리옹'으로 바꾸었다.

그뿐 아니라 윤 선생이 세계적 지휘자 바렌보임과 인터뷰를 한다고 해서 〈객석〉의 앞면을 비워 놓았는데 이것도 갑자기 취소되었다는 것이다. 다행히 백남준 선생을 뉴욕에서, 윤이상 선생을 베를린에서 인터뷰한 기사가 확보되어 조금 안심 되었다. 하지만 창간호에 세계적 외국 음악가를 인터뷰 못 한 것이 너무 아쉬웠다.

이렇게 며칠이 지나고 창간호 인쇄를 막 시작하려는데 윤 선생에게서 좋은 소식이 날아왔다. 우여곡절 끝에 바렌보임과 다시 인터뷰 약속이 되었고, 자신이 뮌헨으로 가서 그를 만나기로 했다는 것이다. 윤 선생에게 정말 고마웠다. 성실과 집념의 윤정희 특파원의 멋진 특종이었다. 아래 기사는 윤 선생이 지휘자 바렌보임을 인터뷰한 내용 중 일부이다. 기사를 보면 그녀의 음악에 대한 깊이가 상당하고 훌륭한 기자였음도 알 수 있다.

스페셜 인터뷰 – 윤정희가 만난 바렌보임

바렌보임과 나는 서로 같은 도시에 살고 있으면서도 이국(?)땅 뮌헨에서 인터뷰를 하게 되었다. 그는 1월 중순부터 한 달가량 베를린에서 베토벤의 오페라 〈피델리오〉를 지휘하면서, 틈틈이 본이나 뮌헨 등 독일의 주요 도시에서 독주회를 가지느라 바쁜 일정 속에 있었다. 어렵게 얻어 낸 베를린에서의 첫 인터뷰 약속은, 본에서 예정되었던 음악회까지 취소될 만큼, 그의 갑작스러운 병으로 이루어지지

못했고, 다시 인터뷰 장소는 뮌헨으로 바뀌었다.

2월의 뮌헨은 여전히 사람을 움츠러들게 하는 음산함이 있었다.

'피어 야레스차이텐(4seasons)' 호텔 로비에서 만난 그는 환한 웃음을 띠며 인사를 건네기도 전에, 몇 번이고 미안하다는 말을 되풀이했다. 기관지가 부어 며칠 동안 혼이 났다며 독일의 음울한 날씨를 불평했다.

사진으로 본 것보다 얼굴이 부드러웠고, 괴팍하다는 사람들의 평과는 달리 친절하고 따뜻했다. 약간 촌스럽게 입은 옷 때문에 오히려 친밀감이 갔고, 흐트러진 자세에서는 훈훈한 인간미를 느꼈다. 파리의 음악인들 사이에서 거만하고 못된 성격으로 소문난 바렌보임이 아닌, 다른 모습을 볼 수 있었기에 흐뭇했다.

우리는 뜨거운 커피를 마시며, 처음 만난 사람들 같지 않게 술술 이야기가 시작되었다.

윤 당신의 예술세계에 가장 중요한 두 가지는 '모차르트'와 '이스라엘'이라고 들었습니다. 그것은 당신에게 어떤 의미를 가졌습니까?

바 물론 모차르트는 나의 음악 세계에서 중요한 위치를 차지하고 있고, 이스라엘 역시 떨어질 수 없는 관계에 있지요(1967년 6일 전쟁이 일어나자 바렌보임은 모든 연주 계획을 취소하고 이스라엘로 날아갔다). '부조니'가 이야기했듯이 '이 지상에는 저속한 작곡가, 좋은 작곡가, 훌륭한 작곡가, 천재적인 작곡가가 있고 그다음에 존재하는 것이 모차르트다'라는 말이 있지 않습니까. 특히 그의 오페라를 보면 인간에게 숨겨져 있는 모든 것이 그려져 있습니다.

모차르트를 연주해보면 그 곡들이 너무나 순수하기에 나의 음악 세계를 정화해 주곤 합니다(모차르트라는 이름을 말할 때 그는 어떤 위대한 표상 앞에 서 있는 것처럼 엄숙해진다). 베토벤이나 브람스, 차이콥스키와는 달리 모차르트 작품에서는 어떤 감정이든 강조할 수가 없습니다. 단지 자연스럽게 이어지는 흐름만이 남아야 되기 때문에, 가장 연주하기가 힘이 듭니다.

*바렌보임의 적절한 템포에서 오는 안정과 균형은 모차르트 음악에서 기인하는 것인지? 아니면 그의 지휘 특성에서 오는 것인지?

- 윤 선생이 객석 편집부로 보낸 코멘트

… 이하 인터뷰 생략 …

윤 선생을 마지막으로 만난 것은 2016년 필자가 수감생활을 할 때였다. 윤 선생과 백 선생 두 분이 각각 책 2~3권씩을 골라서 가지고 왔는데, 그중 몇 권은 필자가 소설 『예수의 할아버지』를 쓸 때 참고가 되었다. 그날 만남에서 몇 가지 장면이 생각난다.

당시 윤 선생이 무릎이 아파서 곧 수술한다는 소식을 듣고, 그녀를 보자마자 무릎은 좀 어떠시냐고 물었다. 윤 선생은 치마 오른쪽을 살짝 올리고, 나에게 무릎의 살색 보호대를 보여 주면서, 일단 수술을 보류하기로 했다고 말했다. 그녀는 필자의 건강이 어떤지, 식사는 어떻게 하는지, 빨리 나와서 파리에 한 번 오라는 등 위로의 말을 해 주었다. 백 선생은 비교적 과묵한 편이라 주로 윤 선생이 대화를 이끌어 갔다.

잠시 후 입회한 간수가 면회 시간이 다 되었다며 우리에게 다가와 이제 마무리를 하시라고 말했다. 모두 자리에서 일어나 서로 작별 인사를 해야 하는데, 윤 선생이 갑자기 "조금만 더 하면 안 돼요?"라며 간수를 올려다보았다. 간수는 약간 당황하며 필자와 윤 선생을 번갈아 쳐다보았다. 윤 선생 덕택에 4~5분 정도 면회 시간이 더 연장되었고, 이 만남이 윤 선생과 마지막 만남이었다. 돌이켜 보면 당시 나빠지는 건강에, 절차가 까다로운 면회까지 왔으니 상당히 힘드셨을 것이다.

이후 백 선생은 개인적으로 만날 기회가 있었으나, 윤 선생은 만날 수 없었다. 선생의 병환이 좀 호전되면, 필자가 파리에 가서 꼭 다시 물어보고 싶은 질문이 있었다.

"1970년경, 서소문 어느 집에서 영화 촬영하실 때, 안경 낀 학생에게 하얀 재킷을 맡긴 기억이 나시나요?"

"네, 그럼요. 그때 한여름이라 참 더웠지요."

조남철,
평생의 승부수

"이 돌은 조남철이 와도 못 살려!"

살 수 없는 자신의 돌을 묵묵히 들여다 보기만 하는 상대에게, 조 아무개가 와도 안 되니 빨리 항복하라는 독촉장이다.

한국 현대 바둑의 아버지 '조남철'은 이렇듯 이름 자체가 대명사였다. 조남철 선생님을 처음 만난 것은 동아건설 서소문 사옥 별관에서였다.

1974년경으로 기억 하는데 당시 최원석 회장님의 바둑사범으로 오셨다. 학같이 마른 분이 꼿꼿하게 앉아서, 네모난 뿔테 안경 너머로 가늘고 긴 눈만 간혹 움직이는데, 내공을 감춘 무림 최고수의 모습이었다.

지금 생각해 보니 50대 초반이었는데 상당히 연세가 많으신 것처럼 느껴졌다.

이 후 필자가 주로 바둑을 배우게 되었다.

조 선생은 "바둑은 모양이다."라고 하면서 처음 배울 때부터 모양을 중시하셨다. 시작은 9점으로 지도 대국을 했는데 1년쯤 지나자 7점으로 가르쳐 주셨다.

그렇게 해야 복기도 간편하고 공부가 더 잘 되기 때문이었다.

필자 같은 하수와 지도대국을 하실 때도 어떤 때는 3-4분씩 장고를 하시는데 그야말로 반면무인의 경지를 보여 주셨다.

그럴 때마다 무척 송구했지만 "장고하시면 죄송하니 빨리 두세요."라고 할 수는 없는 일이었다.

나는 10분이 넘게 시간이 아까운 장고를 늘 하지만 언제나 아무 말씀 없이 반면만 응시하셨다.

내가 치석 7점의 힘으로 초반에 당신의 돌을 맹렬히 공격하면 마치 전문기사와 두시는 것처럼 심각하게 고개를 갸우뚱 한 후 "에라 모르겠다!" 하면서 돌 하나를 놓으신다.

김인 국수와 두실 때도 결정적인 순간에는 같은 멘트를 하셨다는 것을 나중에 알았다.

또 "에라 모르겠다"는 정말 모르는 게 아니고 이미 수를 다 읽은 확신에 찬 기합이었다.

지도 대국이 끝나고 식사를 간혹 모실 때면 아주 소식을 하셨다. 위가 좀 작다고 하시며 거의 식사를 안 하시는데 신선 같은 느낌이었다. 바둑을 다 두고 복기할 때 하신 말씀 중 가장 기억에 남는 말씀이 있다.

필자가 "이런 때 뭔가 묘수가 없었나요?"라고 물어보면 "'보통수'만 둬도 잘 두는 겁니다."라고 대답하셨다.

훗날 미국에서 인터넷 바둑을 둘 때 나는 아이디를 '보통수'라고 했다.

그러나 여전히 보통수는 커녕 떡수만 두니 아이디를 '떡수'로 바꿀까도 생각했지만 실행하지 못했다.

언젠가 필자가 "선생님은 항상 바둑 공부를 하시지요?"라는 질문에 예상 밖의 대답을 하셨다.

"내가 정말 바둑 공부를 열심히 한 것은 일본 유학 시절 딱 1년 반이었소. 기타니 선생 문하에 3년 있었는데 처음엔 말 배우고 적응하느라 정신없었고, 제대로 한 것은 1년 반이었지요.

그때 내가 1년만 더 공부했더라면 9년이 아니라 10년 훨씬 더 갔었을 겁니다."

국수전을 9연패 하셨는데 그것이 아쉽다는 말씀이었다.

"그 때 1년 반을 열심히 공부했는데, 지나고 나니 딱 2주 정도 시간이 간 것 같았지….

막 바둑 공부 제대로 시작했는데 그렇게 세월이 흐른 거요. "

선생이 가는 눈을 지그시 감으며 당시를 회상하는 듯했다.

"선생님은 일본 유학을 끝내고 우리나라에 와서도 바둑공부를 계속하셨지요?"

"내가 귀국한 지 얼마 안 되어 해방이 되었어요. 한성기원 설립과 바둑 저변 확대로 너무 바쁜 나머지 솔직히 개인적인 공부는 거의 못 했지요."

선생의 동년배인 일본의 '후지사와'나 '사카다'는 40이 넘은 나이에도 바둑만 공부하는 것이 몹씨 부러웠다고 하셨다.

"네, 선생님은 당시에 어려운 일이 참 많으셨지요?"

"내가 제일 견디기 힘들 때는 바둑을 둘 수 없을 때 였어요. 6.25가 터지자 늦은 나이로 군대를 갔는데 군대에서는 바둑을 둘 수 없었지… 어느 전선에서 선임 하사가 돌격 부대를 뽑는데 내가 자원했어요. 적의 총탄에 맞아 죽을 수도 있지만, 운이 좋으면 부상만 당할 것이고 그러면 후방 병원에서 바둑을 둘 수 있다는 생각뿐이었지. 내 평생의 승부수였소. 다음 날 적진을 향해 돌격하다가 다리가 뜨끔하면서 퍽 쓰러지는데 '아, 나는 이제 바둑을 둘 수 있겠구나' 생각하고 의식을 잃었지요."

이 말씀을 들은 후 필자는 바둑 공부를 조금 더 열심히 했다.

조선생님 덕분에 귀한 바둑판을 얻게 되었다.

이 비자나무 바둑판은 大正 6년 (1917년) 작품이다.

기타니 선생이 제자 조남철 선생과 기념대국을 하고 사인을 한 바둑판인데 이 후 조 선생이 한 사람 한 사람 만나서 명인들의 사인을 모으셨다.

연대 순으로 기타니(水月이 선생의 호), 사카다, 임해봉, 이시다, 조훈현, 조치훈 명인이다.

조남철 선생은 '스승의 사인이 있는데 어떻게 제자가 그 옆에 사인을 하느냐'라는 이유로 이 바둑판에 사인을 안 하셨다.

지금 생각하면 억지로라도 하시라고 할 걸 하는 후회가 된다.

바둑은 일본에서 한국으로, 지금은 중국으로 그 중심이 넘어가고 있다.

이제 바둑을 둘러싼 경제 규모는 물론, 우리가 우위에 있던 세계대회에서도 한국은 힘을 못 쓰고 있다.

하지만 아직도 국민의 15%에 달하는 인구가 바둑을 알고 있는 나라는 우리나라밖에 없다.

그만큼 조선생의 바둑 저변 확대가 성공한 것이다.

몇 년 전 '알파고'라는 바둑 인공지능이 황야의 무법자처럼 홀연히 나타났다 사라졌다.

인간의 머리로 승부를 가르던 전문기사들에게 엄청난 폭탄이었고, 바둑 세계에 새로운 패러다임을 제시했다.

조남철 선생이 알파고를 보셨으면 뭐라고 하셨을까 궁금하다.

어쩌면 알파고와도 '보통수'로 두면 된다고 하셨을지…

아니면 이제 '조남철이 와도 안 된다'고 하셨을지…

학처럼 꼿꼿하시던 조남철 선생님을 다시 생각한다.

水月

6장

1분 단상

명품

명품은 시련을 통해 나타난다.
명품은 시간이 지나면 지날수록 빛이 난다.
명품은 인생이란 시간을 통해
조각해야 할 자신이란 예술품이다.
만일 누가 평생 부자로 산다면
그가 가난해도 비굴하지 않은지 알 수 없고,
만일 누가 평생 명예롭게 산다면
그가 치욕을 의연하게 견디는지 알 수 없다.
시련은 명품의 그림자다.

잃어버린 신,
잊혀진 눈물

인간은 언어로 표현할 수 없는 신을
상징과 은유로 빚어냈습니다.
그러나 시간이 흐르며, 그 상징이 신이 되었고,
그 은유가 진실을 가리기 시작했습니다.

예수를 지키기 위해 두 살 이하의
아이들이 모두 죽임을 당했다는 이야기.
그 이야기를 아직도 사실 그대로 믿는 사람은 많지만,
그 아이들의 고통과 죽음에 마음을 기울여 본 사람은
얼마나 될까요?

한 명의 어린 생명이라도 자신 때문에 희생되었다면,
예수님은 얼마나 슬펐을까요?

신을 믿는다는 것은 문자와 교리가 아니라

고통에 귀 기울이는 마음에서 시작됩니다.

올해도 어김없이 크리스마스가 다가옵니다.

그 빛나는 축일 뒤에 가려진 잊혀진 눈물들을 떠올려 봅니다.

그냥 '하나님'

무의식은 부정형을 인식하지 못한다.
'떨지마' 하면 안되고 '침착해' 해야 알아듣는다.

무의식은 나를 인식 못한다.
'나는 행복하다' 라고 하면 행복에 방해가 된다.
그냥 '행복'이라는 단어를 떠올려야 한다.

하나님도 '나의 하나님' 하면 하나님에 방해가 된다.
그냥 '하나님'.

AI의 편리함과 두려움

AI가 참 편하지요.

찾아주고, 써주고, 기억해주고,
우리가 생각할 틈마저 대신 채워줍니다.

그러나 편리함이 항상 좋은 것은 아닙니다.
너무 편리하면, 생각은 멈추고, 감정은 얕아지고,
어떠한 결정도 AI가 대신 하게 됩니다.

생각이 줄수록 질문도 사라지고,
질문이 사라지면 나라는 사람도 흐릿해집니다.

빌 게이츠는 아이들에게 14살이 넘어야 스마트폰을 주었고,
스티브 잡스는 아이패드를 집에 가지고 오지 않았으며,
저커버그는 아이들과 같이 집에서 책을 읽었습니다.

기술을 만든 사람들이 기술을 가장 두려워했습니다.
우리는 무엇을 얻고 있고, 무엇을 잃고 있는 걸까요?

AI로 인하여 진짜 '나'는 생각을 멈추고 있는지도 모릅니다.
편리함 속에 숨어 있는 두려움입니다.

괴로움

무상(無常)한 삶이지만 업보는 있다.

업보가 있기에 제행무상(諸行無常)은
현재가 바뀌어 미래가 된다.

좋은 행위가 있어서 좋은 사람이 되는 것이지
좋은 사람이 좋은 행위를 하는 것이 아니다.

괴로움이 문제가 아니라 괴로움이 문제라고 여기는
바로 그 마음이 가장 큰 괴로움이다.

괴로움아! 무엇을 가르쳐주러 왔니?
네가 있고 싶은 만큼 있다 떠나거라.

업보는 있으나 작자(作者)는 없기에.

깨달음

깨달음은 어느 종교, 어느 경전에 있는 게 아니라
느낌 자리에 있다.

느낌이 집착으로 가면 고통이고
안 가거나 덜 가면 지혜다.

그리하여 어디로 가야 할 곳이 없고
아무 것도 해야 할 일이 없다는 것을 깨닫게 된다.

반응할 필요가 없을 때만이
온전히 존재하기 때문이다.

알뜰한 깨달음.

당나귀와 우물

당나귀가 우물을 쳐다보는 것이 아니라
우물이 당나귀를 쳐다본다.

내가 하나님을 믿는 게 아니라
하나님이 나를 믿어야 된다.

내가 "믿습니다!"를
아무리 많이 해도 안 된다.

주객이 한 번 뒤집혀야 인생이 된다.

이것이 혹시 구원이 아닐까.

명품

명품은 시련을 통해 나타난다.

명품은 시간이 지나면
지날수록 빛이 난다.

명품은 인생이란 시간을 통해
조각해야 할 자신이란 예술품이다.

만일 누가 평생 부자로 산다면
그가 가난해도 비굴하지 않은지 알 수 없고,

만일 누가 평생 명예롭게 산다면
그가 치욕을 의연하게 견디는지 알 수 없다.

시련은 명품의 그림자다.

박쥐의 부탁

우리는 약 1억년 전에
지구 별에 나타났습니다.

지구에는 현재 6000여종의 포유류가 사는데
박쥐 종이 1200종이니
전체의 5분의 1이나 됩니다.

다양한 종으로 분화되면서 품고 있는
바이러스의 종류도 많아졌지요.

아시다시피 우리는 일반적으로 축축하고
좁은 동굴에 모여 삽니다.

하지만 우리는 생태계에
좋은 영향을 끼치는 경우가 더 많습니다.

호모 사피엔스에게 간곡히 부탁합니다.

제발 우리를 먹지 마세요.

박쥐 올림.

보수와 진보

퇴계 선생은 진리를 원칙으로 생각했고,
율곡 선생은 진리를 화합으로 생각했다.

촛불은 뜨겁고 동시에 밝다.

퇴계는 뜨거운 면을 취했고,
율곡은 밝은 면을 취했을 뿐이다.

어느 한쪽만 옳은 것은 아니다.

보수와 진보가 그렇다.

사소한 것들

사소한 것들을
기꺼이 할 때 행복하다.

세상이라는 예술 작품은
사소한 것들의 무수한 집합이다.

미소 한 번이 영원이고,
티끌 하나가 사막이고,
눈송이 한 개가 별이다.

성공적인 삶은 진실로
사소한 것에 달려 있다.

사소한 것은 사소하지 않기 때문이다.

오늘 나에게 사소한 것은 무엇인가.

선택

우리는 매일 선택을 한다.

내가 이 세상에서 할 수 있는
유일한 일이 선택이다.

선택을 통해 더 행복한 인간이 될지 아닐지는
오롯이 나의 몫이다.

인생의 재판정에서
나에 대한 판사의 마음을 돌릴 수는 없지만

판사의 판결에 대한 나의 태도를
선택할 수는 있다.

오늘 내가 선택한 발걸음은
어디로 향하나.

유통기한

나의 몸에는 태어날 때부터
보이지 않는 '유통 기한'이 찍혀 있다.

그 기간이 지나면, 기한이 지난 우유처럼,
나의 삶도 가치가 없어진다.

나는 자신에게 일정한 시간이 주어졌다는
사실을 대부분 외면한다.

유통 기한 안에 내가 해야 할 일은 무엇인가.
12월이 지나면 올해 나의 유통 기한은 끝난다.

에덴동산의 선악과는 유통 기한이 언제인가.

일일신 우일신

매일 수억 명이 자신의 신을 찬미하고,
소망을 빌고 있지요.

만일 누구에게 당신의 신을 믿게 하고 싶다면,
신이 당신을 어떤 사람으로
만들 수 있는지를 보여주세요.

전능하신 신, 좋으신 신, 살아계신 신
이런저런 신에 대한 이야기는
이제 별로 효과가 없습니다.

매일 새로 거듭남이 신이라면
일일신(日日新) 우일신(又日神)

중도

중도는 역사의 지혜다.

하지만 중도는
양쪽 입장의 중간에
서는 것은 아니다.

양극단에 치우치지 않으면서
중간에도 집착하지 않아야 한다

중도는 양극단을 벗어나야만 보이는
사태의 미묘한 실상에
정확하게 다가서는 것이다.

마음에 이미 좌우가 없는데
중간이 또 어디 있으랴.

중도의 화살은 중간이 아닌
정곡을 찌른다.

집착

정치는 그 자체가 목적이 아니다.

정치는 국민의 행복을 위해 존재한다.

종교는 그 자체가 목적이 아니다.

종교는 인생의 의미를 위해 존재한다.

정치 집착으로 선악을 구분하지 말고

종교 집착으로 인생을 허비하지 말자.

종교위기

코로나는 인류에게 경제 위기를 넘어
종교위기를 가져왔다.

코로나 사태를 지나며 종교의 능력은
허망했고 역할은 미미했다.

인류는 신부나 목사보다 의사나 간호사가
더 절실하다는 것을 알게 되었다.

기독교인들은 2천 년 만에
일요일 성당이나 교회에
모이지 않는 것에 익숙해졌다.

종교가 독선과 맹목을 내려놓고
변화하지 않으면 종교의 미래는 어둡다.

상식과 과학을 무시하는 종교는
상식과 과학을 초월할 수 없기에.

채식의 마음

채식은 고기를 안 먹는 것만은 아닙니다.
사실 그런 생각만으로는 채식을 계속하기 쉽지 않습니다.

채식하는 마음은 남을 살리려는 마음입니다.
여기서 남이란, 사람만이 아니라 이 땅에서 같이 숨 쉬고 사는 모든 생명입니다.
살고자 하는 생명을 살리려는 마음은 인성의 근본이고 핵심입니다.

채식하는 마음은 축복하는 마음입니다.
인간이 살면서 늘 먹는 게 아니고 아프면 못 먹고 없으면 못 먹습니다.
인간이 먹기 좋은 곡식, 야채, 과일을 나누어 먹는 사람은 서로 축복하며 사는 사람입니다.
우리가 감사하는 마음으로 채식을 할 때 살아있는 모든 생명이 환희합니다.

그리고 채식하는 마음은 자족하는 마음입니다.
채식한다고 해서 너무 많이 먹는 것도 채식의 마음이 아닙니다.
오늘도 필요 이상으로 많이 먹고 후회하는 하루가 되지 않기를 스스로 다짐합니다.

처음에는 건강을 위해 채식하지만, 이런 채식의 마음이 생기는지 살펴 볼 일입니다.
살리려는 마음, 축복하는 마음, 자족하는 마음
이러한 채식의 마음은 누가 강요할 수 없습니다.

글로 쓰기는 쉬우나 가슴으로 느끼며 행동하기는 어렵습니다.
스스로 반성하는 의미로 몇 자 적어 보았습니다 .
벌써 점심때가 된 것 같습니다.

호모 사피엔스 베지테리언

육식을 줄이면, 자신의 건강에 도움이 되고

살려하는 생명들을 살리는데 도움이 되고

지구환경을 개선하여

코로나를 퇴치하는 데 도움이 된다.

육식을 줄이는 것은, 혼자서도 할 수 있는 평화운동!

소의 눈동자에 비치는 내 얼굴

호모사피엔스 베지테리언.

정견(正見),
있는 그대로를 보는 눈

지혜란 많이 아는 것이 아니라, 있는 그대로를 보는 힘입니다.

지금 이 순간을 있는 그대로 받아들이는 마음 ,
그것이 지혜의 시작입니다.

팔정도의 첫 걸음, '정견(正見)'은
삶을 왜곡하지 않고 바라보는 눈을 의미합니다.

좋고 나쁨, 옳고 그름의 잣대를 내려놓고
현실을 흐리지 않는 맑은 시선으로 바라보는 것.

그 눈이 열릴 때, 우리는 더 이상 세상을 바꾸려 애쓰지 않고,

그 안에서 스스로를 바꿔갑니다.

내가 있는데
왜 무아(無我)라고 할까?

거울을 보면 내가 웃어요. 아프면 내가 아프죠.

그런데, 불교는 말합니다. '무아(無我)' - '나는 없다'라고.

사실 나는 있는 게 맞습니다.

내가 없다는 말은 '변하지 않는 나는 없다'라는 뜻이지요.

어제와 오늘사이에 몸도 바뀌고, 마음도 다를 수 있으니까요.

불교에서 무아를 강조하는 이유는
'변하지 않는 나는 없다'라며 나를 내려놓을 때 ,

비로소 나를 괴롭히는 것들도 사라지기 시작하기 때문입니다

나를 내려놓는 방법은 나로부터 한발짝 떨어져서
내 마음을 바라보는 연습이라고 합니다.

그런데 그게 참으로 어렵습니다.

아, 멀고도 먼 한 발짝!

불교에서 '고(苦)'는 무엇인가

불교에서 말하는 '고(苦)' 그건 단순한 괴로움이 아닙니다.

'고'는 인도어 '두카(dukkha)'를 번역한 말인데,

두카는 단지 '괴롭다'라는 뜻이 아닙니다.

'두카'는 괴로움보다는, 채워지지 않는 불만족이란
의미가 더 많습니다.

처음엔 즐거웠던 일도 시간이 지나면 시들해지는데
그게 바로 두카, 불만족입니다.

끊임없이 더 행복해야 한다는 강박,

어쩌면 우리가 극복해야 할 건 그거 아닐까요?

'두카'가 몰려올 때, 행복은 고요한 명상 속이 아니라
삶의 현장 속에 있을지도 모릅니다.

악천후에 흔들리는 비행기를 몇 시간 타고
무사히 지상에 내려오면,

두카는 잠시 자취를 감춥니다.

그때야 비로소, 지금이 고맙다는 걸 아니까요.

새로운 끝으로

아무도 세월 돌이켜 새로운 시작 못하나

누구나 이제 새로운 끝으로 나아 갈 수 있어요

넘어질 때라도 다시 한번 일어나

한 걸음씩 나아가요 가슴이 뛰잖아요

당신은 새로운 끝을 만들 수가 있어요

당신을 사랑해요

작가 후기

이 책의 원고를 마무리한 것은 반년 전, 격랑의 한가운데를 지나던 시절이었습니다.

그때는 곧 세상에 나올 수 있으리라 믿었지만, 갑작스런 정치적 변화로 모든 것이 멈춰버렸습니다.

세상은 늘 예측하지 못한 쪽으로 흐르고, 기다림은 생각보다 낯선 일이었습니다.

이제야 비로소 독자 여러분께 이 책을 드릴 수 있게 되어, 감사와 설렘이 교차하는 마음을 전합니다.

돌아보면, 글을 쓴다는 건 결국 자신의 내면을 마주하는 일, 그리고 그 고요한 시간을 견뎌내는 일임을 알게 됩니다.

제가 지나온 삶의 여러 굽이굽이에서 떠오른 이야기들이, 누군가에게 조금의 위로나 작은 용기가 되어준다면, 그것만으로도 이 책이 세상에 나온 이유는 충분하다고 믿습니다.

또한, 제가 이 책에서 만나고 인터뷰한 분들의 이야기를 따라가며, 독자 여러분께서도 그분들과 직접 마주 앉아 눈빛을 나누는 듯한 생동감을 느끼신다면 더할 나위 없이 기쁘겠습니다.

삶의 무게를 견디는 힘이란, 결국 자기 이야기를 스스로에게 들려주는 과정 속에서 자란다는 사실을 이제야 조금 알 것 같습니다.

이 책을 기다려주신 모든 분들, 그리고 묵묵히 제 이야기와 노래를 들어주신 여러분께 진심으로 깊은 감사를 드립니다.

아울러, 책을 만들고 기다리는 과정에서 애쓰신 최몽순 대표님과 원고를 교정해주신 신희정 님, 정경옥 님께도 심심한 감사를 드립니다.

2025년 여름

최원영 드림